THE BROONS®

D1338769

D.C Thomson & Co., Ltd, 185 Fleet Street, London EC4A 2HS.
Printed in the EU.

Broons Way-Hey!

(Sung to the tune of 'Scots Wha Hae' by Rabbie Broons... er Burns)

Broons, wha hae lang helped tae raise,
A load o' laughs, their fun earns praise,
A close-knit clan wha's deeds amaze,
Fans o' the family!

They a' still bide at number Ten,
Day in, day oot, except for when
They drive up tae their But an' Ben,
For a merry spree!

Granpaw arrives under his ain steam,
We've enough Broons noo for a fitba team,
He's aye got a fly trick or scheme,
Tae fill the Bairn wi' glee!

The wee lass thinks naebody's funner,
Paw jist thinks he's an auld scunner,
An awfy big bairn, an' him near a hunner',
'Ach, jist grow up, would ye?'

The Twins go jumpin' ower the brook, it
Is awfy wide, but doesnae look it,
Nae wonder they both come back drookit,
Drip-drippin' messily!

Brave Hen an' Joe are fairly champin'
At the bit tae go oot campin',
That auld, torn tent, though, lets the damp in,
So back indoors they flee!

Maw doesnae find it awfy funny,
Her laddies moanin', noses runny,
She kens the dab, spoonfu's o' honey,
A guid auld remedy!

Mags an' Daph tak' in the scenery,
Aside frae the hills an' a' this greenery,
There's fit lads handlin' the farm machinery,
Whit a brawny sicht tae see!

Nae sign o' Horace? Whit's gone wrong?
It's a family trip, has he come along?
Weel, wha dae ye think's composin' this song,
Tae an auld Burns melody?

Broons, wha hae head back hame frae yonder,
Efter takin' a highland daunder,
O' oor ain But an' Ben we couldnae be fonder,
But Glebe Street, we're aye glad tae see!

MIDGE-MAN, MIDGE-MAN,
DOES WHITEVER A GRANPAW CAN!

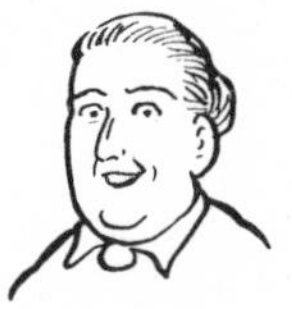

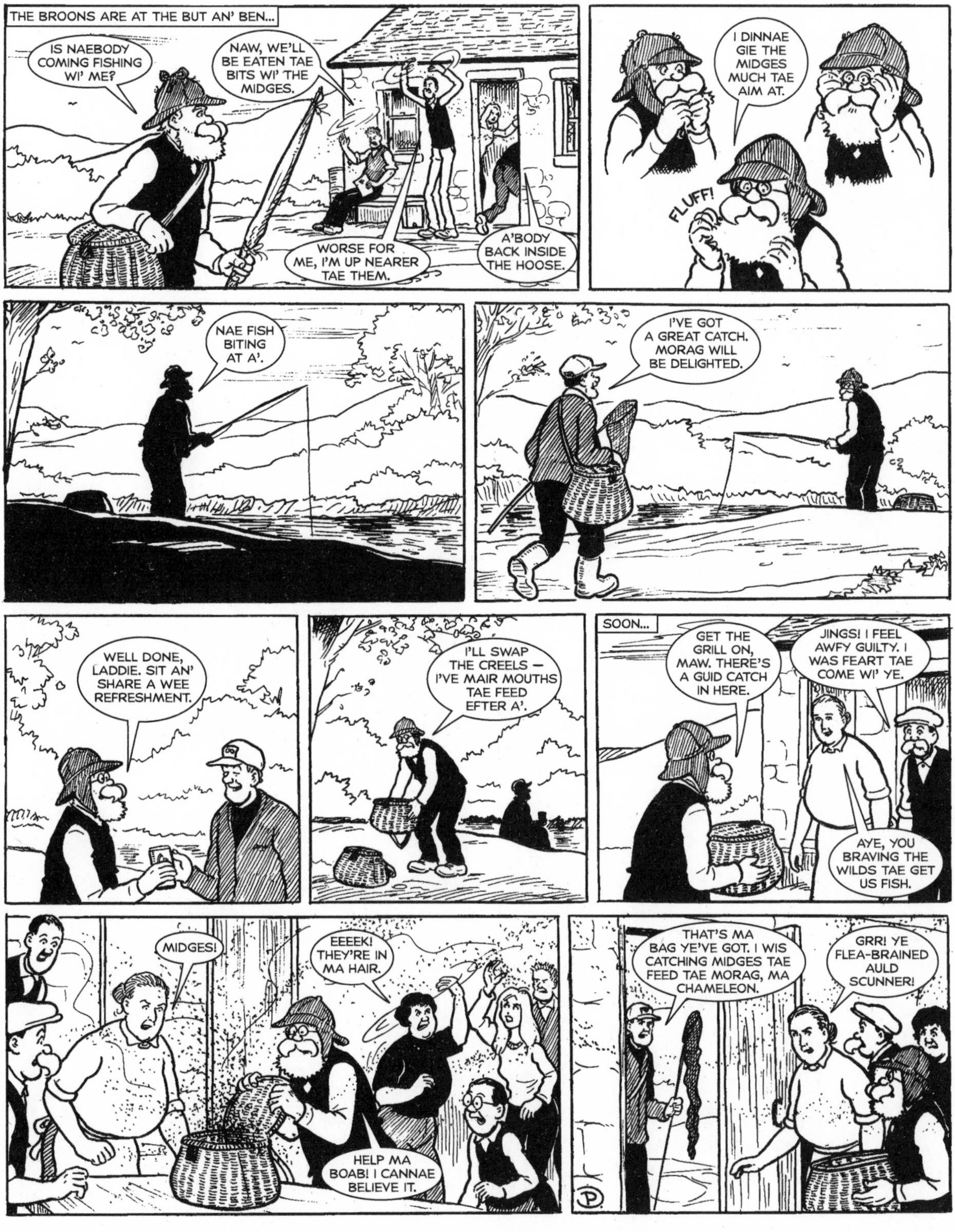

THE BROONS ARE AT THE BUT AN' BEN...
IS NAEBODY COMING FISHING WI' ME?
NAW, WE'LL BE EATEN TAE BITS WI' THE MIDGES.
WORSE FOR ME, I'M UP NEARER TAE THEM.
A'BODY BACK INSIDE THE HOOSE.
I DINNAE GIE THE MIDGES MUCH TAE AIM AT.
FLUFF!
NAE FISH BITING AT A'.
I'VE GOT A GREAT CATCH. MORAG WILL BE DELIGHTED.
WELL DONE, LADDIE. SIT AN' SHARE A WEE REFRESHMENT.
I'LL SWAP THE CREELS — I'VE MAIR MOUTHS TAE FEED EFTER A'.
SOON...
GET THE GRILL ON, MAW. THERE'S A GUID CATCH IN HERE.
JINGS! I FEEL AWFY GUILTY. I WAS FEART TAE COME WI' YE.
AYE, YOU BRAVING THE WILDS TAE GET US FISH.
MIDGES!
EEEEK! THEY'RE IN MA HAIR.
HELP MA BOAB! I CANNAE BELIEVE IT.
THAT'S MA BAG YE'VE GOT. I WIS CATCHING MIDGES TAE FEED TAE MORAG, MA CHAMELEON.
GRR! YE FLEA-BRAINED AULD SCUNNER!
P.

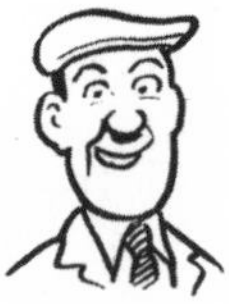

AULD-SCHOOL SKILLS ARE NO' HARD TAE FIND, IF YER FAMILY IS HI-TECH INCLINED!

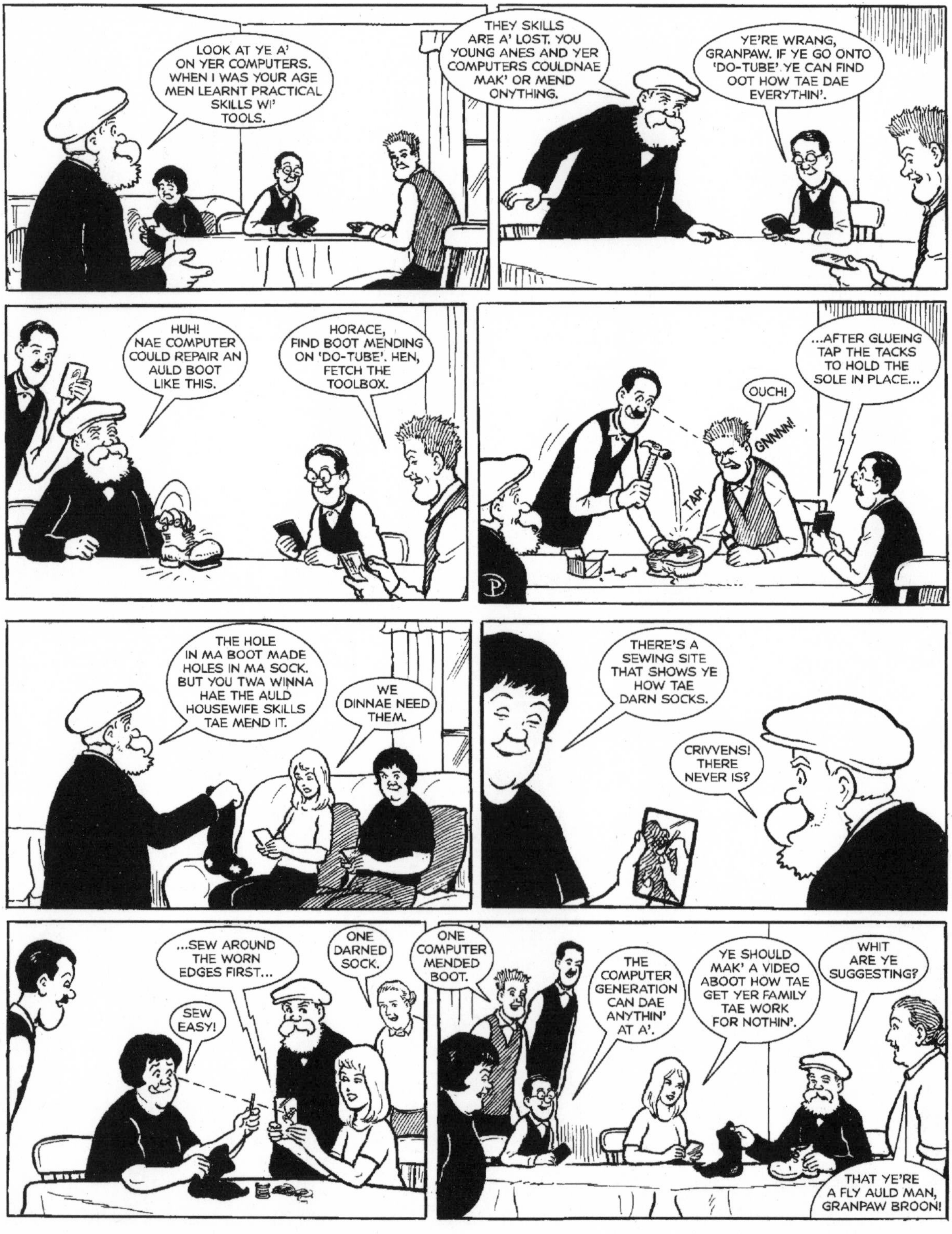

LOOK AT YE A' ON YER COMPUTERS. WHEN I WAS YOUR AGE MEN LEARNT PRACTICAL SKILLS WI' TOOLS.
THEY SKILLS ARE A' LOST. YOU YOUNG ANES AND YER COMPUTERS COULDNAE MAK' OR MEND ONYTHING.
YE'RE WRANG, GRANPAW. IF YE GO ONTO 'DO-TUBE' YE CAN FIND OOT HOW TAE DAE EVERYTHIN'.
HUH! NAE COMPUTER COULD REPAIR AN AULD BOOT LIKE THIS.
HORACE, FIND BOOT MENDING ON 'DO-TUBE'. HEN, FETCH THE TOOLBOX.
OUCH!
GNNNN!
TAP!
...AFTER GLUEING TAP THE TACKS TO HOLD THE SOLE IN PLACE...
THE HOLE IN MA BOOT MADE HOLES IN MA SOCK. BUT YOU TWA WINNA HAE THE AULD HOUSEWIFE SKILLS TAE MEND IT.
WE DINNAE NEED THEM.
THERE'S A SEWING SITE THAT SHOWS YE HOW TAE DARN SOCKS.
CRIVVENS! THERE NEVER IS?
...SEW AROUND THE WORN EDGES FIRST...
SEW EASY!
ONE DARNED SOCK.
ONE COMPUTER MENDED BOOT.
THE COMPUTER GENERATION CAN DAE ANYTHIN' AT A'.
YE SHOULD MAK' A VIDEO ABOOT HOW TAE GET YER FAMILY TAE WORK FOR NOTHIN'.
WHIT ARE YE SUGGESTING?
THAT YE'RE A FLY AULD MAN, GRANPAW BROON!

THE BOYS ARE HOT ON GRANPAW'S TAIL, BUT WHEN IT COMES TAE DETECTIN', IT'S A MICHTY FAIL!

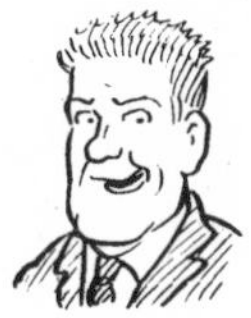

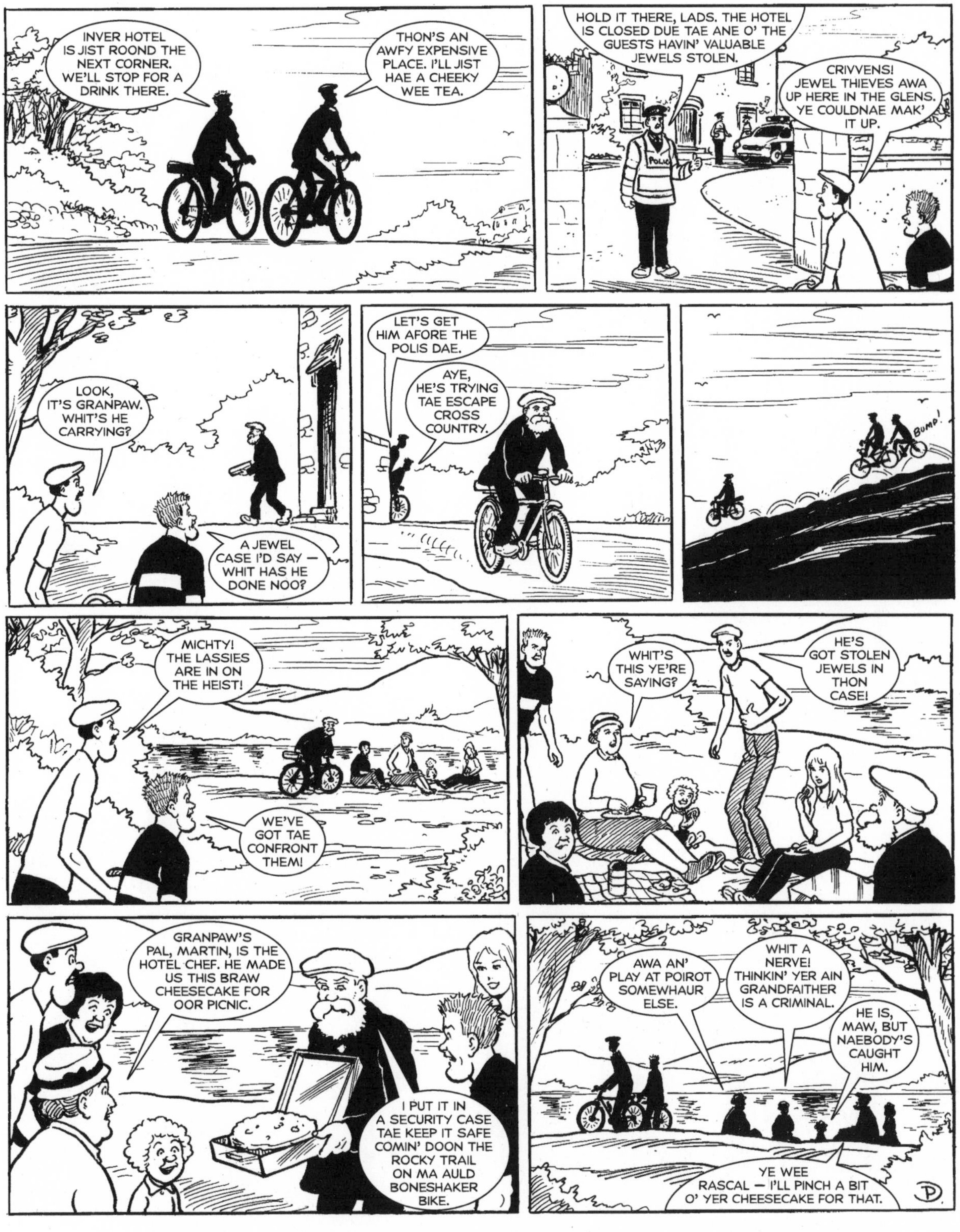

INVER HOTEL IS JIST ROOND THE NEXT CORNER. WE'LL STOP FOR A DRINK THERE.
THON'S AN AWFY EXPENSIVE PLACE. I'LL JIST HAE A CHEEKY WEE TEA.
HOLD IT THERE, LADS. THE HOTEL IS CLOSED DUE TAE ANE O' THE GUESTS HAVIN' VALUABLE JEWELS STOLEN.
POLICE
CRIVVENS! JEWEL THIEVES AWA UP HERE IN THE GLENS. YE COULDNAE MAK' IT UP.
LOOK, IT'S GRANPAW. WHIT'S HE CARRYING?
A JEWEL CASE I'D SAY — WHIT HAS HE DONE NOO?
LET'S GET HIM AFORE THE POLIS DAE.
AYE, HE'S TRYING TAE ESCAPE CROSS COUNTRY.
BUMP!
MICHTY! THE LASSIES ARE IN ON THE HEIST!
WE'VE GOT TAE CONFRONT THEM!
WHIT'S THIS YE'RE SAYING?
HE'S GOT STOLEN JEWELS IN THON CASE!
GRANPAW'S PAL, MARTIN, IS THE HOTEL CHEF. HE MADE US THIS BRAW CHEESECAKE FOR OOR PICNIC.
I PUT IT IN A SECURITY CASE TAE KEEP IT SAFE COMIN' DOON THE ROCKY TRAIL ON MA AULD BONESHAKER BIKE.
AWA AN' PLAY AT POIROT SOMEWHAUR ELSE.
WHIT A NERVE! THINKIN' YER AIN GRANDFAITHER IS A CRIMINAL.
HE IS, MAW, BUT NAEBODY'S CAUGHT HIM.
YE WEE RASCAL — I'LL PINCH A BIT O' YER CHEESECAKE FOR THAT.

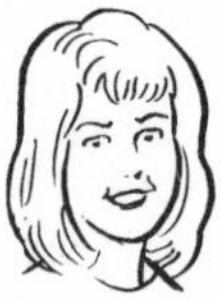

PAW'S GOT A PROBLEM WI' THE JOINER, BUT IF HE CANNAE BEAT HER, WHY NO' JOIN HER?

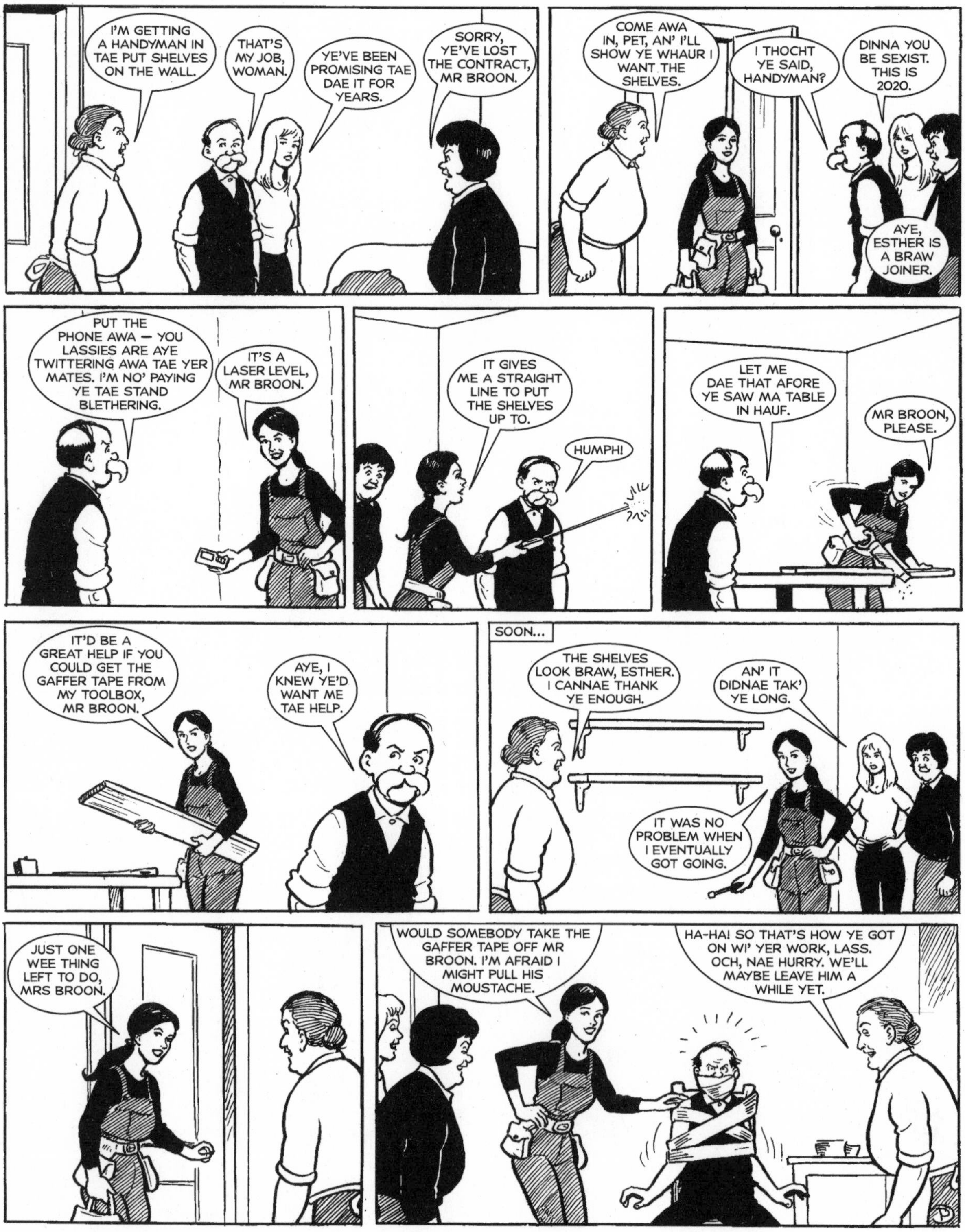

I'M GETTING A HANDYMAN IN TAE PUT SHELVES ON THE WALL.
THAT'S MY JOB, WOMAN.
YE'VE BEEN PROMISING TAE DAE IT FOR YEARS.
SORRY, YE'VE LOST THE CONTRACT, MR BROON.
COME AWA IN, PET, AN' I'LL SHOW YE WHAUR I WANT THE SHELVES.
I THOCHT YE SAID, HANDYMAN?
DINNA YOU BE SEXIST. THIS IS 2020.
AYE, ESTHER IS A BRAW JOINER.
PUT THE PHONE AWA — YOU LASSIES ARE AYE TWITTERING AWA TAE YER MATES. I'M NO' PAYING YE TAE STAND BLETHERING.
IT'S A LASER LEVEL, MR BROON.
IT GIVES ME A STRAIGHT LINE TO PUT THE SHELVES UP TO.
HUMPH!
LET ME DAE THAT AFORE YE SAW MA TABLE IN HAUF.
MR BROON, PLEASE.
IT'D BE A GREAT HELP IF YOU COULD GET THE GAFFER TAPE FROM MY TOOLBOX, MR BROON.
AYE, I KNEW YE'D WANT ME TAE HELP.
SOON...
THE SHELVES LOOK BRAW, ESTHER. I CANNAE THANK YE ENOUGH.
AN' IT DIDNAE TAK' YE LONG.
IT WAS NO PROBLEM WHEN I EVENTUALLY GOT GOING.
JUST ONE WEE THING LEFT TO DO, MRS BROON.
WOULD SOMEBODY TAKE THE GAFFER TAPE OFF MR BROON. I'M AFRAID I MIGHT PULL HIS MOUSTACHE.
HA-HA! SO THAT'S HOW YE GOT ON WI' YER WORK, LASS. OCH, NAE HURRY. WE'LL MAYBE LEAVE HIM A WHILE YET.

THE BOYS ARE RARIN' TAE GET TAE THE RACES,
PUTTING OAN A' THE AIRS AND GRACES!

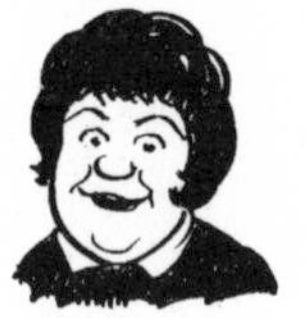

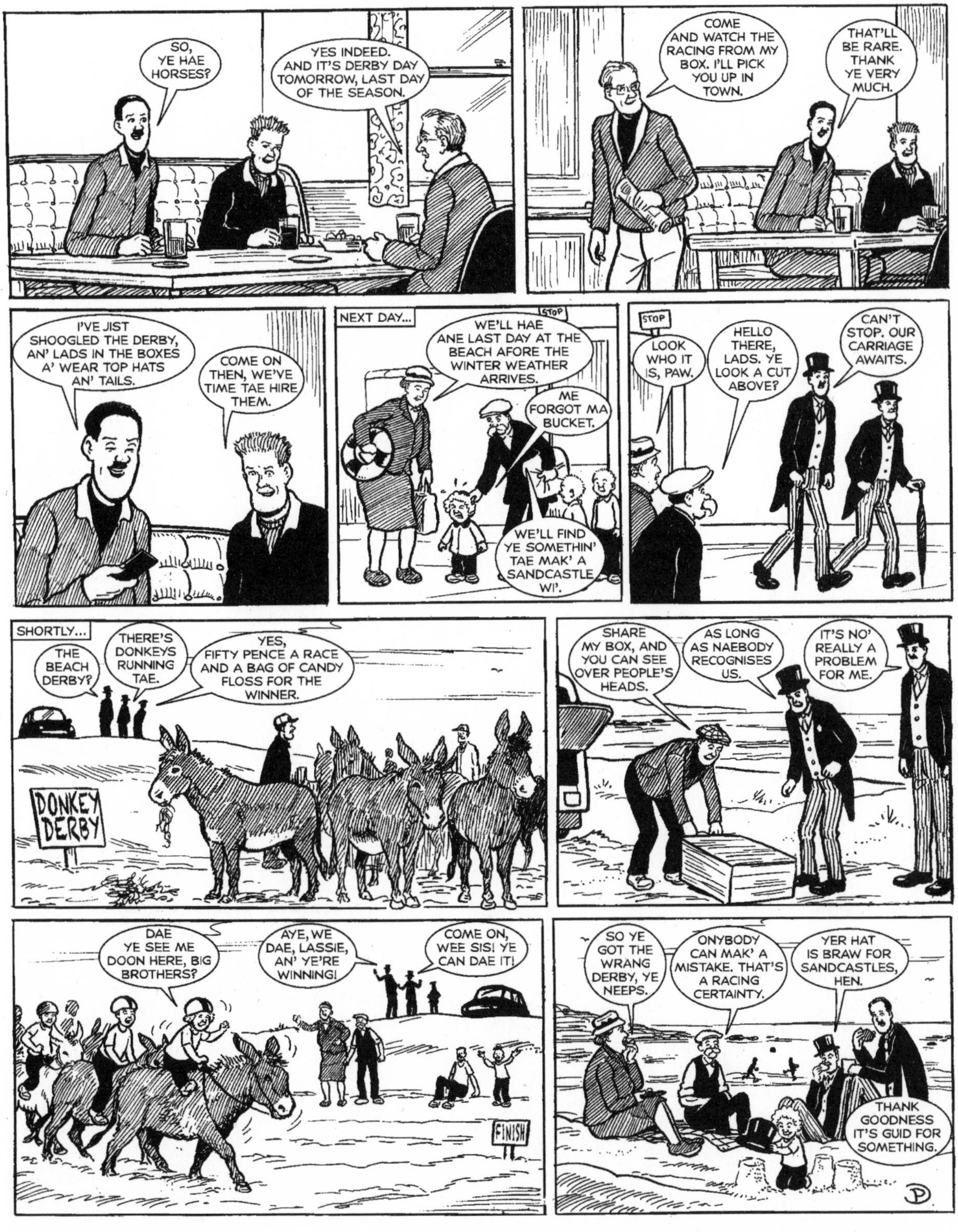
SO, YE HAE HORSES?
YES INDEED. AND IT'S DERBY DAY TOMORROW, LAST DAY OF THE SEASON.
COME AND WATCH THE RACING FROM MY BOX. I'LL PICK YOU UP IN TOWN.
THAT'LL BE RARE. THANK YE VERY MUCH.
I'VE JIST SHOOGLED THE DERBY, AN' LADS IN THE BOXES A' WEAR TOP HATS AN' TAILS.
COME ON THEN, WE'VE TIME TAE HIRE THEM.
NEXT DAY...
STOP
WE'LL HAE ANE LAST DAY AT THE BEACH AFORE THE WINTER WEATHER ARRIVES.
ME FORGOT MA BUCKET.
WE'LL FIND YE SOMETHIN' TAE MAK' A SANDCASTLE WI'.
STOP
LOOK WHO IT IS, PAW.
HELLO THERE, LADS. YE LOOK A CUT ABOVE?
CAN'T STOP. OUR CARRIAGE AWAITS.
SHORTLY...
THE BEACH DERBY?
THERE'S DONKEYS RUNNING TAE.
YES, FIFTY PENCE A RACE AND A BAG OF CANDY FLOSS FOR THE WINNER.
DONKEY DERBY
SHARE MY BOX, AND YOU CAN SEE OVER PEOPLE'S HEADS.
AS LONG AS NAEBODY RECOGNISES US.
IT'S NO' REALLY A PROBLEM FOR ME.
DAE YE SEE ME DOON HERE, BIG BROTHERS?
AYE, WE DAE, LASSIE, AN' YE'RE WINNING!
COME ON, WEE SIS! YE CAN DAE IT!
FINISH
SO YE GOT THE WRANG DERBY, YE NEEPS.
ONYBODY CAN MAK' A MISTAKE. THAT'S A RACING CERTAINTY.
YER HAT IS BRAW FOR SANDCASTLES, HEN.
THANK GOODNESS IT'S GUID FOR SOMETHING.

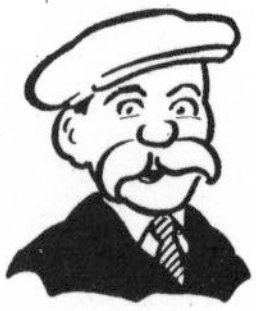

PAW BROON FANCIES HIMSEL' A TRUE BRAVEHEART, IT TURNS OOT HE'S JIST ANE AULD BRAGGART!

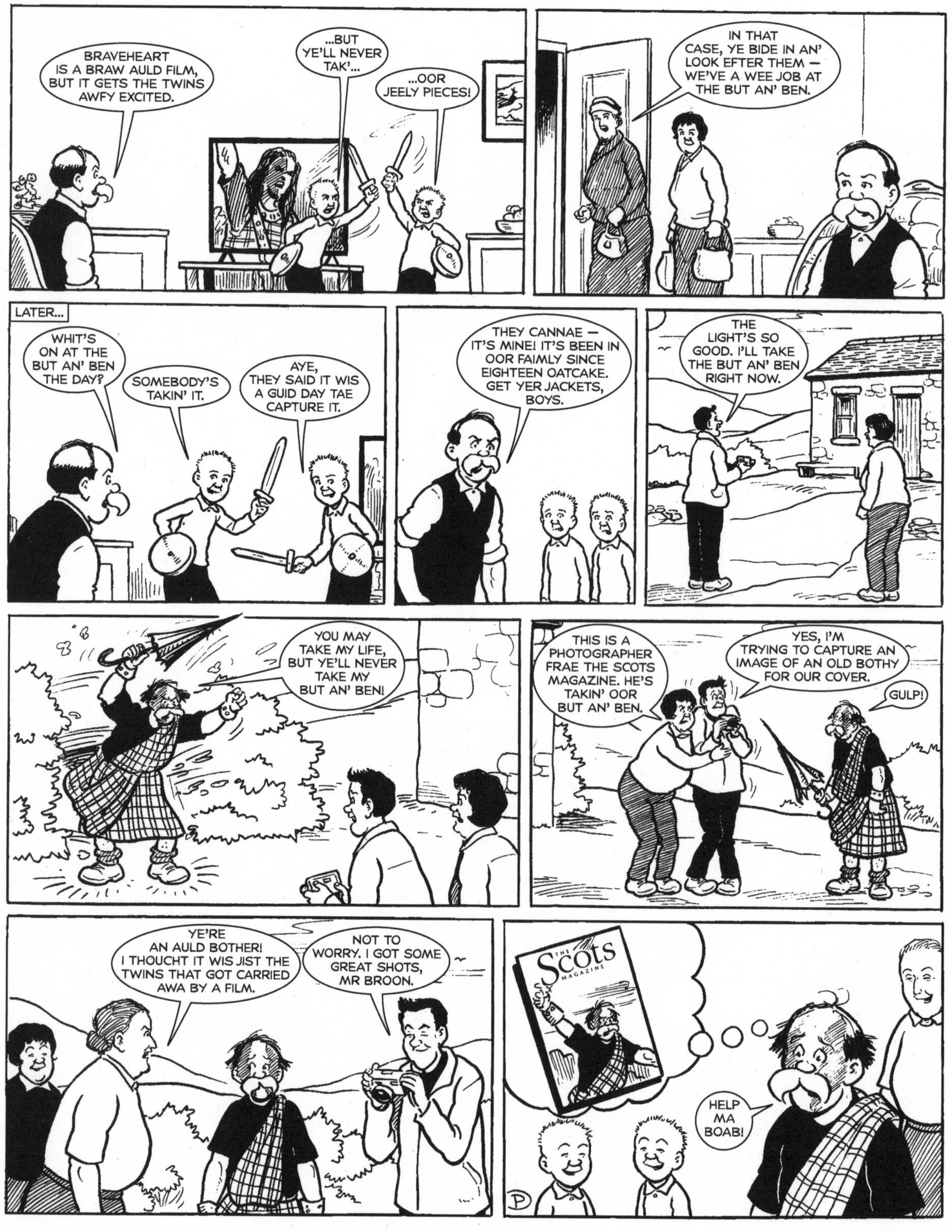

BRAVEHEART IS A BRAW AULD FILM, BUT IT GETS THE TWINS AWFY EXCITED.
...BUT YE'LL NEVER TAK'...
...OOR JEELY PIECES!
IN THAT CASE, YE BIDE IN AN' LOOK EFTER THEM — WE'VE A WEE JOB AT THE BUT AN' BEN.
LATER...
WHIT'S ON AT THE BUT AN' BEN THE DAY?
SOMEBODY'S TAKIN' IT.
AYE, THEY SAID IT WIS A GUID DAY TAE CAPTURE IT.
THEY CANNAE — IT'S MINE! IT'S BEEN IN OOR FAIMLY SINCE EIGHTEEN OATCAKE. GET YER JACKETS, BOYS.
THE LIGHT'S SO GOOD. I'LL TAKE THE BUT AN' BEN RIGHT NOW.
YOU MAY TAKE MY LIFE, BUT YE'LL NEVER TAKE MY BUT AN' BEN!
THIS IS A PHOTOGRAPHER FRAE THE SCOTS MAGAZINE. HE'S TAKIN' OOR BUT AN' BEN.
YES, I'M TRYING TO CAPTURE AN IMAGE OF AN OLD BOTHY FOR OUR COVER.
GULP!
YE'RE AN AULD BOTHER! I THOUCHT IT WIS JIST THE TWINS THAT GOT CARRIED AWA BY A FILM.
NOT TO WORRY. I GOT SOME GREAT SHOTS, MR BROON.
THE Scots MAGAZINE
HELP MA BOAB!

GRANPAW BROON JIST CANNAE RESIST, TELLIN' A HISTORICAL TALE WI' A HYSTERICAL TWIST!

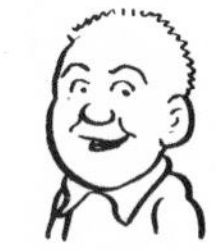

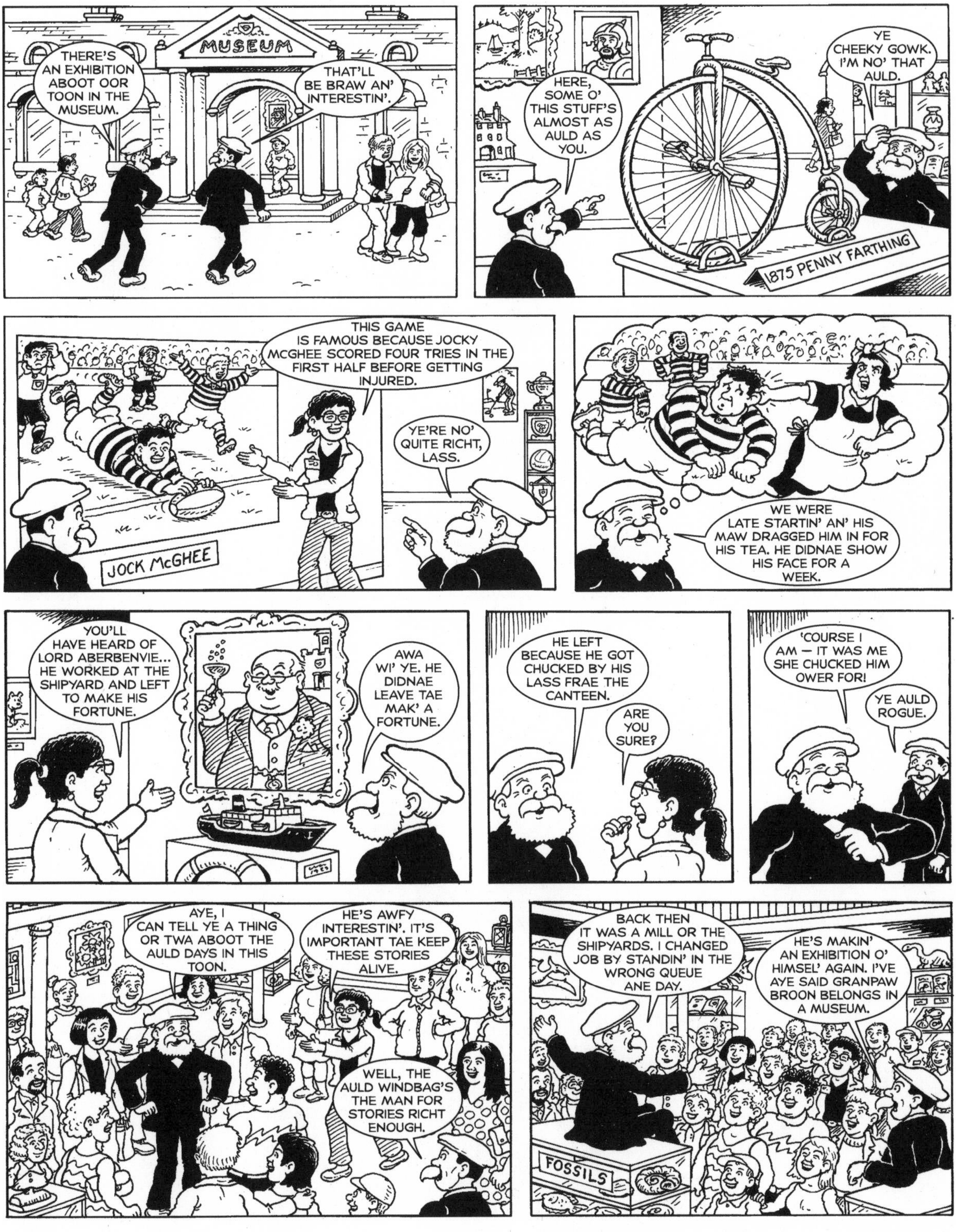
MUSEUM
THERE'S AN EXHIBITION ABOOT OOR TOON IN THE MUSEUM.
THAT'LL BE BRAW AN' INTERESTIN'.
HERE, SOME O' THIS STUFF'S ALMOST AS AULD AS YOU.
YE CHEEKY GOWK. I'M NO' THAT AULD.
1875 PENNY FARTHING
THIS GAME IS FAMOUS BECAUSE JOCKY McGHEE SCORED FOUR TRIES IN THE FIRST HALF BEFORE GETTING INJURED.
YE'RE NO' QUITE RICHT, LASS.
JOCK McGHEE
WE WERE LATE STARTIN' AN' HIS MAW DRAGGED HIM IN FOR HIS TEA. HE DIDNAE SHOW HIS FACE FOR A WEEK.
YOU'LL HAVE HEARD OF LORD ABERBENVIE... HE WORKED AT THE SHIPYARD AND LEFT TO MAKE HIS FORTUNE.
AWA WI' YE. HE DIDNAE LEAVE TAE MAK' A FORTUNE.
HE LEFT BECAUSE HE GOT CHUCKED BY HIS LASS FRAE THE CANTEEN.
ARE YOU SURE?
'COURSE I AM — IT WAS ME SHE CHUCKED HIM OWER FOR!
YE AULD ROGUE.
AYE, I CAN TELL YE A THING OR TWA ABOOT THE AULD DAYS IN THIS TOON.
HE'S AWFY INTERESTIN'. IT'S IMPORTANT TAE KEEP THESE STORIES ALIVE.
WELL, THE AULD WINDBAG'S THE MAN FOR STORIES RICHT ENOUGH.
BACK THEN IT WAS A MILL OR THE SHIPYARDS. I CHANGED JOB BY STANDIN' IN THE WRONG QUEUE ANE DAY.
HE'S MAKIN' AN EXHIBITION O' HIMSEL' AGAIN. I'VE AYE SAID GRANPAW BROON BELONGS IN A MUSEUM.
FOSSILS

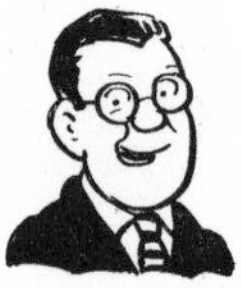

GRANPAW'S BEARD IS AWFY UNTIDY, TILL THE RESCUE OF HIS WEE GIRL FRIDAY!

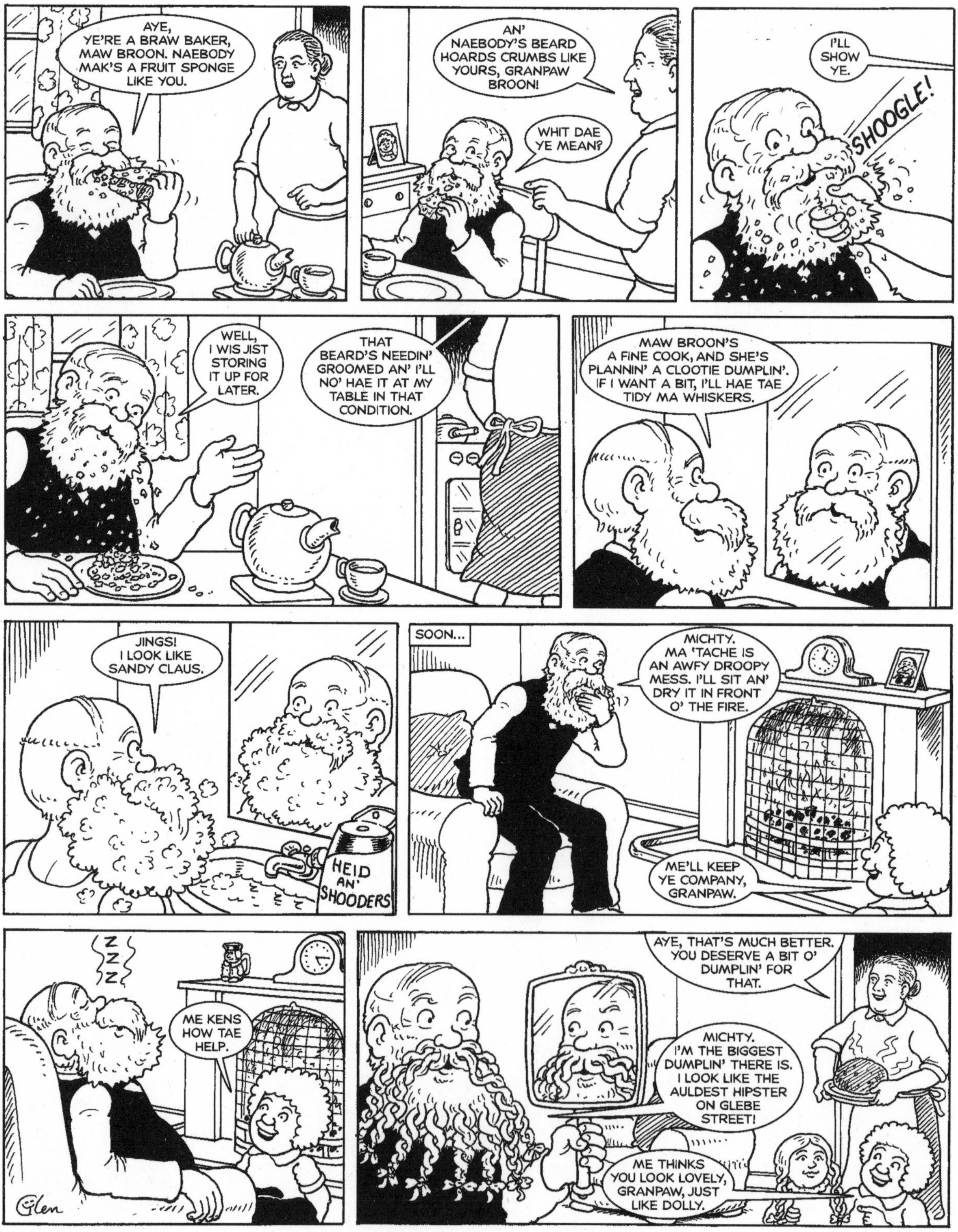

AYE, YE'RE A BRAW BAKER, MAW BROON. NAEBODY MAK'S A FRUIT SPONGE LIKE YOU.
AN' NAEBODY'S BEARD HOARDS CRUMBS LIKE YOURS, GRANPAW BROON!
WHIT DAE YE MEAN?
I'LL SHOW YE.
SHOOGLE!
WELL, I WIS JIST STORING IT UP FOR LATER.
THAT BEARD'S NEEDIN' GROOMED AN' I'LL NO' HAE IT AT MY TABLE IN THAT CONDITION.
MAW BROON'S A FINE COOK, AND SHE'S PLANNIN' A CLOOTIE DUMPLIN'. IF I WANT A BIT, I'LL HAE TAE TIDY MA WHISKERS.
JINGS! I LOOK LIKE SANDY CLAUS.
HEID AN' SHOODERS
SOON...
MICHTY. MA 'TACHE IS AN AWFY DROOPY MESS. I'LL SIT AN' DRY IT IN FRONT O' THE FIRE.
ME'LL KEEP YE COMPANY, GRANPAW.
ZZZ
ME KENS HOW TAE HELP.
Glen
AYE, THAT'S MUCH BETTER. YOU DESERVE A BIT O' DUMPLIN' FOR THAT.
MICHTY. I'M THE BIGGEST DUMPLIN' THERE IS. I LOOK LIKE THE AULDEST HIPSTER ON GLEBE STREET!
ME THINKS YOU LOOK LOVELY, GRANPAW, JUST LIKE DOLLY.

PAW THINKS HE'S GOT THE PERFECT PLAN,
TAE BRING THEGITHER A' THE BROON CLAN!

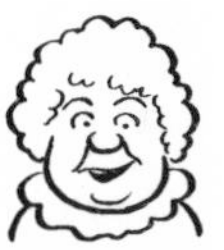

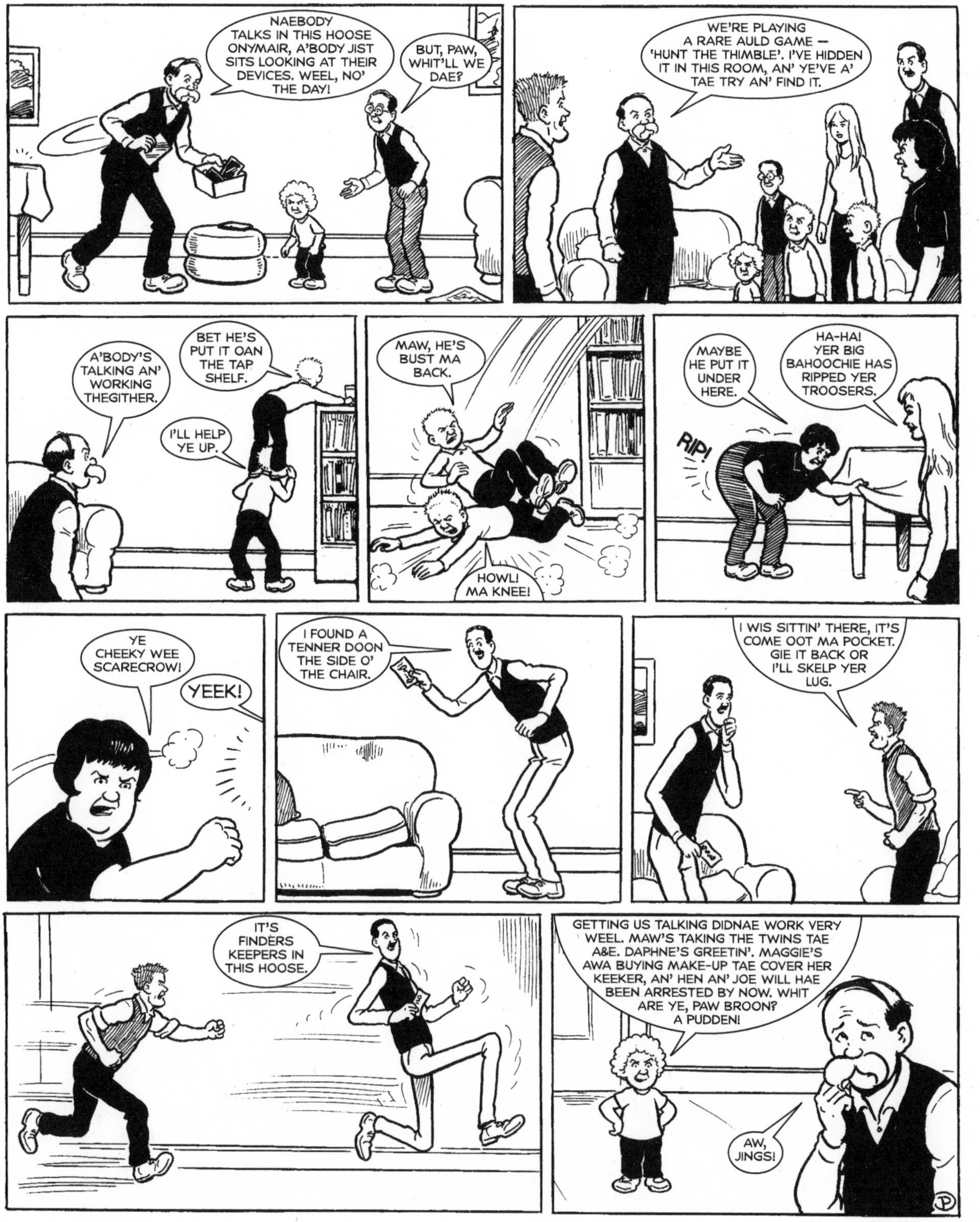
NAEBODY TALKS IN THIS HOOSE ONYMAIR, A'BODY JIST SITS LOOKING AT THEIR DEVICES. WEEL, NO' THE DAY!
BUT, PAW, WHIT'LL WE DAE?
WE'RE PLAYING A RARE AULD GAME — 'HUNT THE THIMBLE'. I'VE HIDDEN IT IN THIS ROOM, AN' YE'VE A' TAE TRY AN' FIND IT.
A'BODY'S TALKING AN' WORKING THEGITHER.
BET HE'S PUT IT OAN THE TAP SHELF.
I'LL HELP YE UP.
MAW, HE'S BUST MA BACK.
HOWL! MA KNEE!
MAYBE HE PUT IT UNDER HERE.
HA-HA! YER BIG BAHOOCHIE HAS RIPPED YER TROOSERS.
RIP!
YE CHEEKY WEE SCARECROW!
YEEK!
I FOUND A TENNER DOON THE SIDE O' THE CHAIR.
I WIS SITTIN' THERE, IT'S COME OOT MA POCKET. GIE IT BACK OR I'LL SKELP YER LUG.
IT'S FINDERS KEEPERS IN THIS HOOSE.
GETTING US TALKING DIDNAE WORK VERY WEEL. MAW'S TAKING THE TWINS TAE A&E. DAPHNE'S GREETIN'. MAGGIE'S AWA BUYING MAKE-UP TAE COVER HER KEEKER, AN' HEN AN' JOE WILL HAE BEEN ARRESTED BY NOW. WHIT ARE YE, PAW BROON? A PUDDEN!
AW, JINGS!

FORGET THON FANCY DRESS TAE IMPRESS, THIS NICHT'S MAIR ABOOT DRESS TAE DISTRESS!

THIS YEAR WE'RE HAVIN' OOR AIN HALLOWEEN COSTUME CONTEST. THIS BOX O' CHOCS FOR THE WINNER!

I'M THE JUDGE AN' WHOEVER GIES ME THE BIGGEST FLEG WINS.

THE CONTEST BEGINS...

I'M THE WITCH O' THE WARDROBE, AN' THIS OUTFIT IS MAGIC.

AYE, NO' BAD, DAPHNE.

WE'RE VAMPIRE BATS AN' LOOKIN' FOR BLOOD.

THOUGH WE'D SETTLE FOR THE CHOCOLATES.

NAE DOUBT.

WE'RE THE ZOMBIES O' CULLODEN.

SEARCHIN' FOR THE BONNIE PRINCE.

YE'VE IMPROVED ON YER USUAL ATTIRE.

I'M LADY MACDEATH. THE BRIDE O' BEN STOORIE.

VERY IMPRESSIVE NOD TAE SHAKESPEARE THERE, SIS.

I'M THE GRIM REAPER. WHILE I WAIT FOR THE DEID, I DAE GAIRDENIN' JOBS ON THE SIDE.

YE'RE MARKED DOON FOR ADVERTISING FOR WORK.

I'M A HOLIDAYMAKER. I'M AFF TAE FIND SOME SUN.

WHIT'S SCARY ABOOT THAT?

WELL, I'D BE AWA FOR TWA WEEKS SO YE'D HAE TAE LOOK EFTER YERSELS FOR A FORTNICHT.

DAE OOR AIN WASHIN'?

MAK' OOR AIN TEA?

THAT'S THE SCARIEST THOUGHT EVER!

VACCUUM OOR ROOM?

I THOUCHT MA COSTUME WID FLEG THEM. HAE A CHOCOLATE, MA WEE LAMB.

GRANPAW BROON IS JIST ANE BIG KIDDER,
BUT THERE'S NAE FLIES ON THIS CRAFTY AULD FIBBER!

WILL YE MIND THE BAIRN FOR A WEE WHILE, GRANPAW?
THAT'S A PLEASURE, NO' A CHORE.
SOON...
ME'S PUT OAN MAGGIE'S LIPSTICK.
HA-HA! YE'LL NEED TAE WASH YER FACE AFORE MAW GETS BACK.
YOO-HOO, IT'S JIST ME! I FORGOT MA MAKE-UP BAG.
THAT'S MAGGIE — SHE'LL NO' BE HAPPY, ME PLAYING WI' HER LIPSTICK.
GIE IT HERE.
THAT'S MA EXPENSIVE LIPSTICK! WHIT HAVE YE DONE TAE IT?
ER, I WIS WRITIN' A SIGN TAE PUT UP AT MA ALLOTMENT. I COULDNAE FIND A PEN.
TATTIES FOR SALE
SORRY, LASS — BUY YERSEL A NEW ANE.
OKAY, AN' WE'LL NO' FALL OOT ABOOT IT.
YE SAVED ME THERE, GRANPAW. BUT ME COST YE MONEY.
NAE PROBLEM, MA WEE LAMB. I WOULD HAE JUST SPENT IT ON A DRAM AT THE BOOLIN' CLUB ONYWAY.
WILL I WIPE THE LIPSTICK AFF YER FACE TOO, GRANPAW?
NA, NA, LASS. I'VE A PLAN TAE GET A FREE DRAM OR TWA.
AT THE BOOLIN' CLUB...
CRIVVENS! WHA HAE YOU BEEN SNOGGIN' AT YER AGE?
I'M NO' SAYING A WORD.
YE AULD ROGUE! WE'LL GET YE A DRAM AN' YE'LL TELL US A' THE DETAILS.
RICHT THEN, WHA WERE YE KISSING?
WELL, I WIS JIST LEAVIN' MA ALLOTMENT WHEN WHA SHOULD I BUMP INTAE BUT JUDITH RALSTON OOT FOR A WEE WALK.
YE GOT A KISS FRAE JUDITH RALSTON? JINGS! THIS IS GOING TAE BE GUID.

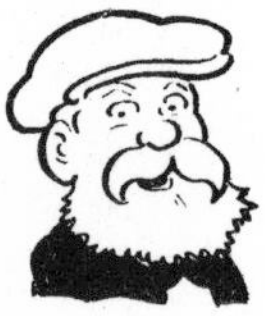

PAW'S PRAISE FOR HORACE COMES A CROPPER, AN' HE ENDS UP A FISH AN' CHIP SHOPPER!

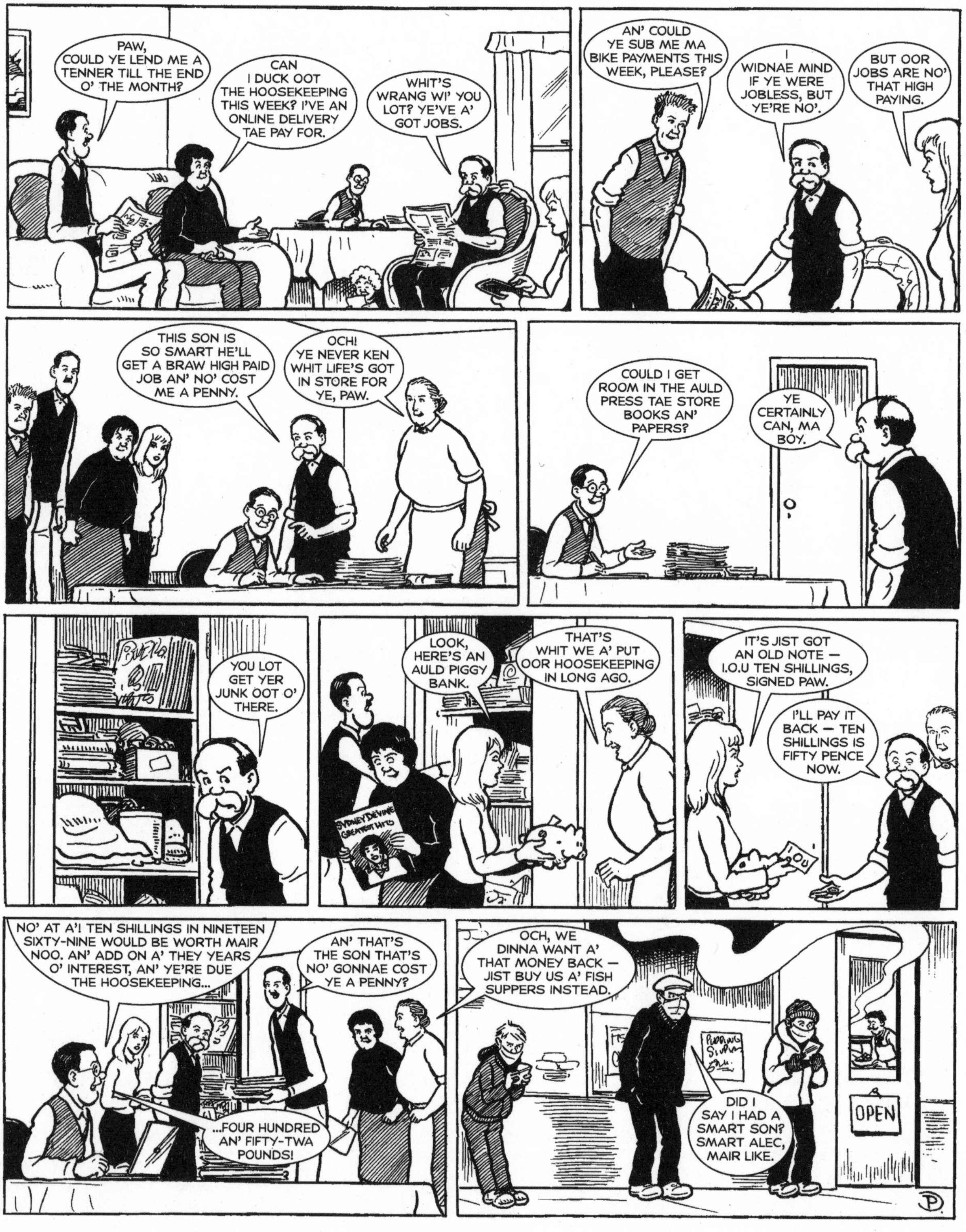

PAW, COULD YE LEND ME A TENNER TILL THE END O' THE MONTH?
CAN I DUCK OOT THE HOOSEKEEPING THIS WEEK? I'VE AN ONLINE DELIVERY TAE PAY FOR.
WHIT'S WRANG WI' YOU LOT? YE'VE A' GOT JOBS.
AN' COULD YE SUB ME MA BIKE PAYMENTS THIS WEEK, PLEASE?
I WIDNAE MIND IF YE WERE JOBLESS, BUT YE'RE NO'.
BUT OOR JOBS ARE NO' THAT HIGH PAYING.
THIS SON IS SO SMART HE'LL GET A BRAW HIGH PAID JOB AN' NO' COST ME A PENNY.
OCH! YE NEVER KEN WHIT LIFE'S GOT IN STORE FOR YE, PAW.
COULD I GET ROOM IN THE AULD PRESS TAE STORE BOOKS AN' PAPERS?
YE CERTAINLY CAN, MA BOY.
YOU LOT GET YER JUNK OOT O' THERE.
LOOK, HERE'S AN AULD PIGGY BANK.
THAT'S WHIT WE A' PUT OOR HOOSEKEEPING IN LONG AGO.
IT'S JIST GOT AN OLD NOTE — I.O.U TEN SHILLINGS, SIGNED PAW.
I'LL PAY IT BACK — TEN SHILLINGS IS FIFTY PENCE NOW.
NO' AT A'! TEN SHILLINGS IN NINETEEN SIXTY-NINE WOULD BE WORTH MAIR NOO. AN' ADD ON A' THEY YEARS O' INTEREST, AN' YE'RE DUE THE HOOSEKEEPING...
...FOUR HUNDRED AN' FIFTY-TWA POUNDS!
AN' THAT'S THE SON THAT'S NO' GONNAE COST YE A PENNY?
OCH, WE DINNA WANT A' THAT MONEY BACK — JIST BUY US A' FISH SUPPERS INSTEAD.
DID I SAY I HAD A SMART SON? SMART ALEC, MAIR LIKE.
OPEN

CLEVER HORACE FAILS TAE IMPRESS,
WHEN DEMONSTRATIN' ARTISTIC PROWESS!

I SHOULD GET MA PORTRAIT PAINTED FOR THIS HOOSE.
AT TATTIE CASTLE, PORTRAITS OF THE FAMILY GO BACK FIVE HUNDRED YEARS.
HEAVEN FORBID!
TWA DAYS LATER...
WHIT HAE YE BEEN BUYING NOO?
WAIT TILL YE SEE.
A LAD AT WORK PAINTED IT IN TWA DAYS. A' HE NEEDED WIS A PHOTO O' ME.
WHIT BRAW!
HE DIDNAE PAINT THAT — HE JIST USED A COMPUTER TAE STICK YER FACE ON A COPY O' AN AULD PAINTING.
AWA WI' YE!
WATCH, IT'S DEAD EASY.
TWA MINUTES LATER...
I GIE YE... THE SKITING MEENISTER ON BEENDIDDLED LOCH.
YE'RE ON THIN ICE, LADDIE.
...AN' ANITHER TWA MINUTES LATER...
WHIT ABOOT THIS? QUITE REGAL LOOKIN' — BROON O' GLENGLAIKIT.
REGAL? MAIR LIKE ROYALLY RIPPED AFF...
...THAT LAD CHARGED ME THIRTY QUID FOR THIS!
YE NUMPTY! I COULD HAE PRINTED YE HALF A DOZEN FOR NOTHING.
GIE ME IT HERE. I KEN WHAUR TAE HANG IT.
I'LL HANG YE HERE, BESIDE A' THE OTHER MUGS!
HUMPH!

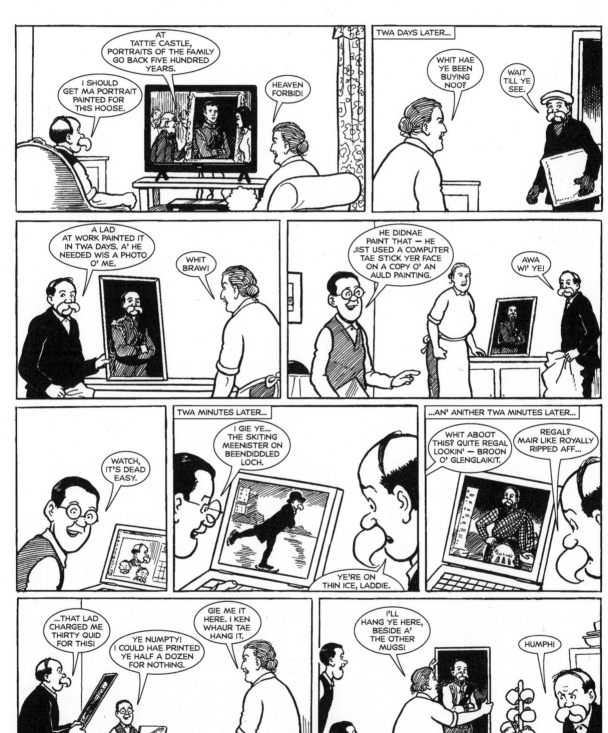

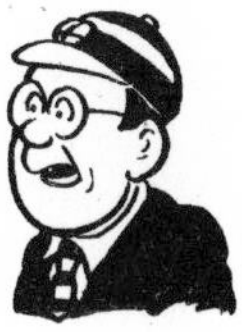

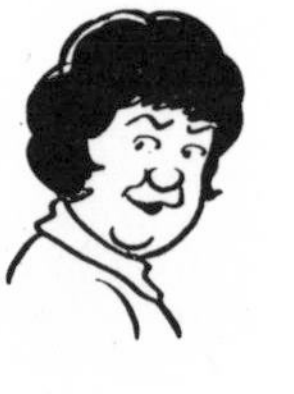

OOT THE WAY, AN' BE ON YER GUARD, HERE COMES GRANPAW, THE ULTIMATE BLAWHARD!

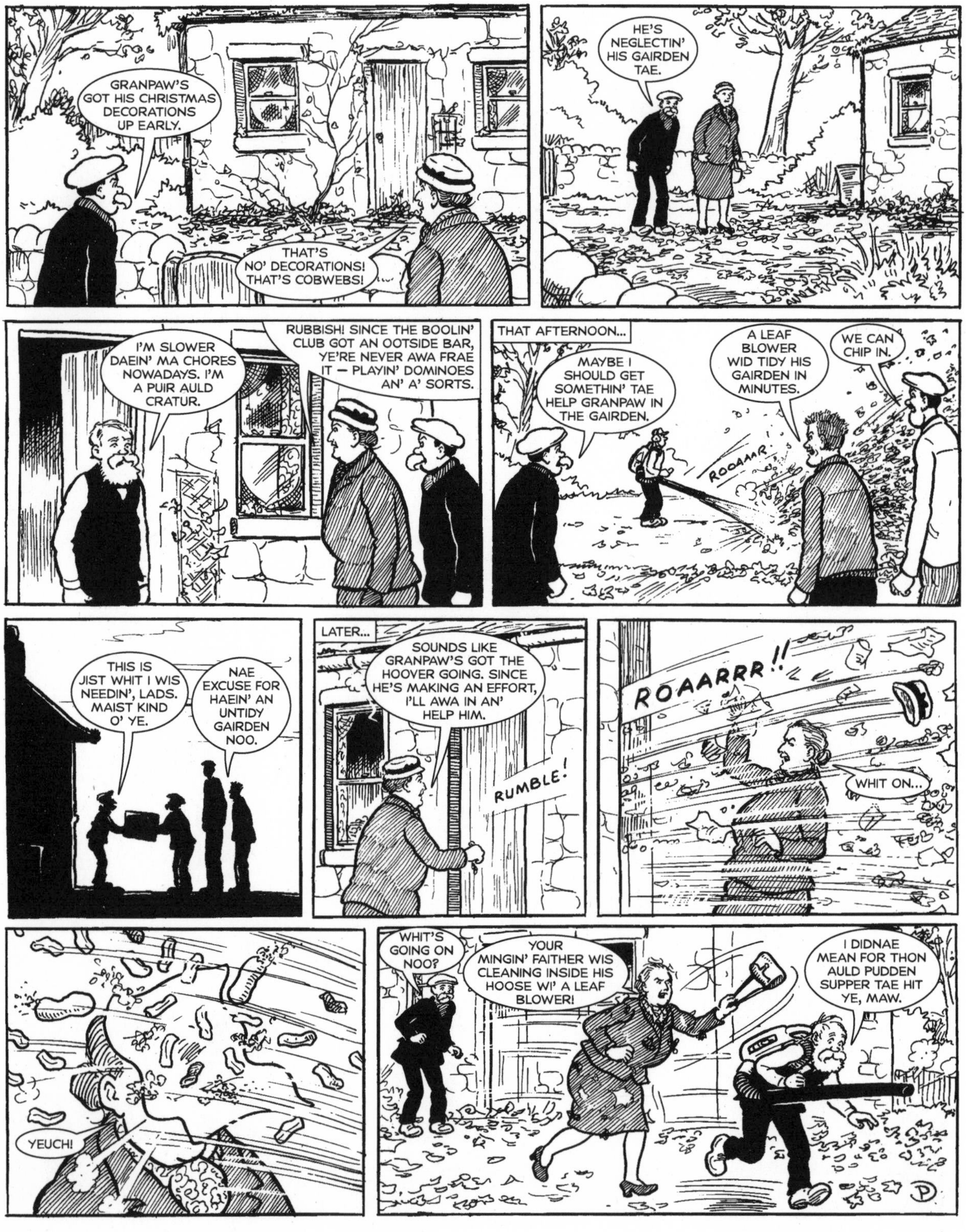

GRANPAW'S GOT HIS CHRISTMAS DECORATIONS UP EARLY.
THAT'S NO' DECORATIONS! THAT'S COBWEBS!
HE'S NEGLECTIN' HIS GAIRDEN TAE.
I'M SLOWER DAEIN' MA CHORES NOWADAYS. I'M A PUIR AULD CRATUR.
RUBBISH! SINCE THE BOOLIN' CLUB GOT AN OOTSIDE BAR, YE'RE NEVER AWA FRAE IT — PLAYIN' DOMINOES AN' A' SORTS.
THAT AFTERNOON...
MAYBE I SHOULD GET SOMETHIN' TAE HELP GRANPAW IN THE GAIRDEN.
ROOAAAR
A LEAF BLOWER WID TIDY HIS GAIRDEN IN MINUTES.
WE CAN CHIP IN.
THIS IS JIST WHIT I WIS NEEDIN', LADS. MAIST KIND O' YE.
NAE EXCUSE FOR HAEIN' AN UNTIDY GAIRDEN NOO.
LATER...
SOUNDS LIKE GRANPAW'S GOT THE HOOVER GOING. SINCE HE'S MAKING AN EFFORT, I'LL AWA IN AN' HELP HIM.
RUMBLE!
ROAARRR!!
WHIT ON...
YEUCH!
WHIT'S GOING ON NOO?
YOUR MINGIN' FAITHER WIS CLEANING INSIDE HIS HOOSE WI' A LEAF BLOWER!
I DIDNAE MEAN FOR THON AULD PUDDEN SUPPER TAE HIT YE, MAW.

LOOK AT THAT CHRISTMAS TURKEY'S GRACEFUL GLIDING,
IS THAT FAST FOOD OR WHIT THEY CALL FINE DINING?

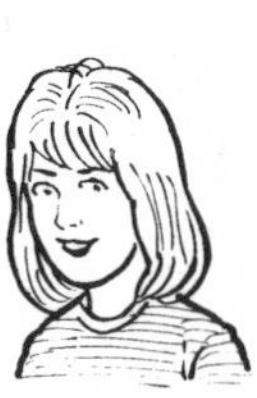

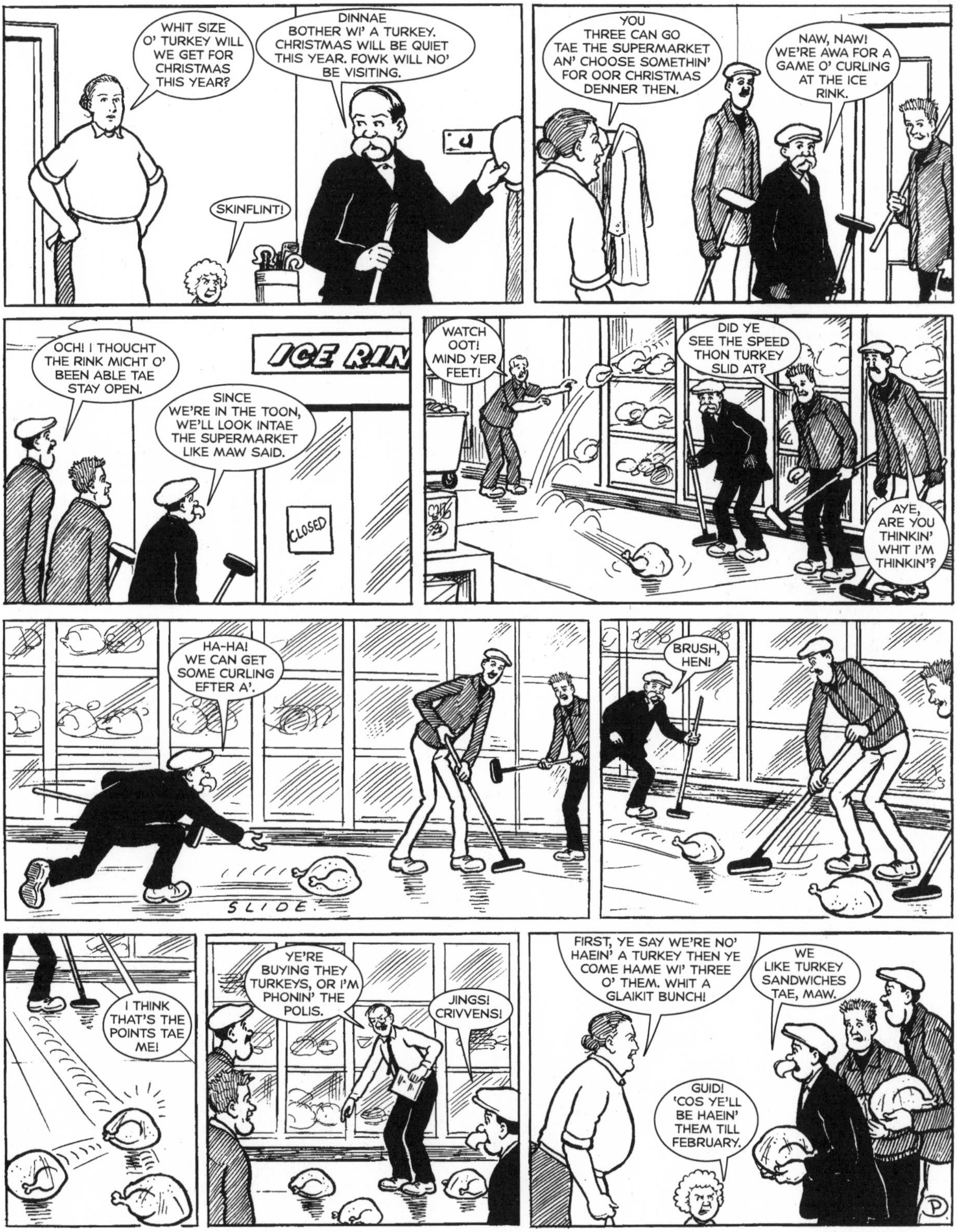
WHIT SIZE O' TURKEY WILL WE GET FOR CHRISTMAS THIS YEAR?
DINNAE BOTHER WI' A TURKEY. CHRISTMAS WILL BE QUIET THIS YEAR. FOWK WILL NO' BE VISITING.
SKINFLINT!
YOU THREE CAN GO TAE THE SUPERMARKET AN' CHOOSE SOMETHIN' FOR OOR CHRISTMAS DENNER THEN.
NAW, NAW! WE'RE AWA FOR A GAME O' CURLING AT THE ICE RINK.
ICE RIN
OCH! I THOUCHT THE RINK MICHT O' BEEN ABLE TAE STAY OPEN.
SINCE WE'RE IN THE TOON, WE'LL LOOK INTAE THE SUPERMARKET LIKE MAW SAID.
CLOSED
WATCH OOT! MIND YER FEET!
DID YE SEE THE SPEED THON TURKEY SLID AT?
AYE, ARE YOU THINKIN' WHIT I'M THINKIN'?
HA-HA! WE CAN GET SOME CURLING EFTER A'.
SLIDE.
BRUSH, HEN!
I THINK THAT'S THE POINTS TAE ME!
YE'RE BUYING THEY TURKEYS, OR I'M PHONIN' THE POLIS.
JINGS! CRIVVENS!
FIRST, YE SAY WE'RE NO' HAEIN' A TURKEY THEN YE COME HAME WI' THREE O' THEM. WHIT A GLAIKIT BUNCH!
WE LIKE TURKEY SANDWICHES TAE, MAW.
GUID! 'COS YE'LL BE HAEIN' THEM TILL FEBRUARY.

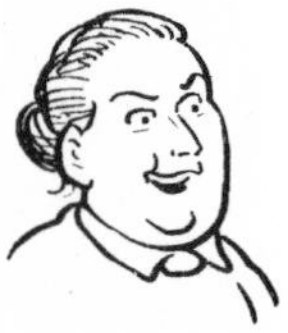

WHIT COULD HYPNOTISE A BROON,
SOMETHIN' AS SIMPLE AS AN AULD CARTOON?

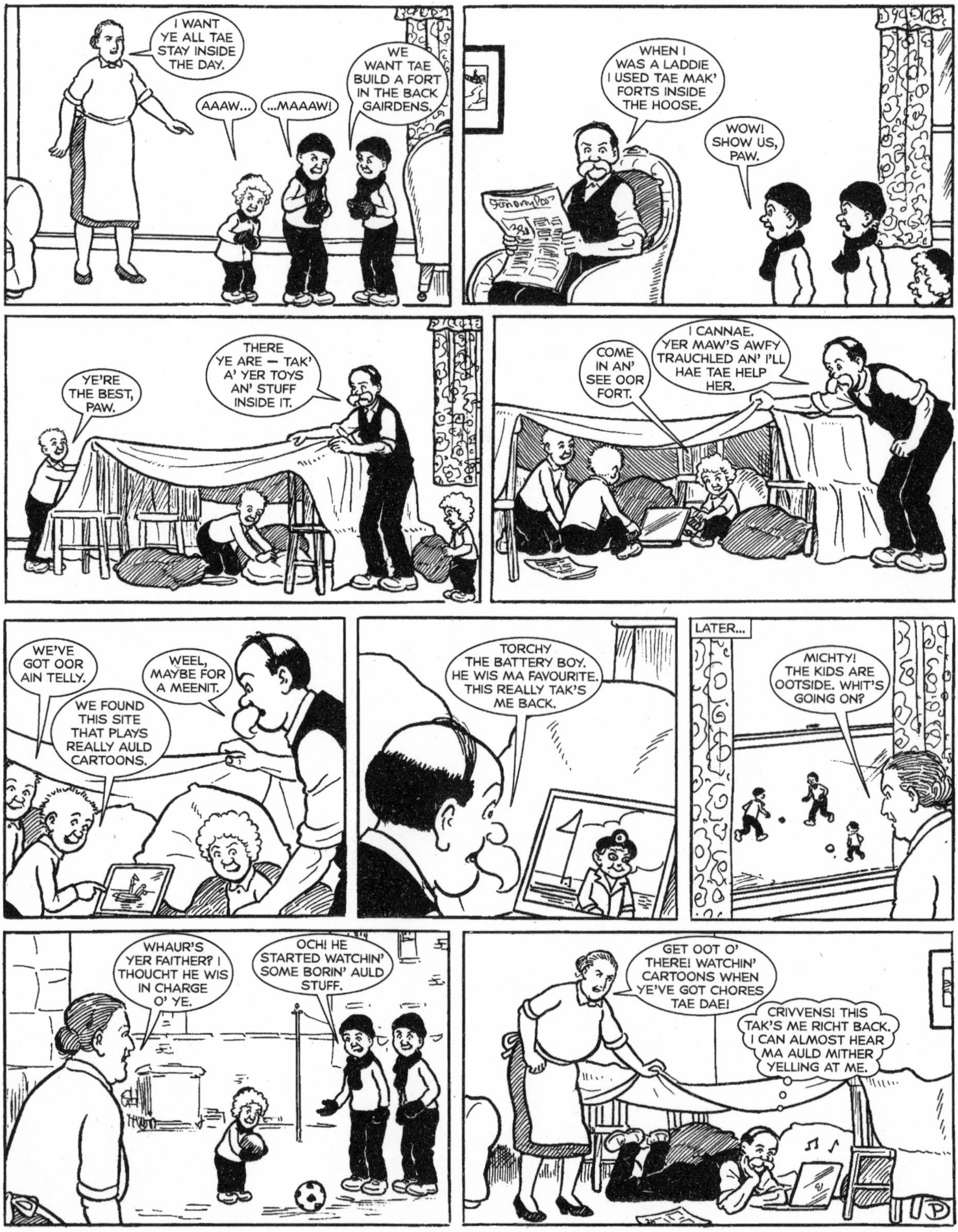
I WANT YE ALL TAE STAY INSIDE THE DAY.
AAAW...
...MAAAW!
WE WANT TAE BUILD A FORT IN THE BACK GAIRDENS.
WHEN I WAS A LADDIE I USED TAE MAK' FORTS INSIDE THE HOOSE.
WOW! SHOW US, PAW.
YE'RE THE BEST, PAW.
THERE YE ARE — TAK' A' YER TOYS AN' STUFF INSIDE IT.
COME IN AN' SEE OOR FORT.
I CANNAE. YER MAW'S AWFY TRAUCHLED AN' I'LL HAE TAE HELP HER.
WE'VE GOT OOR AIN TELLY.
WE FOUND THIS SITE THAT PLAYS REALLY AULD CARTOONS.
WEEL, MAYBE FOR A MEENIT.
TORCHY THE BATTERY BOY. HE WIS MA FAVOURITE. THIS REALLY TAK'S ME BACK.
LATER...
MICHTY! THE KIDS ARE OOTSIDE. WHIT'S GOING ON?
WHAUR'S YER FAITHER? I THOUCHT HE WIS IN CHARGE O' YE.
OCH! HE STARTED WATCHIN' SOME BORIN' AULD STUFF.
GET OOT O' THERE! WATCHIN' CARTOONS WHEN YE'VE GOT CHORES TAE DAE!
CRIVVENS! THIS TAK'S ME RICHT BACK. I CAN ALMOST HEAR MA AULD MITHER YELLING AT ME.

GRANPAW TAK'S SOME TIME TAE PONDER,
WHIT MAK'S THE FAMILY A THING O' WONDER!

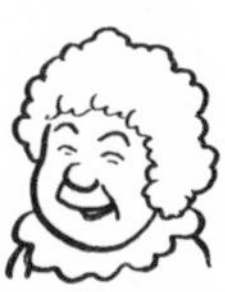

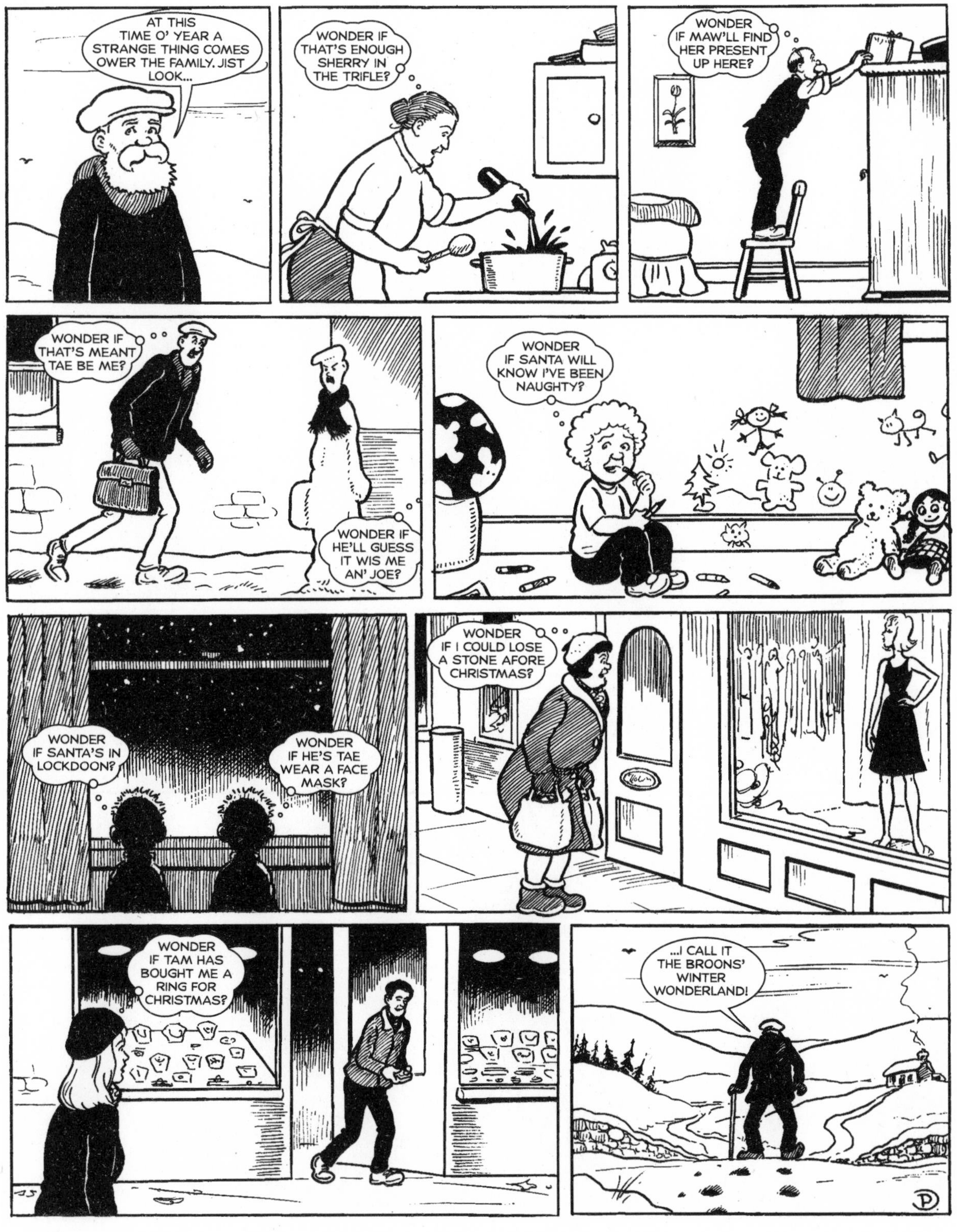
AT THIS TIME O' YEAR A STRANGE THING COMES OWER THE FAMILY. JIST LOOK...
WONDER IF THAT'S ENOUGH SHERRY IN THE TRIFLE?
WONDER IF MAW'LL FIND HER PRESENT UP HERE?
WONDER IF THAT'S MEANT TAE BE ME?
WONDER IF HE'LL GUESS IT WIS ME AN' JOE?
WONDER IF SANTA WILL KNOW I'VE BEEN NAUGHTY?
WONDER IF SANTA'S IN LOCKDOON?
WONDER IF HE'S TAE WEAR A FACE MASK?
WONDER IF I COULD LOSE A STONE AFORE CHRISTMAS?
WONDER IF TAM HAS BOUGHT ME A RING FOR CHRISTMAS?
...I CALL IT THE BROONS' WINTER WONDERLAND!

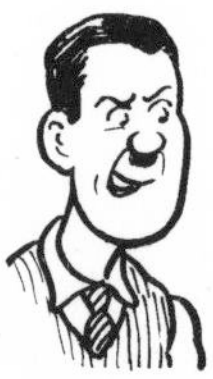

WHEN CHRISTMAS SEEMS TAE DISAPPEAR, WILL THE BROONS FIND SOME FESTIVE CHEER?

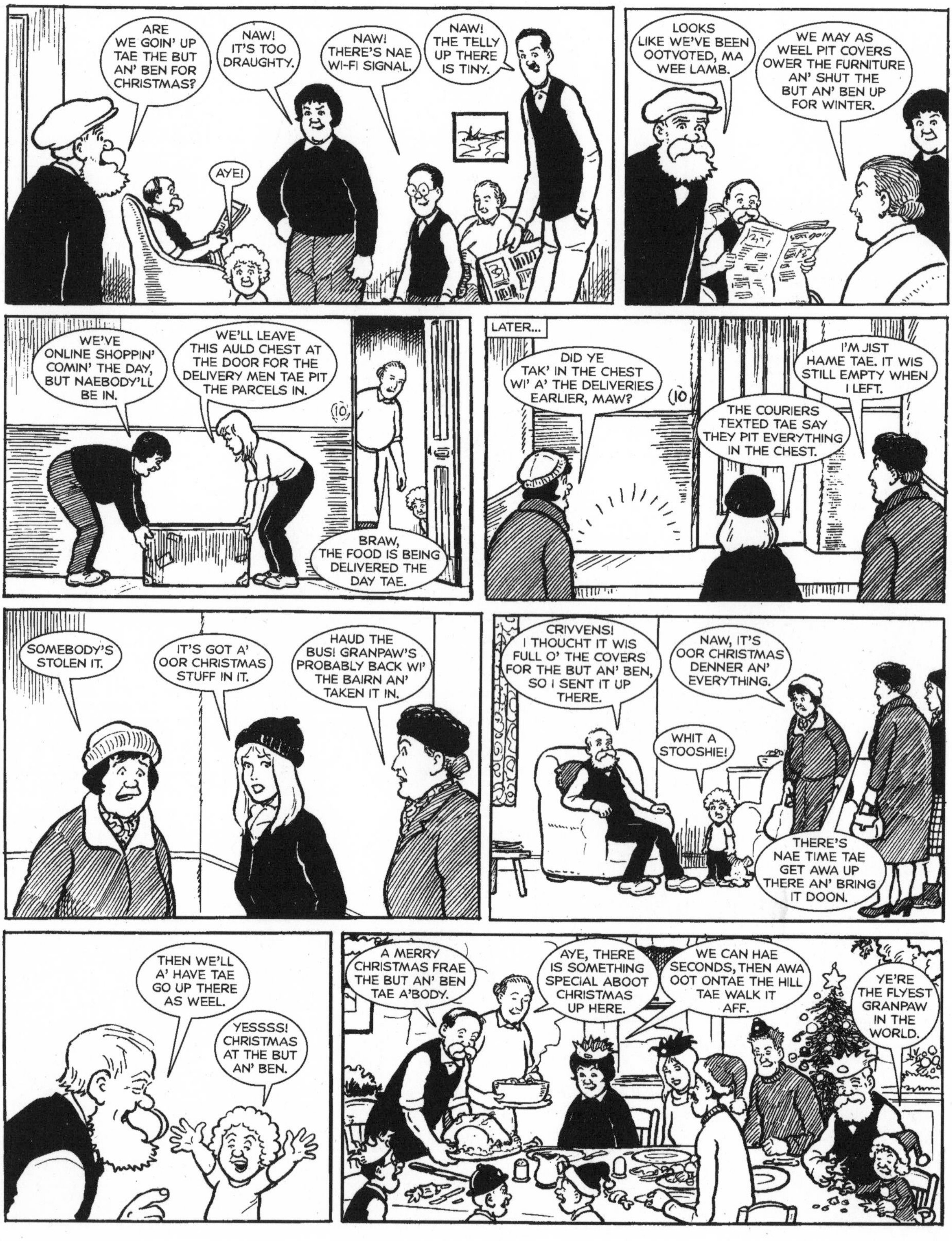
ARE WE GOIN' UP TAE THE BUT AN' BEN FOR CHRISTMAS?
NAW! IT'S TOO DRAUGHTY.
NAW! THERE'S NAE WI-FI SIGNAL.
NAW! THE TELLY UP THERE IS TINY.
AYE!
LOOKS LIKE WE'VE BEEN OOTVOTED, MA WEE LAMB.
WE MAY AS WEEL PIT COVERS OWER THE FURNITURE AN' SHUT THE BUT AN' BEN UP FOR WINTER.
WE'VE ONLINE SHOPPIN' COMIN' THE DAY, BUT NAEBODY'LL BE IN.
WE'LL LEAVE THIS AULD CHEST AT THE DOOR FOR THE DELIVERY MEN TAE PIT THE PARCELS IN.
BRAW, THE FOOD IS BEING DELIVERED THE DAY TAE.
LATER...
DID YE TAK' IN THE CHEST WI' A' THE DELIVERIES EARLIER, MAW?
THE COURIERS TEXTED TAE SAY THEY PIT EVERYTHING IN THE CHEST.
I'M JIST HAME TAE. IT WIS STILL EMPTY WHEN I LEFT.
SOMEBODY'S STOLEN IT.
IT'S GOT A' OOR CHRISTMAS STUFF IN IT.
HAUD THE BUS! GRANPAW'S PROBABLY BACK WI' THE BAIRN AN' TAKEN IT IN.
CRIVVENS! I THOUCHT IT WIS FULL O' THE COVERS FOR THE BUT AN' BEN, SO I SENT IT UP THERE.
NAW, IT'S OOR CHRISTMAS DENNER AN' EVERYTHING.
WHIT A STOOSHIE!
THERE'S NAE TIME TAE GET AWA UP THERE AN' BRING IT DOON.
THEN WE'LL A' HAVE TAE GO UP THERE AS WEEL.
YESSSS! CHRISTMAS AT THE BUT AN' BEN.
A MERRY CHRISTMAS FRAE THE BUT AN' BEN TAE A'BODY.
AYE, THERE IS SOMETHING SPECIAL ABOOT CHRISTMAS UP HERE.
WE CAN HAE SECONDS, THEN AWA OOT ONTAE THE HILL TAE WALK IT AFF.
YE'RE THE FLYEST GRANPAW IN THE WORLD.

SCOTLAND'S FIRST FAMILY ARE A' HERE,
TAE WISH YE A' THE BEST NEW YEAR!

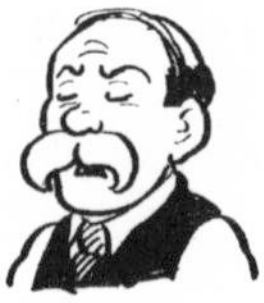

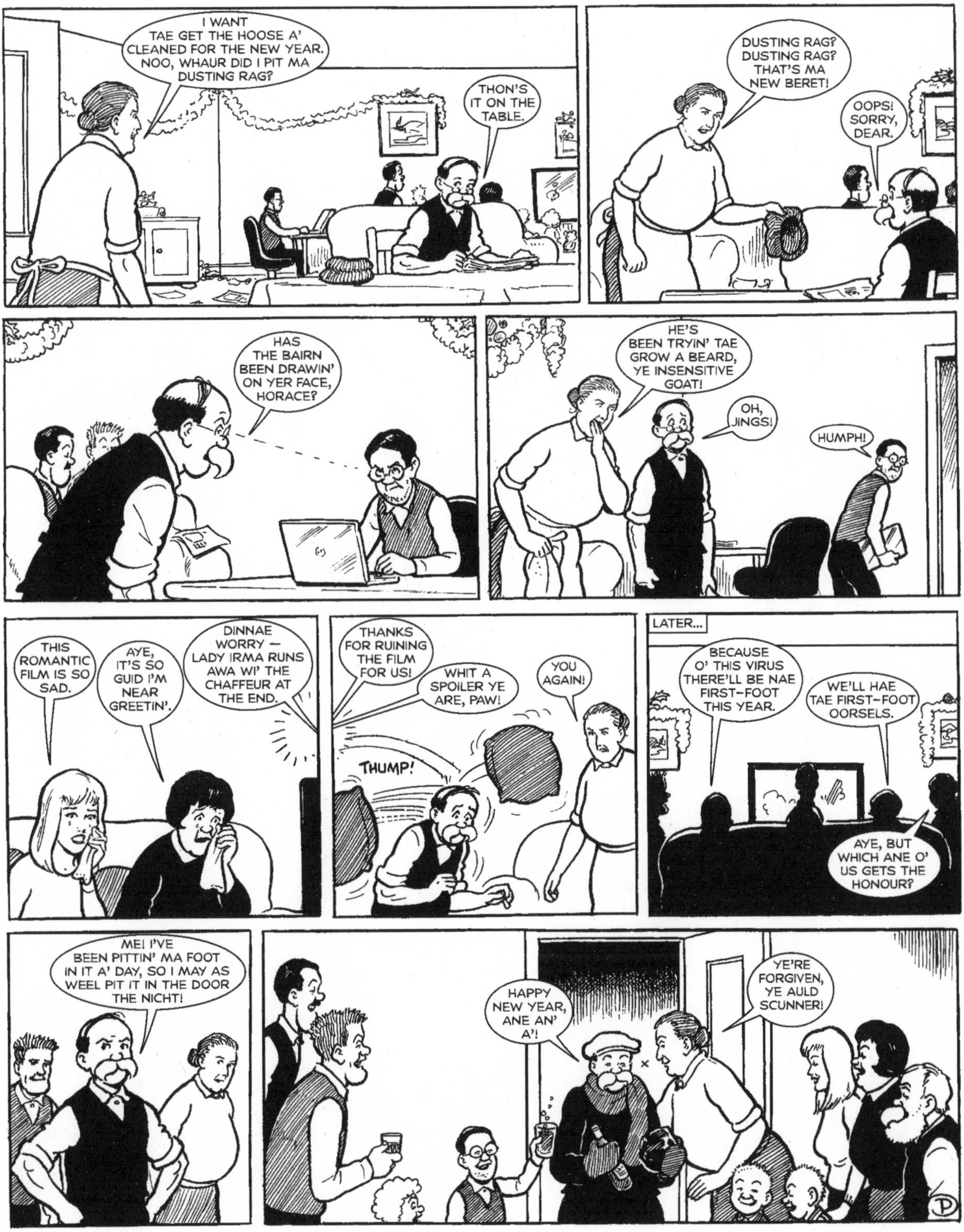
I WANT TAE GET THE HOOSE A' CLEANED FOR THE NEW YEAR. NOO, WHAUR DID I PIT MA DUSTING RAG?
THON'S IT ON THE TABLE.
DUSTING RAG? DUSTING RAG? THAT'S MA NEW BERET!
OOPS! SORRY, DEAR.
HAS THE BAIRN BEEN DRAWIN' ON YER FACE, HORACE?
HE'S BEEN TRYIN' TAE GROW A BEARD, YE INSENSITIVE GOAT!
OH, JINGS!
HUMPH!
THIS ROMANTIC FILM IS SO SAD.
AYE, IT'S SO GUID I'M NEAR GREETIN'.
DINNAE WORRY — LADY IRMA RUNS AWA WI' THE CHAFFEUR AT THE END.
THANKS FOR RUINING THE FILM FOR US!
WHIT A SPOILER YE ARE, PAW!
YOU AGAIN!
THUMP!
LATER...
BECAUSE O' THIS VIRUS THERE'LL BE NAE FIRST-FOOT THIS YEAR.
WE'LL HAE TAE FIRST-FOOT OORSELS.
AYE, BUT WHICH ANE O' US GETS THE HONOUR?
ME! I'VE BEEN PITTIN' MA FOOT IN IT A' DAY, SO I MAY AS WEEL PIT IT IN THE DOOR THE NICHT!
HAPPY NEW YEAR, ANE AN' A'!
YE'RE FORGIVEN, YE AULD SCUNNER!

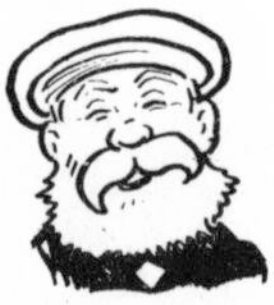

THE BAIRN SEEKS HELP TAE FIGURE OOT,
JIST WHIT THEY CLOUDS ARE A' ABOOT.

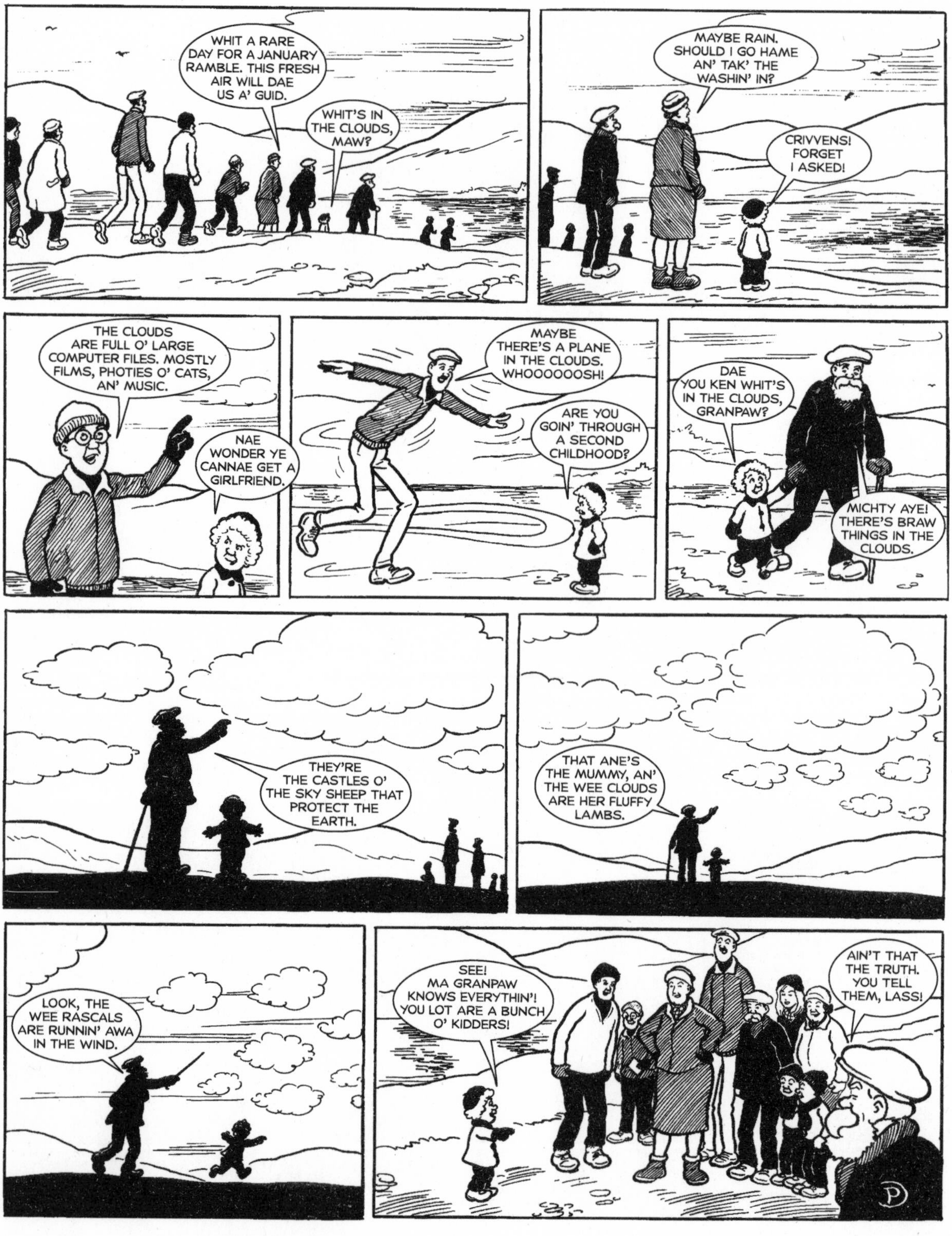
WHIT A RARE DAY FOR A JANUARY RAMBLE. THIS FRESH AIR WILL DAE US A' GUID.
WHIT'S IN THE CLOUDS, MAW?
MAYBE RAIN. SHOULD I GO HAME AN' TAK' THE WASHIN' IN?
CRIVVENS! FORGET I ASKED!
THE CLOUDS ARE FULL O' LARGE COMPUTER FILES. MOSTLY FILMS, PHOTIES O' CATS, AN' MUSIC.
NAE WONDER YE CANNAE GET A GIRLFRIEND.
MAYBE THERE'S A PLANE IN THE CLOUDS. WHOOOOOOSH!
ARE YOU GOIN' THROUGH A SECOND CHILDHOOD?
DAE YOU KEN WHIT'S IN THE CLOUDS, GRANPAW?
MICHTY AYE! THERE'S BRAW THINGS IN THE CLOUDS.
THEY'RE THE CASTLES O' THE SKY SHEEP THAT PROTECT THE EARTH.
THAT ANE'S THE MUMMY, AN' THE WEE CLOUDS ARE HER FLUFFY LAMBS.
LOOK, THE WEE RASCALS ARE RUNNIN' AWA IN THE WIND.
SEE! MA GRANPAW KNOWS EVERYTHIN'! YOU LOT ARE A BUNCH O' KIDDERS!
AIN'T THAT THE TRUTH. YOU TELL THEM, LASS!

DAPHNE THINKS IT'S AN AWFY SLOG,
IT'S NAE STROLL IN THE PARK GOIN' OOT FOR A JOG!

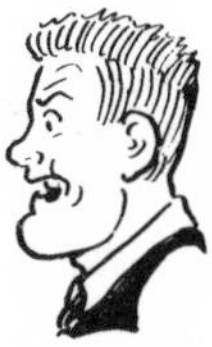

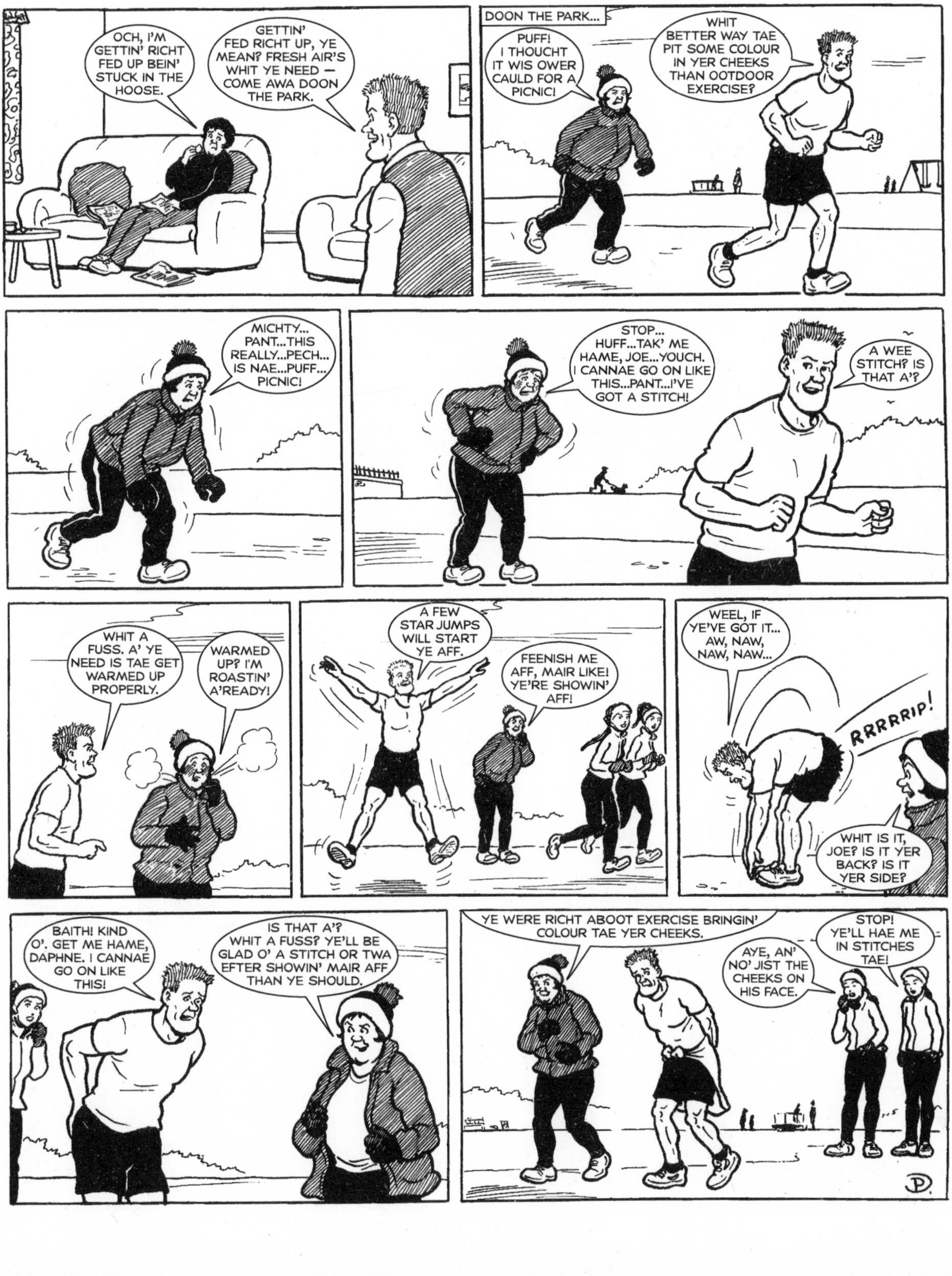
OCH, I'M GETTIN' RICHT FED UP BEIN' STUCK IN THE HOOSE.
GETTIN' FED RICHT UP, YE MEAN? FRESH AIR'S WHIT YE NEED — COME AWA DOON THE PARK.
DOON THE PARK...
PUFF! I THOUCHT IT WIS OWER CAULD FOR A PICNIC!
WHIT BETTER WAY TAE PIT SOME COLOUR IN YER CHEEKS THAN OOTDOOR EXERCISE?
MICHTY... PANT...THIS REALLY...PECH... IS NAE...PUFF... PICNIC!
STOP... HUFF...TAK' ME HAME, JOE...YOUCH. I CANNAE GO ON LIKE THIS...PANT...I'VE GOT A STITCH!
A WEE STITCH? IS THAT A'?
WHIT A FUSS. A' YE NEED IS TAE GET WARMED UP PROPERLY.
WARMED UP? I'M ROASTIN' A'READY!
A FEW STAR JUMPS WILL START YE AFF.
FEENISH ME AFF, MAIR LIKE! YE'RE SHOWIN' AFF!
WEEL, IF YE'VE GOT IT... AW, NAW, NAW, NAW...
RRRRRIP!
WHIT IS IT, JOE? IS IT YER BACK? IS IT YER SIDE?
BAITH! KIND O'. GET ME HAME, DAPHNE. I CANNAE GO ON LIKE THIS!
IS THAT A'? WHIT A FUSS? YE'LL BE GLAD O' A STITCH OR TWA EFTER SHOWIN' MAIR AFF THAN YE SHOULD.
YE WERE RICHT ABOOT EXERCISE BRINGIN' COLOUR TAE YER CHEEKS.
AYE, AN' NO' JIST THE CHEEKS ON HIS FACE.
STOP! YE'LL HAE ME IN STITCHES TAE!

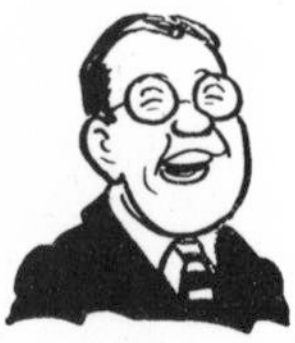

THE BROON LADS ARE HAEIN' TAE PITCH IN,
THEY'VE A' BEEN SENT OOT TAE THE KITCHEN!

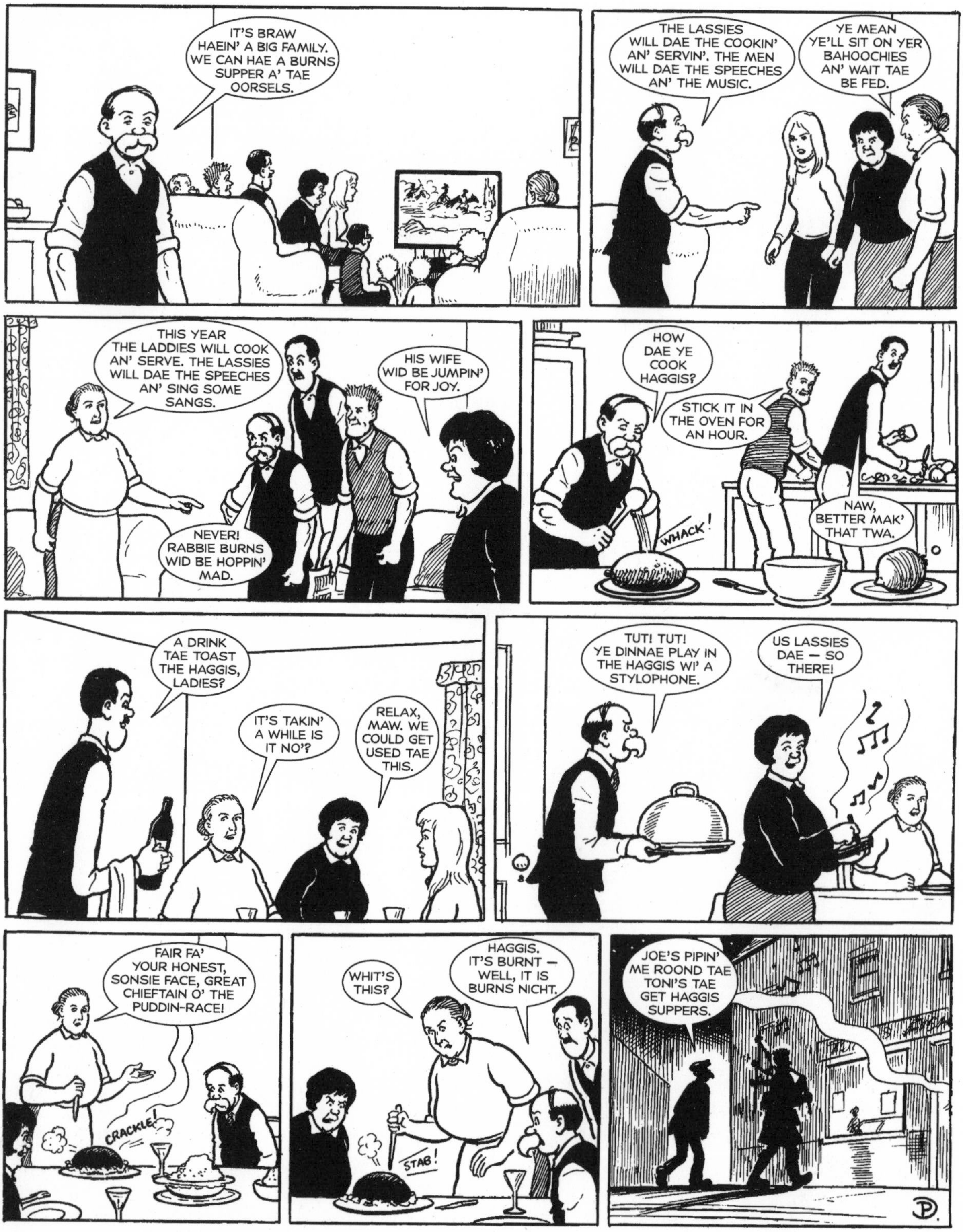

IT'S BRAW HAEIN' A BIG FAMILY. WE CAN HAE A BURNS SUPPER A' TAE OORSELS.
THE LASSIES WILL DAE THE COOKIN' AN' SERVIN'. THE MEN WILL DAE THE SPEECHES AN' THE MUSIC.
YE MEAN YE'LL SIT ON YER BAHOOCHIES AN' WAIT TAE BE FED.
THIS YEAR THE LADDIES WILL COOK AN' SERVE. THE LASSIES WILL DAE THE SPEECHES AN' SING SOME SANGS.
NEVER! RABBIE BURNS WID BE HOPPIN' MAD.
HIS WIFE WID BE JUMPIN' FOR JOY.
HOW DAE YE COOK HAGGIS?
STICK IT IN THE OVEN FOR AN HOUR.
WHACK!
NAW, BETTER MAK' THAT TWA.
A DRINK TAE TOAST THE HAGGIS, LADIES?
IT'S TAKIN' A WHILE IS IT NO'?
RELAX, MAW. WE COULD GET USED TAE THIS.
TUT! TUT! YE DINNAE PLAY IN THE HAGGIS WI' A STYLOPHONE.
US LASSIES DAE — SO THERE!
FAIR FA' YOUR HONEST, SONSIE FACE, GREAT CHIEFTAIN O' THE PUDDIN-RACE!
CRACKLE!
WHIT'S THIS?
HAGGIS. IT'S BURNT — WELL, IT IS BURNS NICHT.
STAB!
JOE'S PIPIN' ME ROOND TAE TONI'S TAE GET HAGGIS SUPPERS.

HAMESCHOOLIN' WI' THE FAMILY IS A WINNER,
WHEN TIME COMES TAE BREAK FOR SCHOOL DINNER!

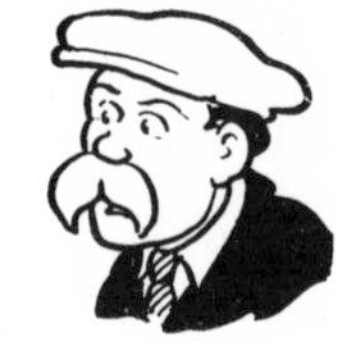

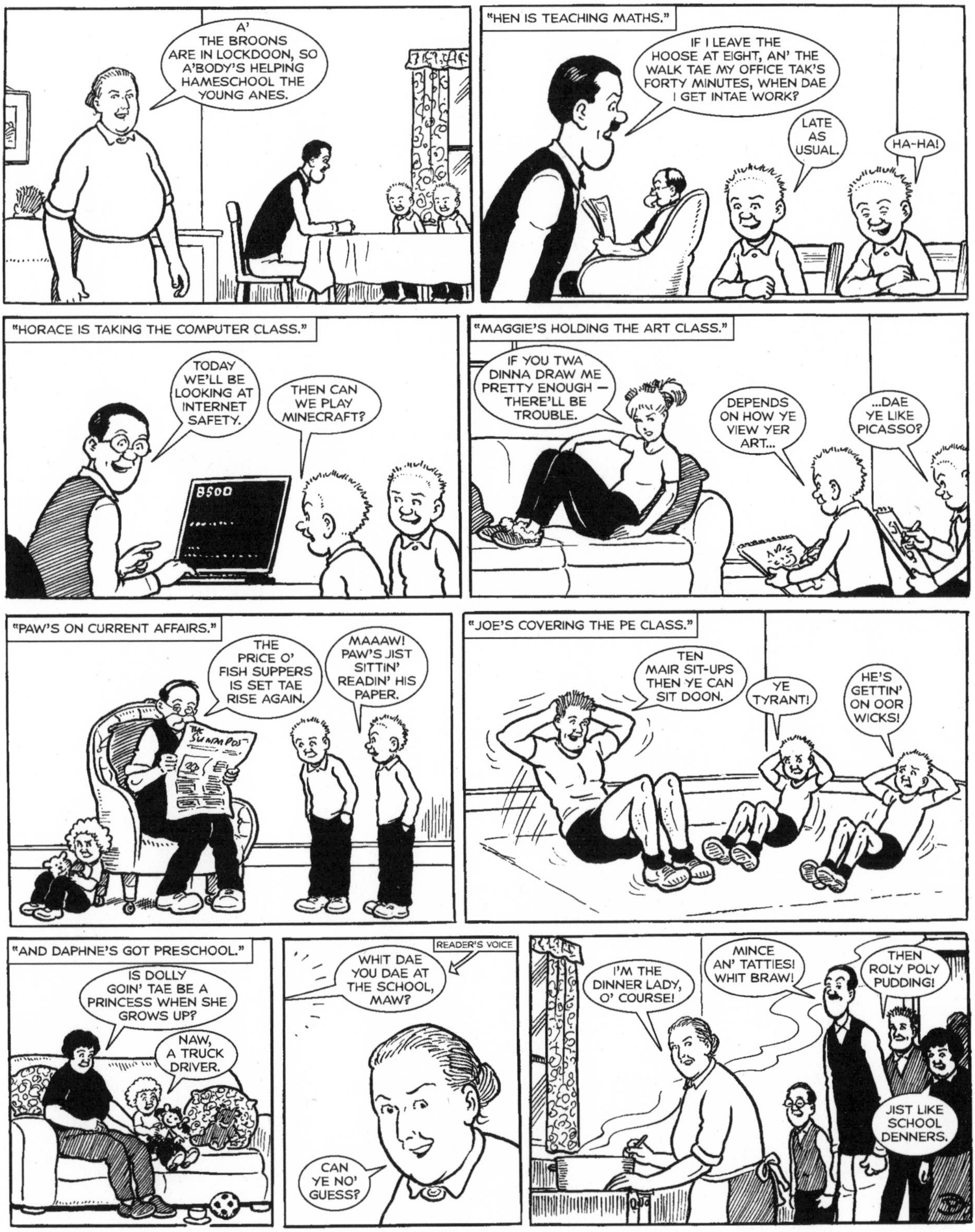

A' THE BROONS ARE IN LOCKDOON, SO A'BODY'S HELPING HAMESCHOOL THE YOUNG ANES.
"HEN IS TEACHING MATHS."
IF I LEAVE THE HOOSE AT EIGHT, AN' THE WALK TAE MY OFFICE TAK'S FORTY MINUTES, WHEN DAE I GET INTAE WORK?
LATE AS USUAL.
HA-HA!
"HORACE IS TAKING THE COMPUTER CLASS."
TODAY WE'LL BE LOOKING AT INTERNET SAFETY.
THEN CAN WE PLAY MINECRAFT?
"MAGGIE'S HOLDING THE ART CLASS."
IF YOU TWA DINNA DRAW ME PRETTY ENOUGH — THERE'LL BE TROUBLE.
DEPENDS ON HOW YE VIEW YER ART...
...DAE YE LIKE PICASSO?
"PAW'S ON CURRENT AFFAIRS."
THE PRICE O' FISH SUPPERS IS SET TAE RISE AGAIN.
MAAAW! PAW'S JIST SITTIN' READIN' HIS PAPER.
"JOE'S COVERING THE PE CLASS."
TEN MAIR SIT-UPS THEN YE CAN SIT DOON.
YE TYRANT!
HE'S GETTIN' ON OOR WICKS!
"AND DAPHNE'S GOT PRESCHOOL."
IS DOLLY GOIN' TAE BE A PRINCESS WHEN SHE GROWS UP?
NAW, A TRUCK DRIVER.
READER'S VOICE
WHIT DAE YOU DAE AT THE SCHOOL, MAW?
CAN YE NO' GUESS?
I'M THE DINNER LADY, O' COURSE!
MINCE AN' TATTIES! WHIT BRAW!
THEN ROLY POLY PUDDING!
JIST LIKE SCHOOL DENNERS.

PAW BROON TURNS INSPIRATIONAL SPEAKER,
QUITE IMPRESSIVE FRAE THE HEID SWEEPER!

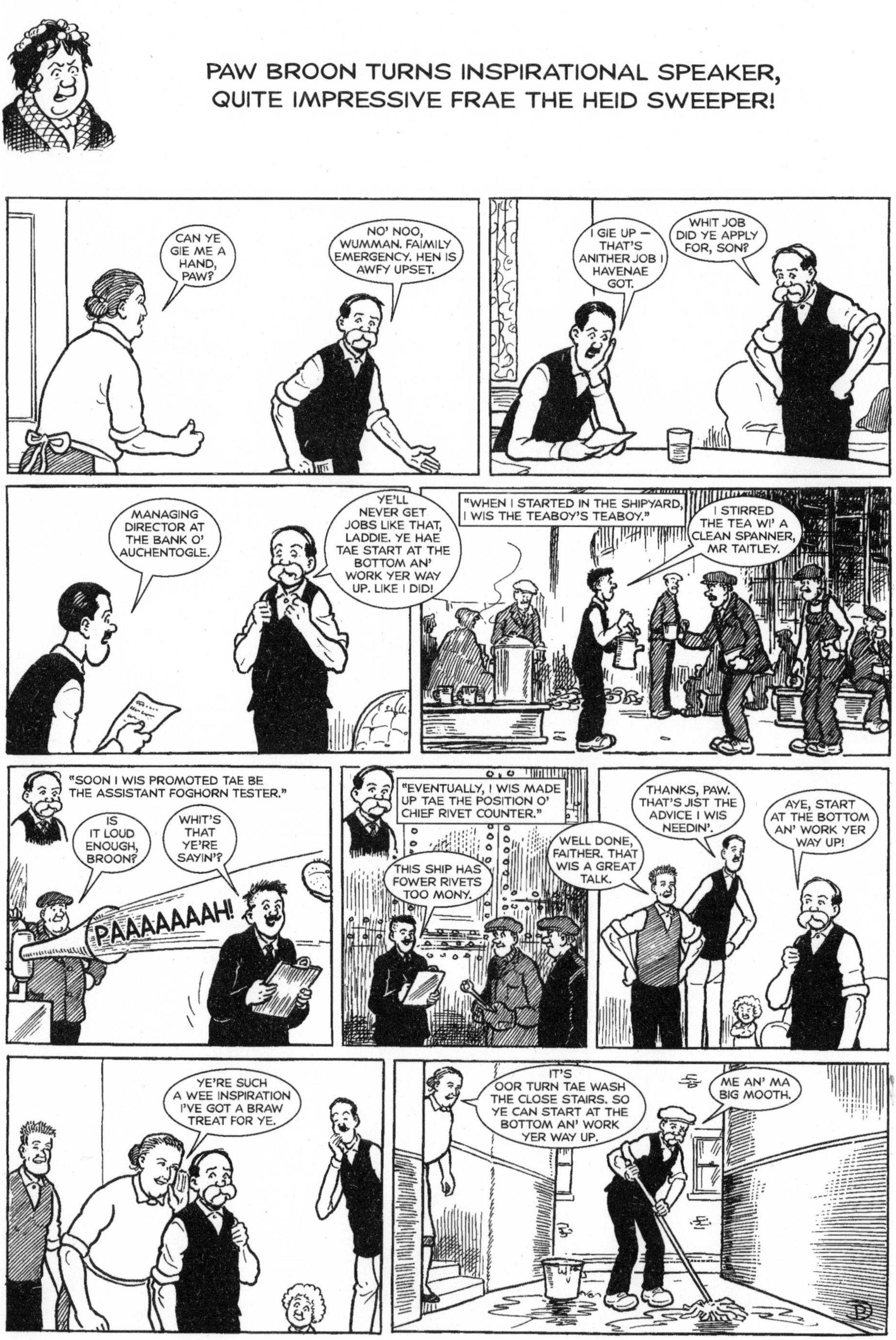
CAN YE GIE ME A HAND, PAW?
NO' NOO, WUMMAN. FAIMILY EMERGENCY. HEN IS AWFY UPSET.
I GIE UP — THAT'S ANITHER JOB I HAVENAE GOT.
WHIT JOB DID YE APPLY FOR, SON?
MANAGING DIRECTOR AT THE BANK O' AUCHENTOGLE.
YE'LL NEVER GET JOBS LIKE THAT, LADDIE. YE HAE TAE START AT THE BOTTOM AN' WORK YER WAY UP. LIKE I DID!
"WHEN I STARTED IN THE SHIPYARD, I WIS THE TEABOY'S TEABOY."
I STIRRED THE TEA WI' A CLEAN SPANNER, MR TAITLEY.
"SOON I WIS PROMOTED TAE BE THE ASSISTANT FOGHORN TESTER."
IS IT LOUD ENOUGH, BROON?
WHIT'S THAT YE'RE SAYIN'?
PAAAAAAAH!
"EVENTUALLY, I WIS MADE UP TAE THE POSITION O' CHIEF RIVET COUNTER."
THIS SHIP HAS FOWER RIVETS TOO MONY.
WELL DONE, FAITHER. THAT WIS A GREAT TALK.
THANKS, PAW. THAT'S JIST THE ADVICE I WIS NEEDIN'.
AYE, START AT THE BOTTOM AN' WORK YER WAY UP!
YE'RE SUCH A WEE INSPIRATION I'VE GOT A BRAW TREAT FOR YE.
IT'S OOR TURN TAE WASH THE CLOSE STAIRS. SO YE CAN START AT THE BOTTOM AN' WORK YER WAY UP.
ME AN' MA BIG MOOTH.

THE LASSIES ARE HOPING FOR A BUMPER CROP, WHEN THE VALENTINE CARDS FINALLY DROP!

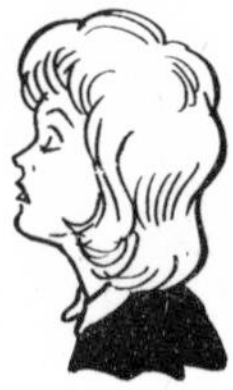

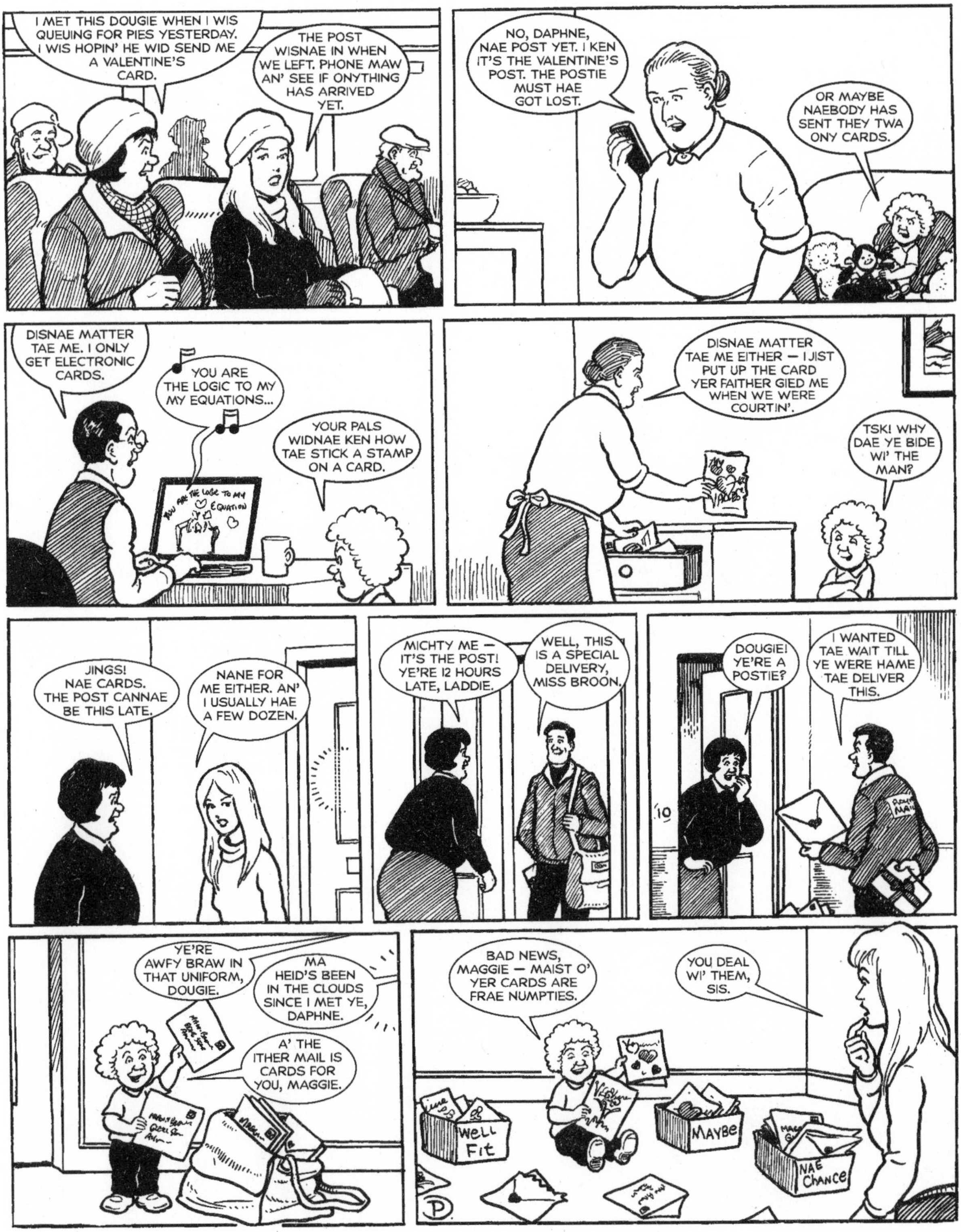
I MET THIS DOUGIE WHEN I WIS QUEUING FOR PIES YESTERDAY. I WIS HOPIN' HE WID SEND ME A VALENTINE'S CARD.
THE POST WISNAE IN WHEN WE LEFT. PHONE MAW AN' SEE IF ONYTHING HAS ARRIVED YET.
NO, DAPHNE, NAE POST YET. I KEN IT'S THE VALENTINE'S POST. THE POSTIE MUST HAE GOT LOST.
OR MAYBE NAEBODY HAS SENT THEY TWA ONY CARDS.
DISNAE MATTER TAE ME. I ONLY GET ELECTRONIC CARDS.
YOU ARE THE LOGIC TO MY MY EQUATIONS...
YOU ARE THE LOGIC TO MY EQUATION
YOUR PALS WIDNAE KEN HOW TAE STICK A STAMP ON A CARD.
DISNAE MATTER TAE ME EITHER — I JIST PUT UP THE CARD YER FAITHER GIED ME WHEN WE WERE COURTIN'.
TSK! WHY DAE YE BIDE WI' THE MAN?
JINGS! NAE CARDS. THE POST CANNAE BE THIS LATE.
NANE FOR ME EITHER. AN' I USUALLY HAE A FEW DOZEN.
MICHTY ME — IT'S THE POST! YE'RE 12 HOURS LATE, LADDIE.
WELL, THIS IS A SPECIAL DELIVERY, MISS BROON.
DOUGIE! YE'RE A POSTIE?
I WANTED TAE WAIT TILL YE WERE HAME TAE DELIVER THIS.
YE'RE AWFY BRAW IN THAT UNIFORM, DOUGIE.
MA HEID'S BEEN IN THE CLOUDS SINCE I MET YE, DAPHNE.
A' THE ITHER MAIL IS CARDS FOR YOU, MAGGIE.
BAD NEWS, MAGGIE — MAIST O' YER CARDS ARE FRAE NUMPTIES.
YOU DEAL WI' THEM, SIS.
WELL Fit
MAYBE
NAE Chance

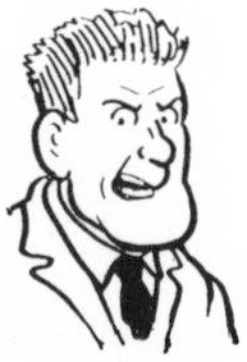

GRANPAW BROON IS ANE AULD CHANCER,
A GUID HOOSE CLEAN IS THE ANSWER!

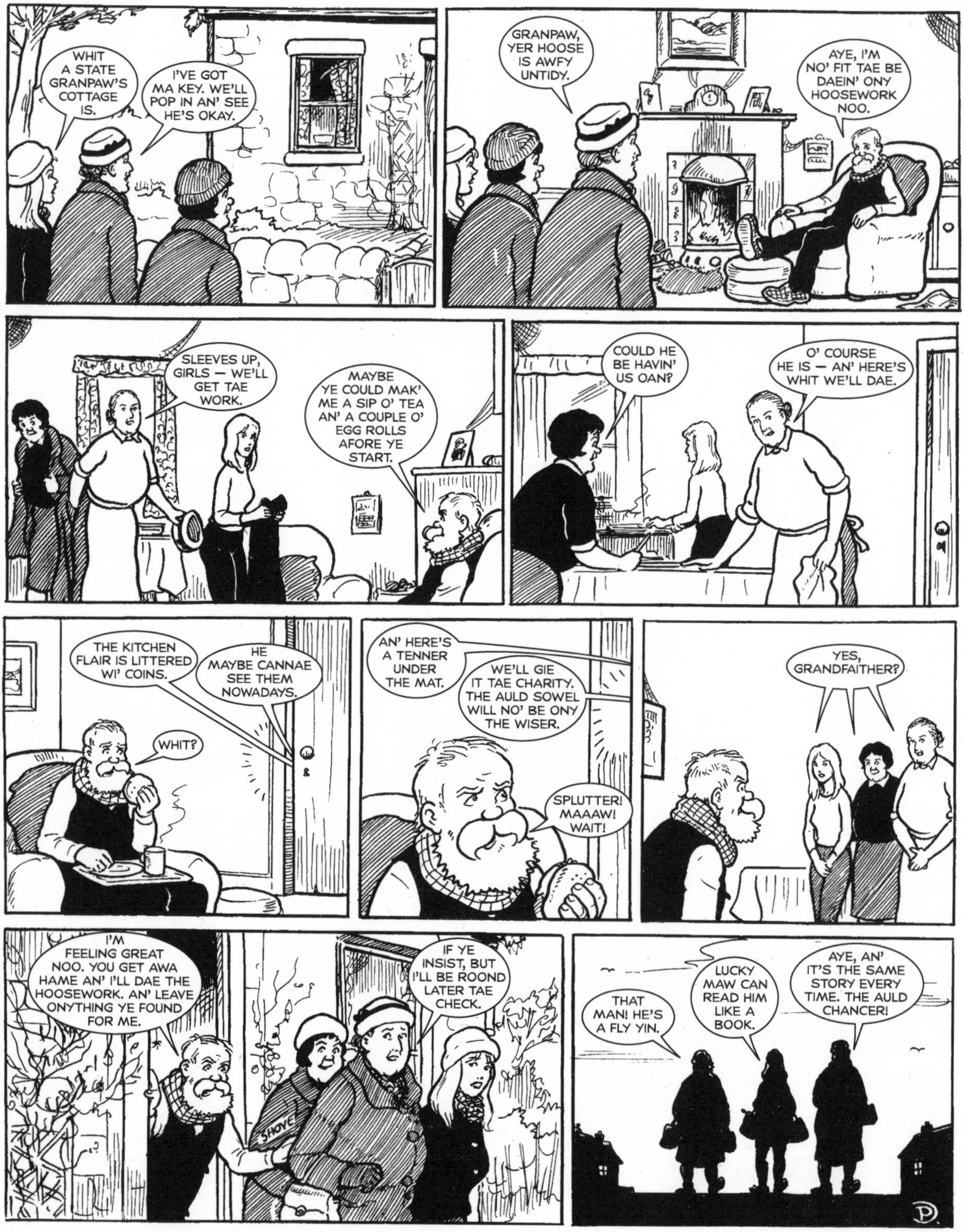

WHIT A STATE GRANPAW'S COTTAGE IS.
I'VE GOT MA KEY. WE'LL POP IN AN' SEE HE'S OKAY.
GRANPAW, YER HOOSE IS AWFY UNTIDY.
AYE, I'M NO' FIT TAE BE DAEIN' ONY HOOSEWORK NOO.
SLEEVES UP, GIRLS — WE'LL GET TAE WORK.
MAYBE YE COULD MAK' ME A SIP O' TEA AN' A COUPLE O' EGG ROLLS AFORE YE START.
COULD HE BE HAVIN' US OAN?
O' COURSE HE IS — AN' HERE'S WHIT WE'LL DAE.
THE KITCHEN FLAIR IS LITTERED WI' COINS.
HE MAYBE CANNAE SEE THEM NOWADAYS.
WHIT?
AN' HERE'S A TENNER UNDER THE MAT.
WE'LL GIE IT TAE CHARITY. THE AULD SOWEL WILL NO' BE ONY THE WISER.
SPLUTTER! MAAAW! WAIT!
YES, GRANDFAITHER?
I'M FEELING GREAT NOO. YOU GET AWA HAME AN' I'LL DAE THE HOOSEWORK. AN' LEAVE ONYTHING YE FOUND FOR ME.
IF YE INSIST, BUT I'LL BE ROOND LATER TAE CHECK.
SHOVE
THAT MAN! HE'S A FLY YIN.
LUCKY MAW CAN READ HIM LIKE A BOOK.
AYE, AN' IT'S THE SAME STORY EVERY TIME. THE AULD CHANCER!

MAW AND PAW ARE A' A FLUSTER,
NAE MAIR ENERGY CAN THEY MUSTER!

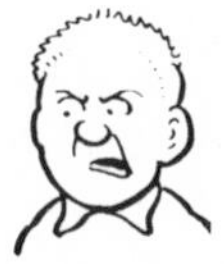

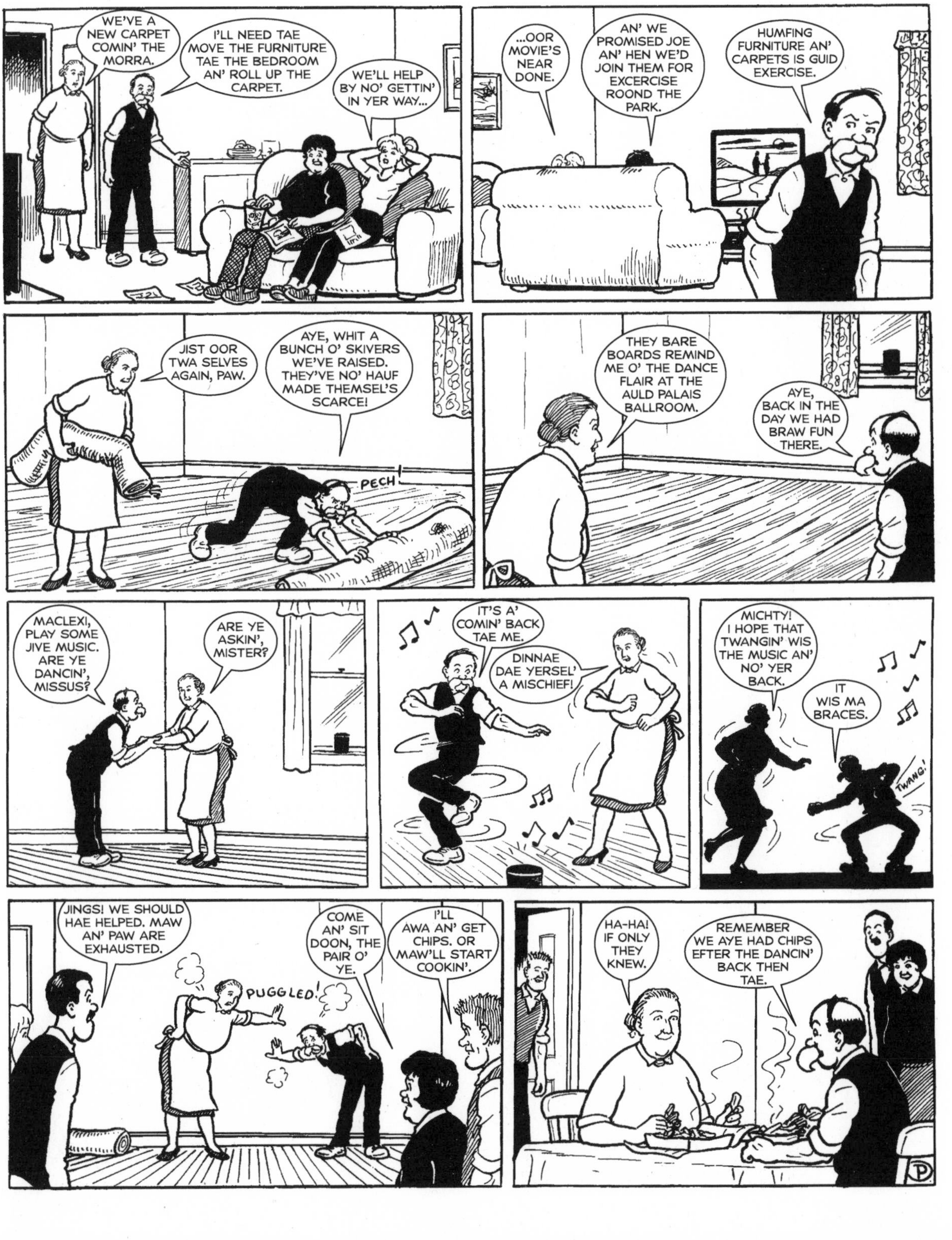

WE'VE A NEW CARPET COMIN' THE MORRA.
I'LL NEED TAE MOVE THE FURNITURE TAE THE BEDROOM AN' ROLL UP THE CARPET.
WE'LL HELP BY NO' GETTIN' IN YER WAY...
...OOR MOVIE'S NEAR DONE.
AN' WE PROMISED JOE AN' HEN WE'D JOIN THEM FOR EXCERCISE ROOND THE PARK.
HUMFING FURNITURE AN' CARPETS IS GUID EXERCISE.
JIST OOR TWA SELVES AGAIN, PAW.
AYE, WHIT A BUNCH O' SKIVERS WE'VE RAISED. THEY'VE NO' HAUF MADE THEMSEL'S SCARCE!
PECH!
THEY BARE BOARDS REMIND ME O' THE DANCE FLAIR AT THE AULD PALAIS BALLROOM.
AYE, BACK IN THE DAY WE HAD BRAW FUN THERE.
MACLEXI, PLAY SOME JIVE MUSIC. ARE YE DANCIN', MISSUS?
ARE YE ASKIN', MISTER?
IT'S A' COMIN' BACK TAE ME.
DINNAE DAE YERSEL' A MISCHIEF!
MICHTY! I HOPE THAT TWANGIN' WIS THE MUSIC AN' NO' YER BACK.
IT WIS MA BRACES.
TWANG!
JINGS! WE SHOULD HAE HELPED. MAW AN' PAW ARE EXHAUSTED.
PUGGLED!
COME AN' SIT DOON, THE PAIR O' YE.
I'LL AWA AN' GET CHIPS. OR MAW'LL START COOKIN'.
HA-HA! IF ONLY THEY KNEW.
REMEMBER WE AYE HAD CHIPS EFTER THE DANCIN' BACK THEN TAE.

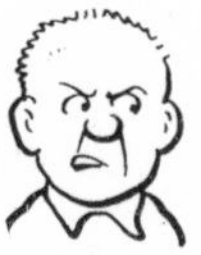

HIS LADDIES' LOCKS ARE CAUSIN' PAW MUCH SORROW, BUT WILL IT BE HAIR TODAY AN' GONE TOMORROW?

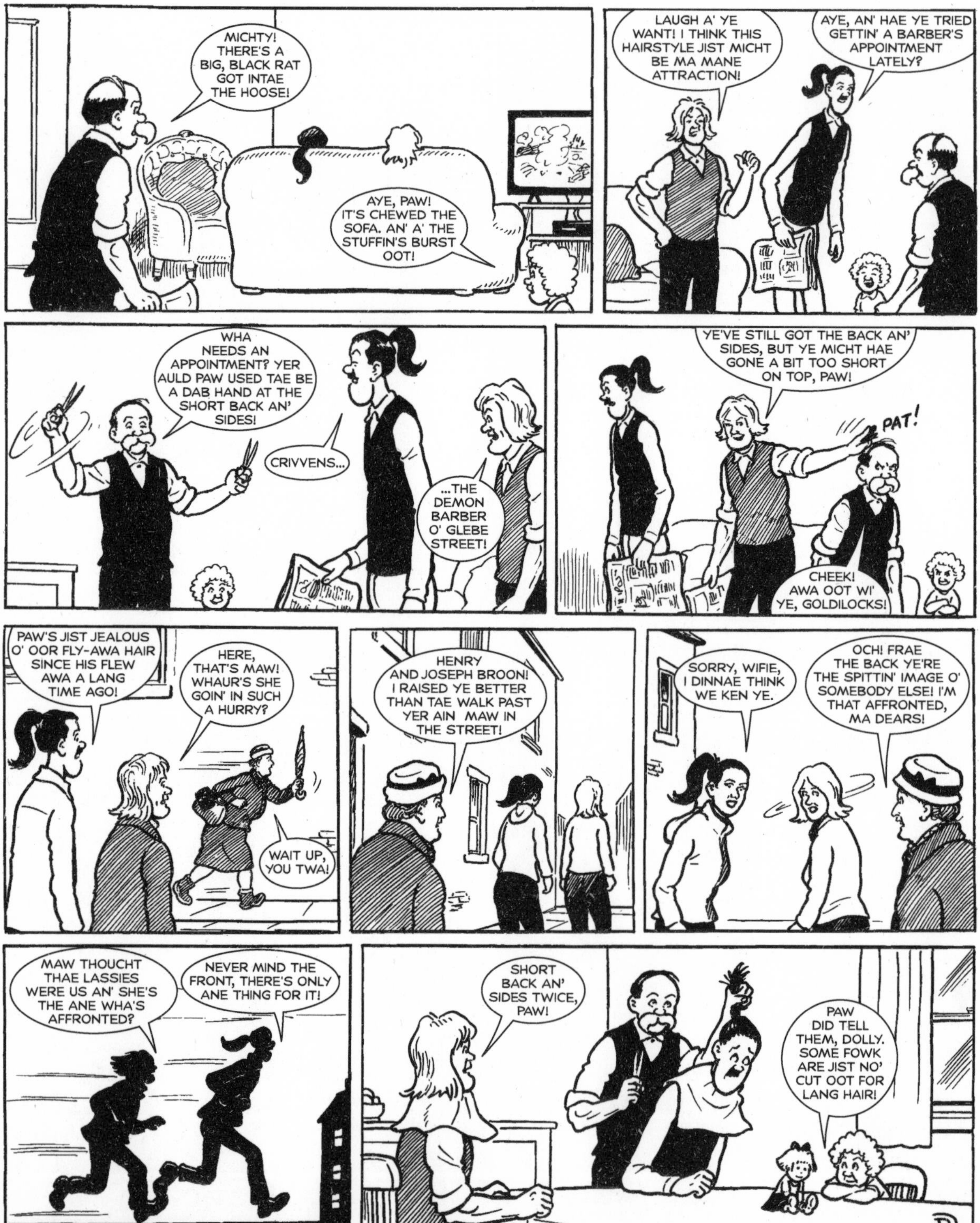

MICHTY! THERE'S A BIG, BLACK RAT GOT INTAE THE HOOSE!
AYE, PAW! IT'S CHEWED THE SOFA. AN' A' THE STUFFIN'S BURST OOT!
LAUGH A' YE WANT! I THINK THIS HAIRSTYLE JIST MICHT BE MA MANE ATTRACTION!
AYE, AN' HAE YE TRIED GETTIN' A BARBER'S APPOINTMENT LATELY?
WHA NEEDS AN APPOINTMENT? YER AULD PAW USED TAE BE A DAB HAND AT THE SHORT BACK AN' SIDES!
CRIVVENS...
...THE DEMON BARBER O' GLEBE STREET!
YE'VE STILL GOT THE BACK AN' SIDES, BUT YE MICHT HAE GONE A BIT TOO SHORT ON TOP, PAW!
PAT!
CHEEK! AWA OOT WI' YE, GOLDILOCKS!
PAW'S JIST JEALOUS O' OOR FLY-AWA HAIR SINCE HIS FLEW AWA A LANG TIME AGO!
HERE, THAT'S MAW! WHAUR'S SHE GOIN' IN SUCH A HURRY?
WAIT UP, YOU TWA!
HENRY AND JOSEPH BROON! I RAISED YE BETTER THAN TAE WALK PAST YER AIN MAW IN THE STREET!
SORRY, WIFIE, I DINNAE THINK WE KEN YE.
OCH! FRAE THE BACK YE'RE THE SPITTIN' IMAGE O' SOMEBODY ELSE! I'M THAT AFFRONTED, MA DEARS!
MAW THOUCHT THAE LASSIES WERE US AN' SHE'S THE ANE WHA'S AFFRONTED?
NEVER MIND THE FRONT, THERE'S ONLY ANE THING FOR IT!
SHORT BACK AN' SIDES TWICE, PAW!
PAW DID TELL THEM, DOLLY. SOME FOWK ARE JIST NO' CUT OOT FOR LANG HAIR!

THE BAIRN'S TOO WEE FOR ONLINE SHOPPING,
AN' HER TREAT FOR MAW'LL REQUIRE HEAVY MOPPIN'!

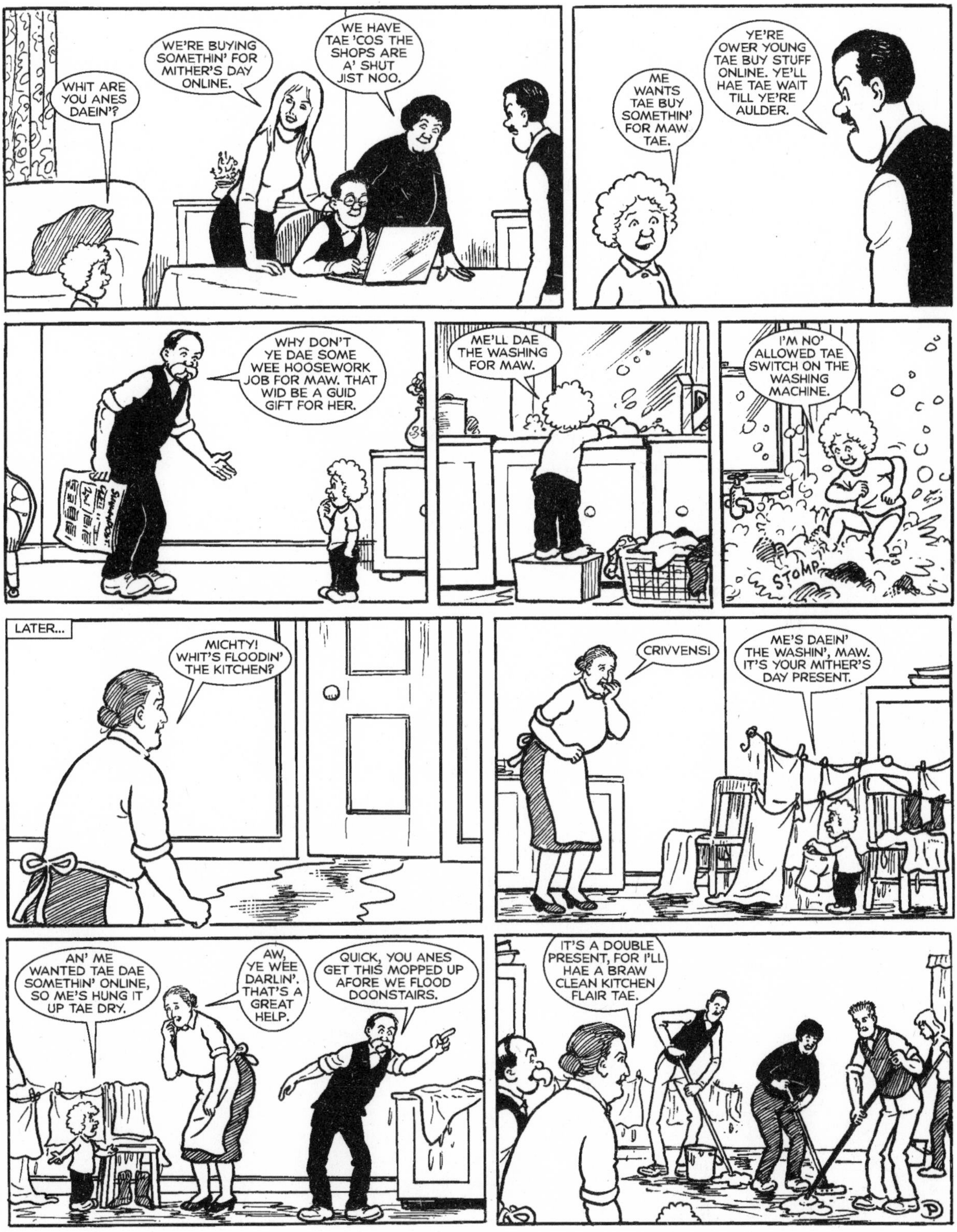
WHIT ARE YOU ANES DAEIN'?
WE'RE BUYING SOMETHIN' FOR MITHER'S DAY ONLINE.
WE HAVE TAE 'COS THE SHOPS ARE A' SHUT JIST NOO.
ME WANTS TAE BUY SOMETHIN' FOR MAW TAE.
YE'RE OWER YOUNG TAE BUY STUFF ONLINE. YE'LL HAE TAE WAIT TILL YE'RE AULDER.
WHY DON'T YE DAE SOME WEE HOOSEWORK JOB FOR MAW. THAT WID BE A GUID GIFT FOR HER.
ME'LL DAE THE WASHING FOR MAW.
I'M NO' ALLOWED TAE SWITCH ON THE WASHING MACHINE.
STOMP
LATER...
MICHTY! WHIT'S FLOODIN' THE KITCHEN?
CRIVVENS!
ME'S DAEIN' THE WASHIN', MAW. IT'S YOUR MITHER'S DAY PRESENT.
AN' ME WANTED TAE DAE SOMETHIN' ONLINE, SO ME'S HUNG IT UP TAE DRY.
AW, YE WEE DARLIN'. THAT'S A GREAT HELP.
QUICK, YOU ANES GET THIS MOPPED UP AFORE WE FLOOD DOONSTAIRS.
IT'S A DOUBLE PRESENT, FOR I'LL HAE A BRAW CLEAN KITCHEN FLAIR TAE.

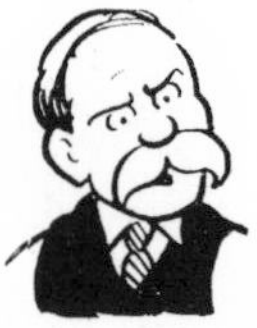

DAPHNE'S THE NEW QUEEN O' AROMATICS,
HER SCENTS SET THE SCENE FOR SOME DRAMATICS!

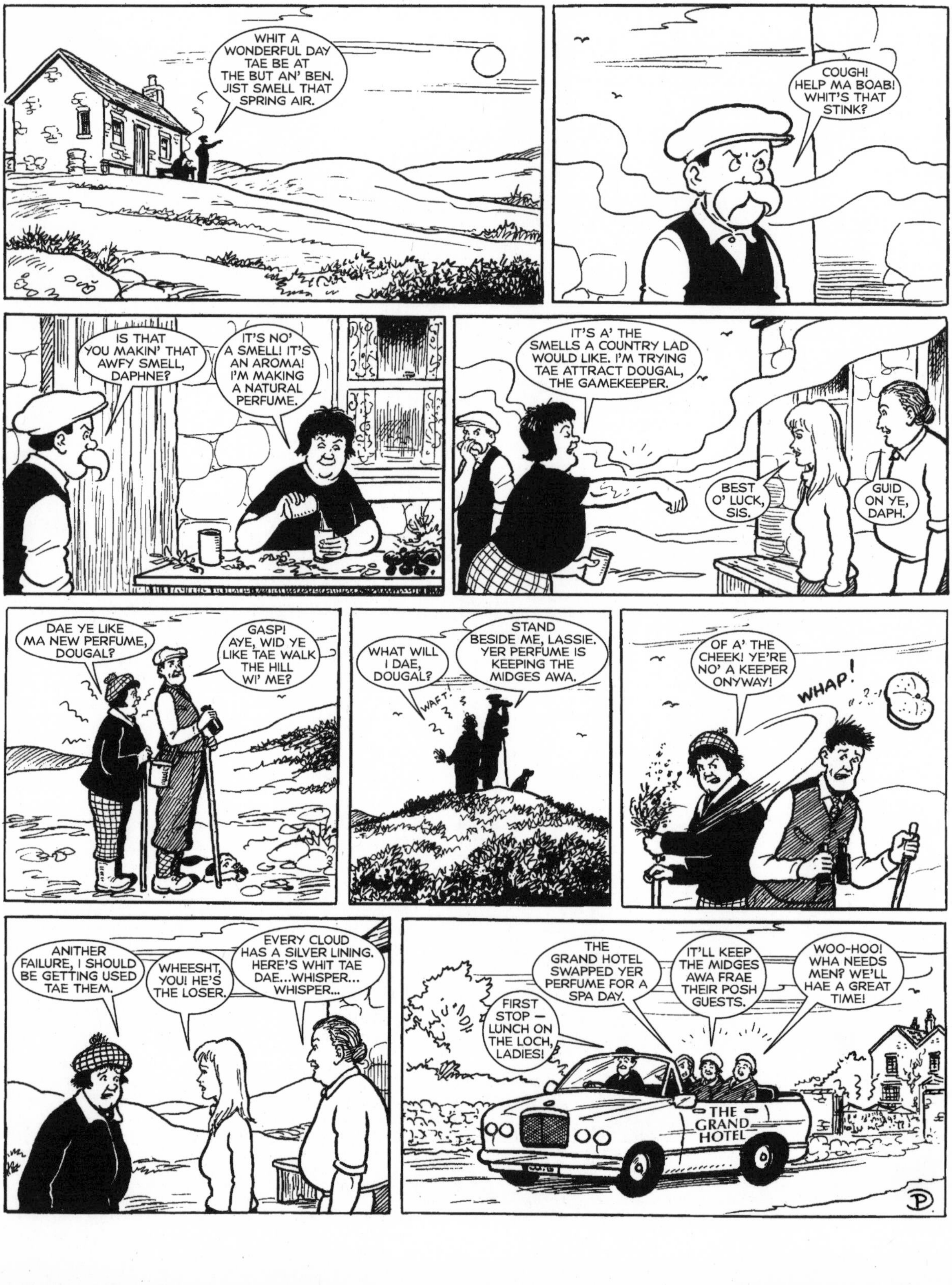

WHIT A WONDERFUL DAY TAE BE AT THE BUT AN' BEN. JIST SMELL THAT SPRING AIR.
COUGH! HELP MA BOAB! WHIT'S THAT STINK?
IS THAT YOU MAKIN' THAT AWFY SMELL, DAPHNE?
IT'S NO' A SMELL! IT'S AN AROMA! I'M MAKING A NATURAL PERFUME.
IT'S A' THE SMELLS A COUNTRY LAD WOULD LIKE. I'M TRYING TAE ATTRACT DOUGAL, THE GAMEKEEPER.
BEST O' LUCK, SIS.
GUID ON YE, DAPH.
DAE YE LIKE MA NEW PERFUME, DOUGAL?
GASP! AYE, WID YE LIKE TAE WALK THE HILL WI' ME?
WHAT WILL I DAE, DOUGAL?
STAND BESIDE ME, LASSIE. YER PERFUME IS KEEPING THE MIDGES AWA.
WAFT
OF A' THE CHEEK! YE'RE NO' A KEEPER ONYWAY!
WHAP!
ANITHER FAILURE, I SHOULD BE GETTING USED TAE THEM.
WHEESHT, YOU! HE'S THE LOSER.
EVERY CLOUD HAS A SILVER LINING. HERE'S WHIT TAE DAE...WHISPER... WHISPER...
FIRST STOP — LUNCH ON THE LOCH, LADIES!
THE GRAND HOTEL SWAPPED YER PERFUME FOR A SPA DAY.
IT'LL KEEP THE MIDGES AWA FRAE THEIR POSH GUESTS.
WOO-HOO! WHA NEEDS MEN? WE'LL HAE A GREAT TIME!
THE GRAND HOTEL

PAW'S HAEIN' TROUBLE TELLIN' WHA'S WHA, UNDERSTANDABLE WHEN YE'VE AN IDENTICAL TWA!

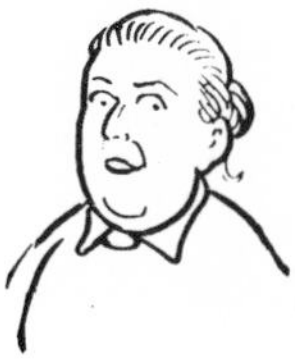

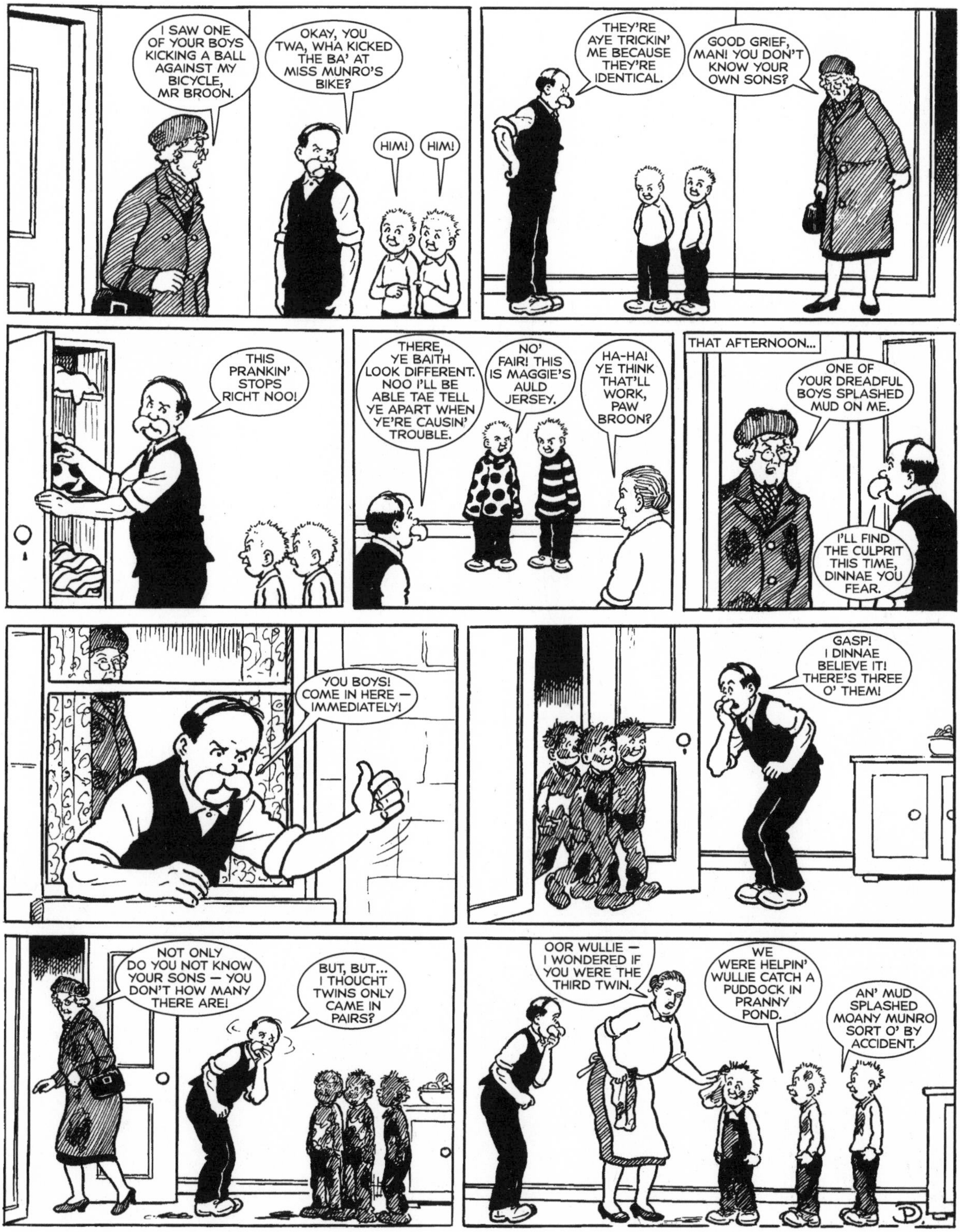
I SAW ONE OF YOUR BOYS KICKING A BALL AGAINST MY BICYCLE, MR BROON.
OKAY, YOU TWA, WHA KICKED THE BA' AT MISS MUNRO'S BIKE?
HIM!
HIM!
THEY'RE AYE TRICKIN' ME BECAUSE THEY'RE IDENTICAL.
GOOD GRIEF, MAN! YOU DON'T KNOW YOUR OWN SONS?
THIS PRANKIN' STOPS RICHT NOO!
THERE, YE BAITH LOOK DIFFERENT. NOO I'LL BE ABLE TAE TELL YE APART WHEN YE'RE CAUSIN' TROUBLE.
NO' FAIR! THIS IS MAGGIE'S AULD JERSEY.
HA-HA! YE THINK THAT'LL WORK, PAW BROON?
THAT AFTERNOON...
ONE OF YOUR DREADFUL BOYS SPLASHED MUD ON ME.
I'LL FIND THE CULPRIT THIS TIME, DINNAE YOU FEAR.
YOU BOYS! COME IN HERE — IMMEDIATELY!
GASP! I DINNAE BELIEVE IT! THERE'S THREE O' THEM!
NOT ONLY DO YOU NOT KNOW YOUR SONS — YOU DON'T HOW MANY THERE ARE!
BUT, BUT... I THOUCHT TWINS ONLY CAME IN PAIRS?
OOR WULLIE — I WONDERED IF YOU WERE THE THIRD TWIN.
WE WERE HELPIN' WULLIE CATCH A PUDDOCK IN PRANNY POND.
AN' MUD SPLASHED MOANY MUNRO SORT O' BY ACCIDENT.

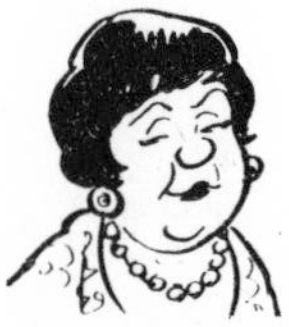

PAW THINKS HE'S GOT THE FORMULA FOR FUN,
UNTIL JOE'S INSPIRED BY FORMULA ONE!

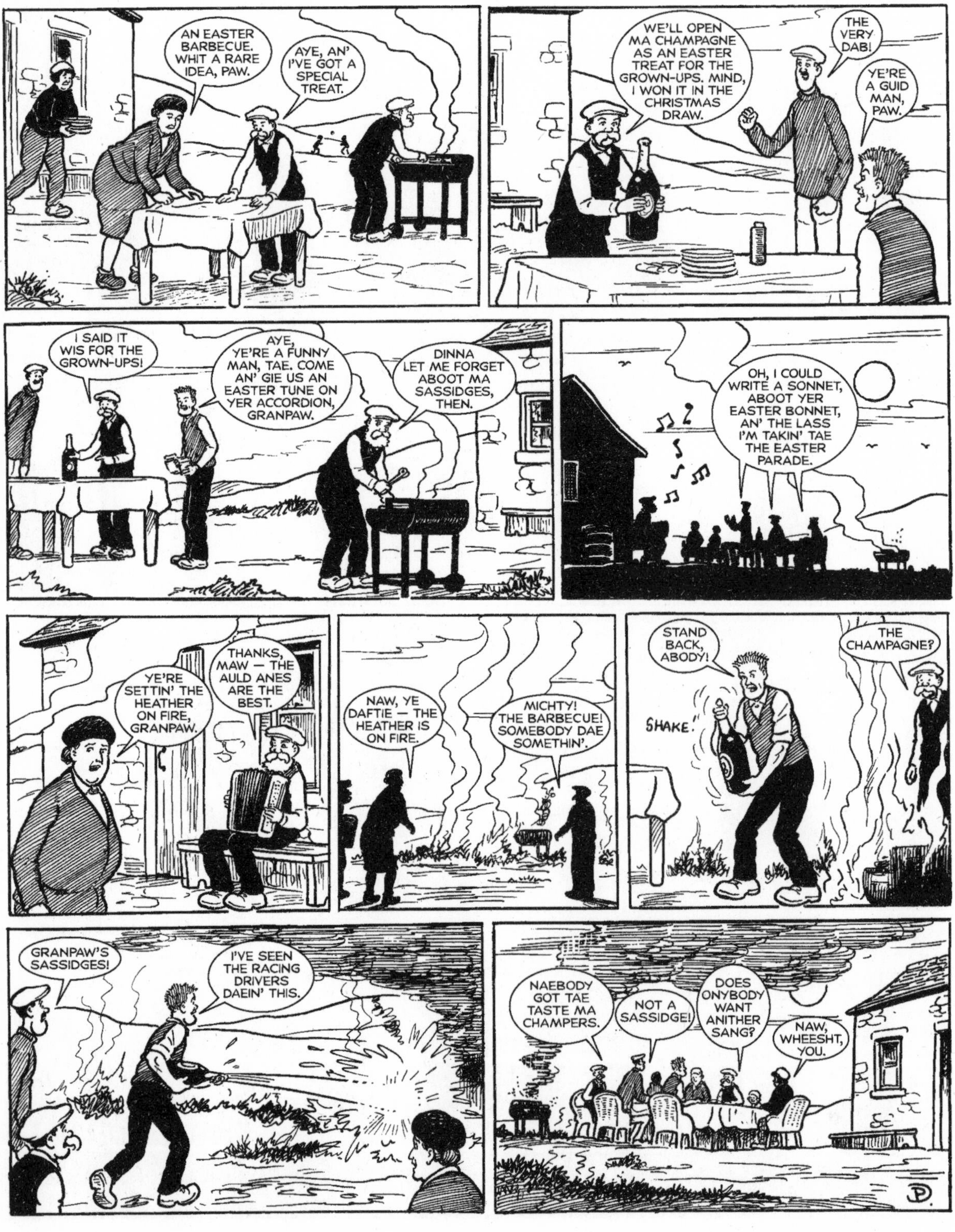

AN EASTER BARBECUE. WHIT A RARE IDEA, PAW.
AYE, AN' I'VE GOT A SPECIAL TREAT.
WE'LL OPEN MA CHAMPAGNE AS AN EASTER TREAT FOR THE GROWN-UPS. MIND, I WON IT IN THE CHRISTMAS DRAW.
THE VERY DAB!
YE'RE A GUID MAN, PAW.
I SAID IT WIS FOR THE GROWN-UPS!
AYE, YE'RE A FUNNY MAN, TAE. COME AN' GIE US AN EASTER TUNE ON YER ACCORDION, GRANPAW.
DINNA LET ME FORGET ABOOT MA SASSIDGES, THEN.
OH, I COULD WRITE A SONNET, ABOOT YER EASTER BONNET, AN' THE LASS I'M TAKIN' TAE THE EASTER PARADE.
YE'RE SETTIN' THE HEATHER ON FIRE, GRANPAW.
THANKS, MAW — THE AULD ANES ARE THE BEST.
NAW, YE DAFTIE — THE HEATHER IS ON FIRE.
MICHTY! THE BARBECUE! SOMEBODY DAE SOMETHIN'.
STAND BACK, ABODY!
SHAKE!
THE CHAMPAGNE?
GRANPAW'S SASSIDGES!
I'VE SEEN THE RACING DRIVERS DAEIN' THIS.
NAEBODY GOT TAE TASTE MA CHAMPERS.
NOT A SASSIDGE!
DOES ONYBODY WANT ANITHER SANG?
NAW, WHEESHT, YOU.

WHIT A SHAME FOR AULD PAW BROON, HE'S HAEIN' AN AWFY BOTHER SITTIN' DOON!

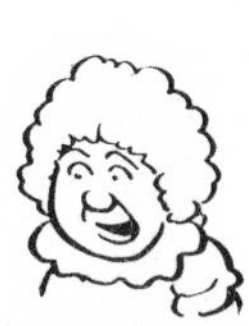

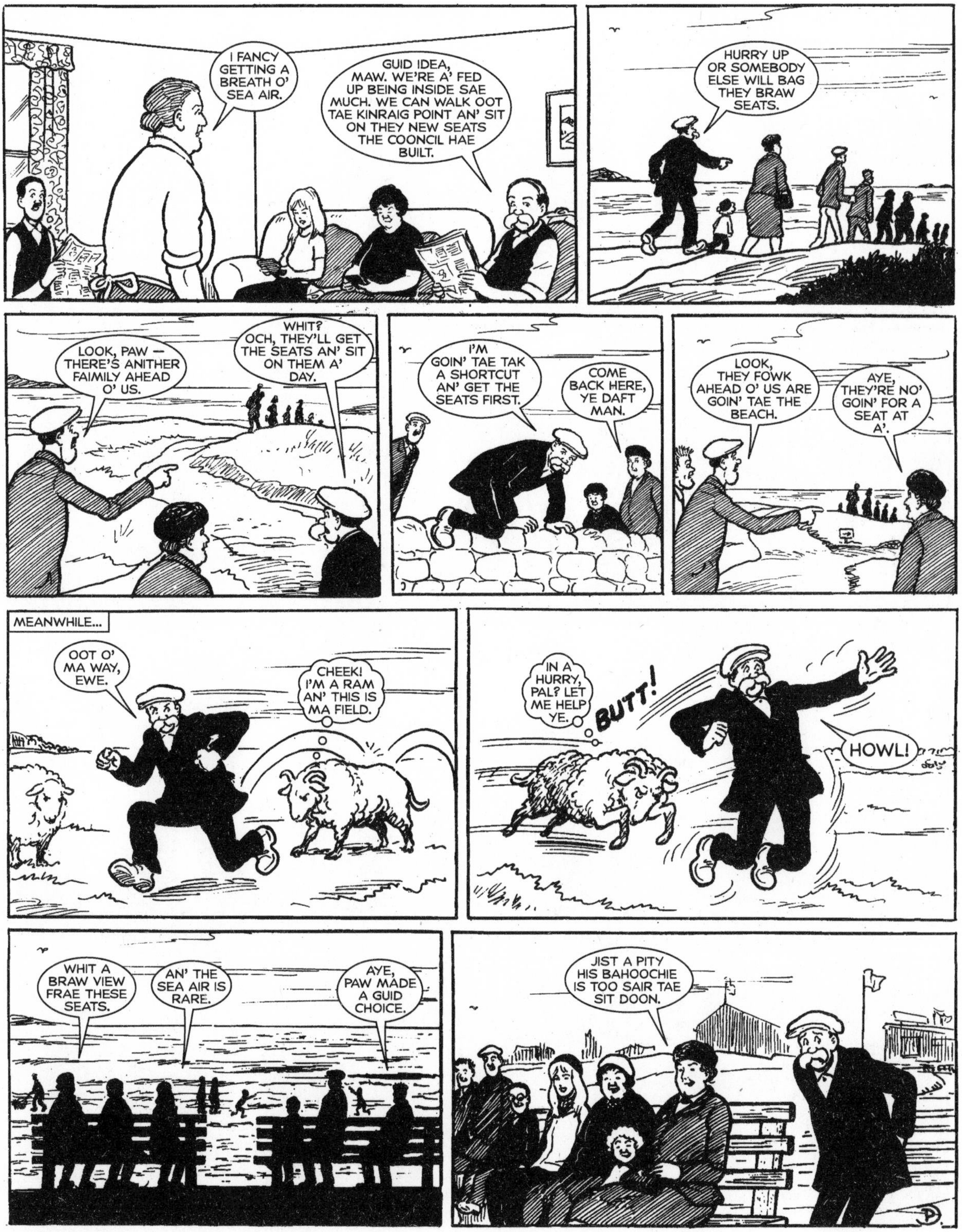
I FANCY GETTING A BREATH O' SEA AIR.
GUID IDEA, MAW. WE'RE A' FED UP BEING INSIDE SAE MUCH. WE CAN WALK OOT TAE KINRAIG POINT AN' SIT ON THEY NEW SEATS THE COONCIL HAE BUILT.
HURRY UP OR SOMEBODY ELSE WILL BAG THEY BRAW SEATS.
LOOK, PAW — THERE'S ANITHER FAIMILY AHEAD O' US.
WHIT? OCH, THEY'LL GET THE SEATS AN' SIT ON THEM A' DAY.
I'M GOIN' TAE TAK A SHORTCUT AN' GET THE SEATS FIRST.
COME BACK HERE, YE DAFT MAN.
LOOK, THEY FOWK AHEAD O' US ARE GOIN' TAE THE BEACH.
AYE, THEY'RE NO' GOIN' FOR A SEAT AT A'.
MEANWHILE...
OOT O' MA WAY, EWE.
CHEEK! I'M A RAM AN' THIS IS MA FIELD.
IN A HURRY, PAL? LET ME HELP YE.
BUTT!
HOWL!
WHIT A BRAW VIEW FRAE THESE SEATS.
AN' THE SEA AIR IS RARE.
AYE, PAW MADE A GUID CHOICE.
JIST A PITY HIS BAHOOCHIE IS TOO SAIR TAE SIT DOON.

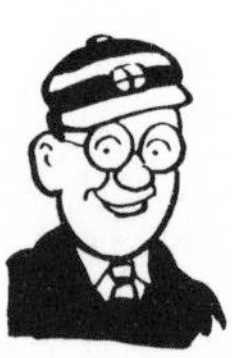

OOR DAPHNE JIST CANNAE WAIT,
THIS WEEK SHE'S GOT HERSEL' A DATE!

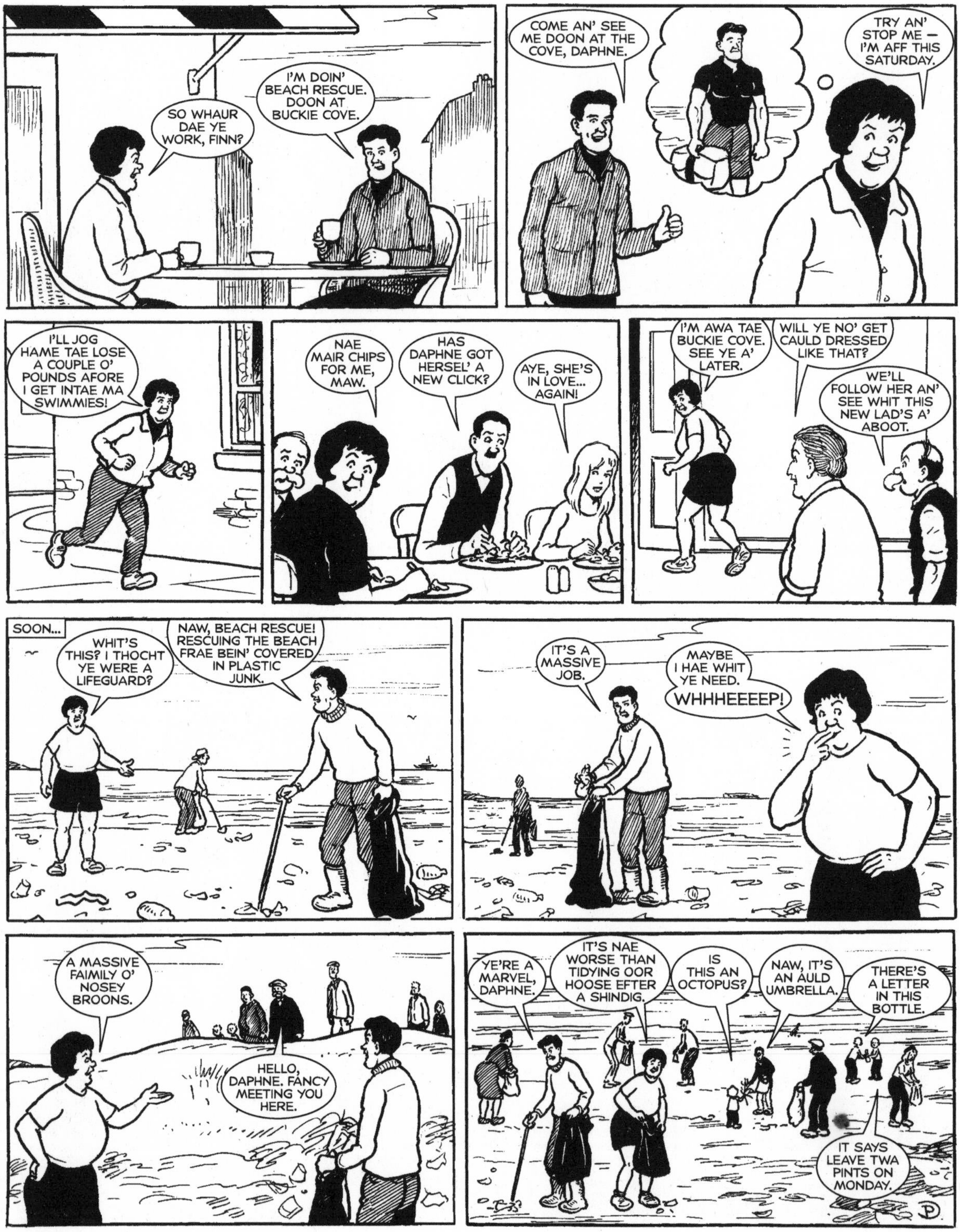
SO WHAUR DAE YE WORK, FINN?
I'M DOIN' BEACH RESCUE. DOON AT BUCKIE COVE.
COME AN' SEE ME DOON AT THE COVE, DAPHNE.
TRY AN' STOP ME — I'M AFF THIS SATURDAY.
I'LL JOG HAME TAE LOSE A COUPLE O' POUNDS AFORE I GET INTAE MA SWIMMIES!
NAE MAIR CHIPS FOR ME, MAW.
HAS DAPHNE GOT HERSEL' A NEW CLICK?
AYE, SHE'S IN LOVE... AGAIN!
I'M AWA TAE BUCKIE COVE. SEE YE A' LATER.
WILL YE NO' GET CAULD DRESSED LIKE THAT?
WE'LL FOLLOW HER AN' SEE WHIT THIS NEW LAD'S A' ABOOT.
SOON...
WHIT'S THIS? I THOCHT YE WERE A LIFEGUARD?
NAW, BEACH RESCUE! RESCUING THE BEACH FRAE BEIN' COVERED IN PLASTIC JUNK.
IT'S A MASSIVE JOB.
MAYBE I HAE WHIT YE NEED.
WHHHEEEEP!
A MASSIVE FAIMILY O' NOSEY BROONS.
HELLO, DAPHNE. FANCY MEETING YOU HERE.
YE'RE A MARVEL, DAPHNE.
IT'S NAE WORSE THAN TIDYING OOR HOOSE EFTER A SHINDIG.
IS THIS AN OCTOPUS?
NAW, IT'S AN AULD UMBRELLA.
THERE'S A LETTER IN THIS BOTTLE.
IT SAYS LEAVE TWA PINTS ON MONDAY.

WHIT A WILY AULD RASCAL, GRANPAW IS THE KING O' THE CASTLE!

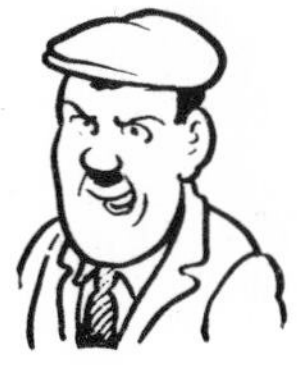

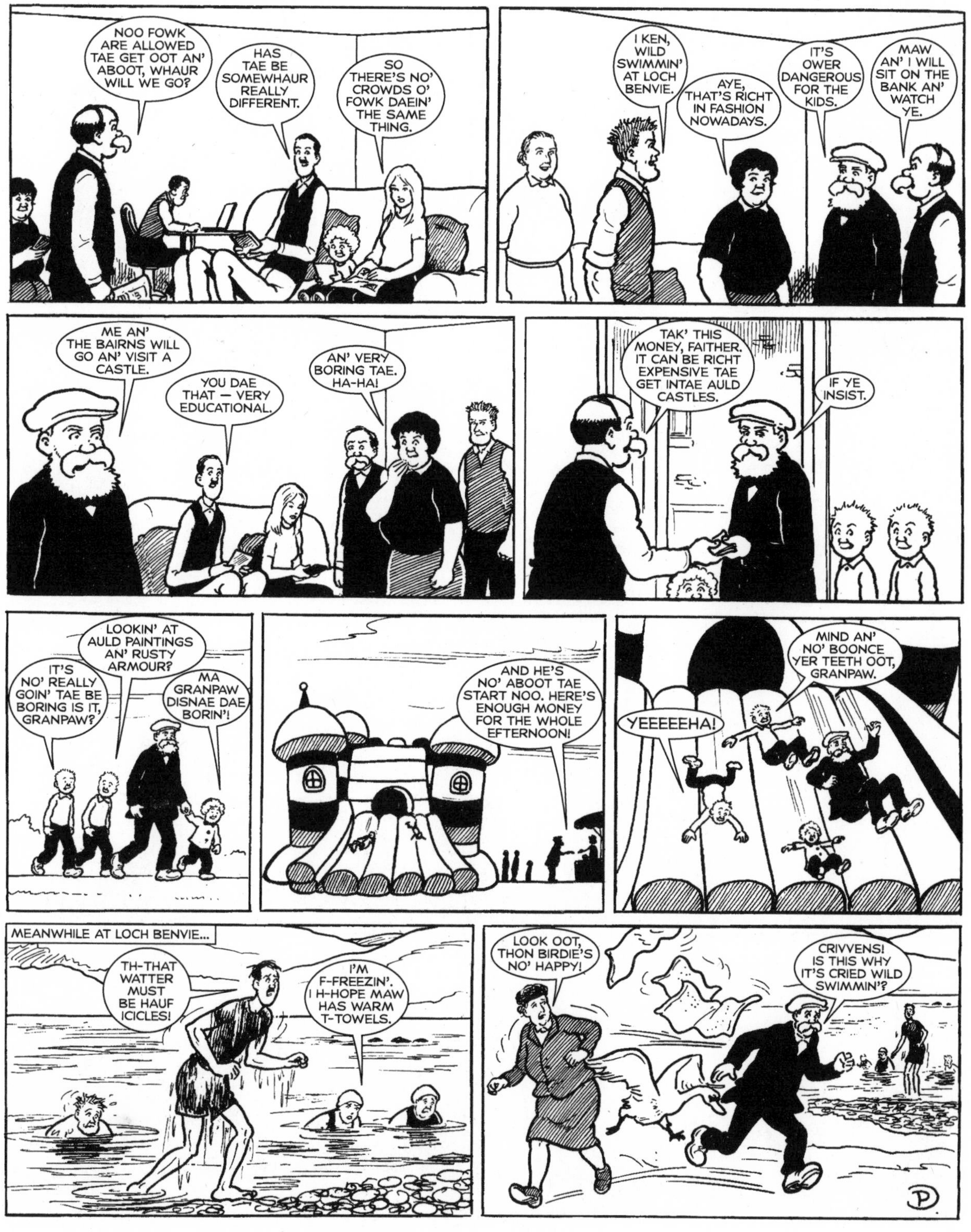
NOO FOWK ARE ALLOWED TAE GET OOT AN' ABOOT, WHAUR WILL WE GO?
HAS TAE BE SOMEWHAUR REALLY DIFFERENT.
SO THERE'S NO' CROWDS O' FOWK DAEIN' THE SAME THING.
I KEN, WILD SWIMMIN' AT LOCH BENVIE.
AYE, THAT'S RICHT IN FASHION NOWADAYS.
IT'S OWER DANGEROUS FOR THE KIDS.
MAW AN' I WILL SIT ON THE BANK AN' WATCH YE.
ME AN' THE BAIRNS WILL GO AN' VISIT A CASTLE.
YOU DAE THAT — VERY EDUCATIONAL.
AN' VERY BORING TAE. HA-HA!
TAK' THIS MONEY, FAITHER. IT CAN BE RICHT EXPENSIVE TAE GET INTAE AULD CASTLES.
IF YE INSIST.
LOOKIN' AT AULD PAINTINGS AN' RUSTY ARMOUR?
IT'S NO' REALLY GOIN' TAE BE BORING IS IT, GRANPAW?
MA GRANPAW DISNAE DAE BORIN'!
AND HE'S NO' ABOOT TAE START NOO. HERE'S ENOUGH MONEY FOR THE WHOLE EFTERNOON!
MIND AN' NO' BOONCE YER TEETH OOT, GRANPAW.
YEEEEEHA!
MEANWHILE AT LOCH BENVIE...
TH-THAT WATTER MUST BE HAUF ICICLES!
I'M F-FREEZIN'. I H-HOPE MAW HAS WARM T-TOWELS.
LOOK OOT, THON BIRDIE'S NO' HAPPY!
CRIVVENS! IS THIS WHY IT'S CRIED WILD SWIMMIN'?

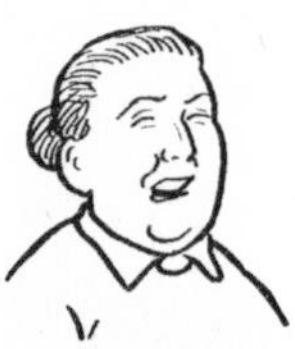

PAW AND HORACE ARE IN A SPIN,
A' BECAUSE O' THEIR NEW INVENTION!

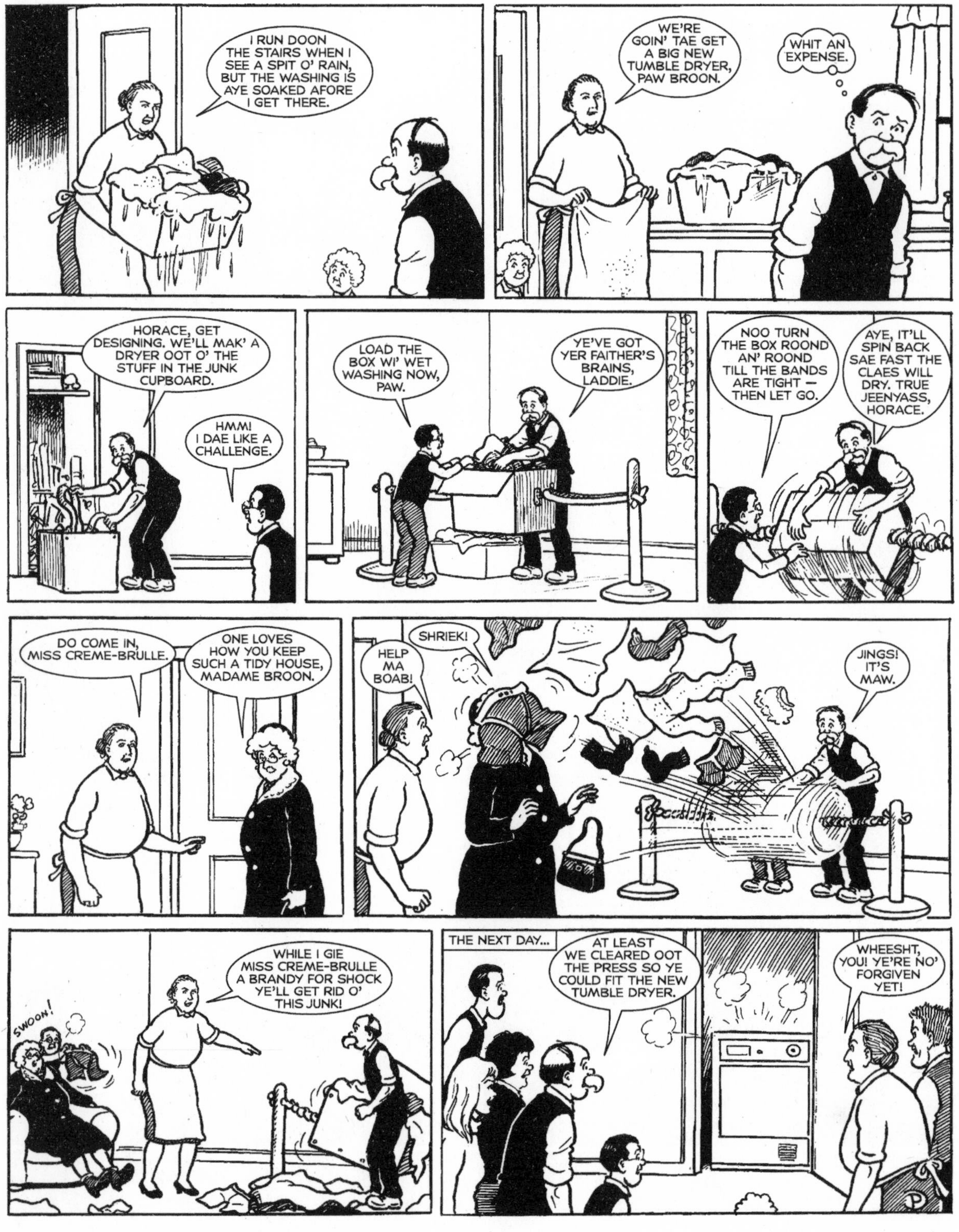

I RUN DOON THE STAIRS WHEN I SEE A SPIT O' RAIN, BUT THE WASHING IS AYE SOAKED AFORE I GET THERE.
WE'RE GOIN' TAE GET A BIG NEW TUMBLE DRYER, PAW BROON.
WHIT AN EXPENSE.
HORACE, GET DESIGNING. WE'LL MAK' A DRYER OOT O' THE STUFF IN THE JUNK CUPBOARD.
HMM! I DAE LIKE A CHALLENGE.
LOAD THE BOX WI' WET WASHING NOW, PAW.
YE'VE GOT YER FAITHER'S BRAINS, LADDIE.
NOO TURN THE BOX ROOND AN' ROOND TILL THE BANDS ARE TIGHT — THEN LET GO.
AYE, IT'LL SPIN BACK SAE FAST THE CLAES WILL DRY. TRUE JEENYASS, HORACE.
DO COME IN, MISS CREME-BRULLE.
ONE LOVES HOW YOU KEEP SUCH A TIDY HOUSE, MADAME BROON.
HELP MA BOAB!
SHRIEK!
JINGS! IT'S MAW.
SWOON!
WHILE I GIE MISS CREME-BRULLE A BRANDY FOR SHOCK YE'LL GET RID O' THIS JUNK!
THE NEXT DAY...
AT LEAST WE CLEARED OOT THE PRESS SO YE COULD FIT THE NEW TUMBLE DRYER.
WHEESHT, YOU! YE'RE NO' FORGIVEN YET!

THE BAIRN'S PUT THE PARCEL SOMEWHAUR SAFE AN' SOUND, SO MUCH SO IT CANNAE BE FOUND!

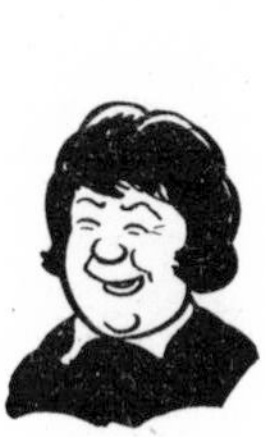

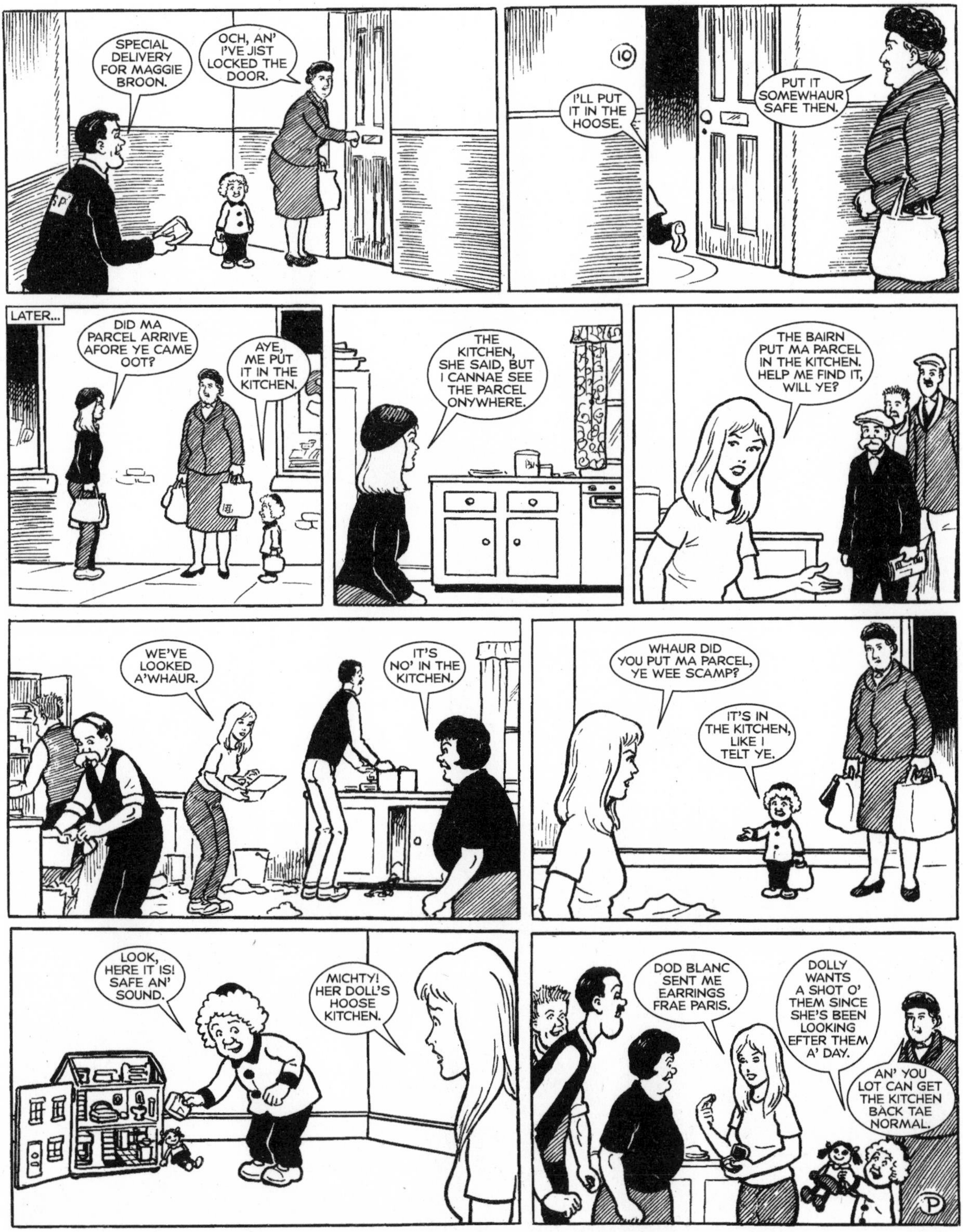
SPECIAL DELIVERY FOR MAGGIE BROON.
OCH, AN' I'VE JIST LOCKED THE DOOR.
10
I'LL PUT IT IN THE HOOSE.
PUT IT SOMEWHAUR SAFE THEN.
LATER...
DID MA PARCEL ARRIVE AFORE YE CAME OOT?
AYE, ME PUT IT IN THE KITCHEN.
THE KITCHEN, SHE SAID, BUT I CANNAE SEE THE PARCEL ONYWHERE.
THE BAIRN PUT MA PARCEL IN THE KITCHEN. HELP ME FIND IT, WILL YE?
WE'VE LOOKED A'WHAUR.
IT'S NO' IN THE KITCHEN.
WHAUR DID YOU PUT MA PARCEL, YE WEE SCAMP?
IT'S IN THE KITCHEN, LIKE I TELT YE.
LOOK, HERE IT IS! SAFE AN' SOUND.
MICHTY! HER DOLL'S HOOSE KITCHEN.
DOD BLANC SENT ME EARRINGS FRAE PARIS.
DOLLY WANTS A SHOT O' THEM SINCE SHE'S BEEN LOOKING EFTER THEM A' DAY.
AN' YOU LOT CAN GET THE KITCHEN BACK TAE NORMAL.

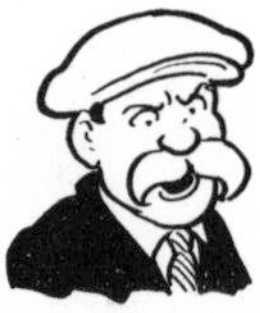

THERE'S A STING IN THIS WEEK'S TALE, THAT'S BOUND TAE MAK' PAW BROON WAIL!

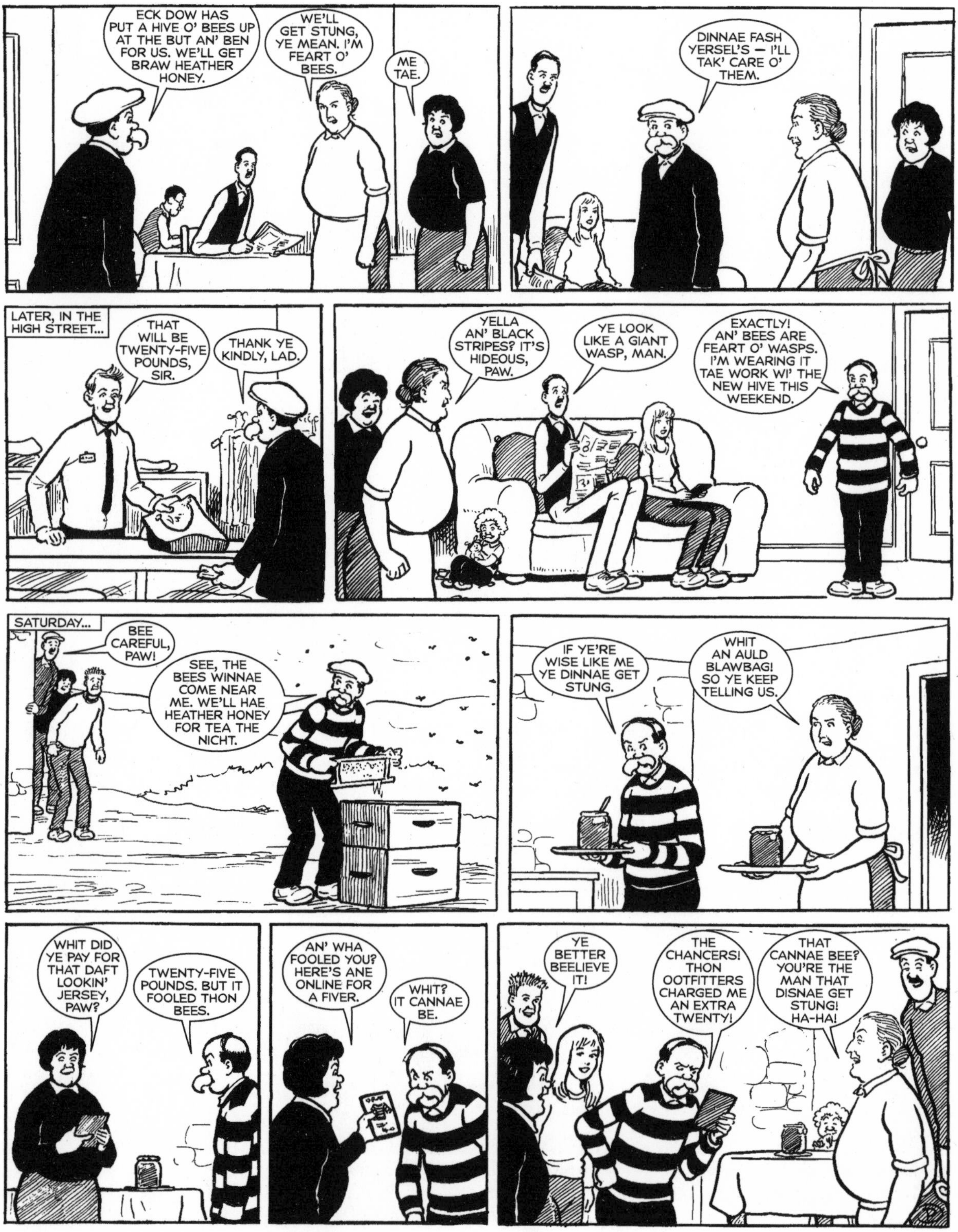

ECK DOW HAS PUT A HIVE O' BEES UP AT THE BUT AN' BEN FOR US. WE'LL GET BRAW HEATHER HONEY.
WE'LL GET STUNG, YE MEAN. I'M FEART O' BEES.
ME TAE.
DINNAE FASH YERSEL'S — I'LL TAK' CARE O' THEM.
LATER, IN THE HIGH STREET...
THAT WILL BE TWENTY-FIVE POUNDS, SIR.
THANK YE KINDLY, LAD.
YELLA AN' BLACK STRIPES? IT'S HIDEOUS, PAW.
YE LOOK LIKE A GIANT WASP, MAN.
EXACTLY! AN' BEES ARE FEART O' WASPS. I'M WEARING IT TAE WORK WI' THE NEW HIVE THIS WEEKEND.
SATURDAY...
BEE CAREFUL, PAW!
SEE, THE BEES WINNAE COME NEAR ME. WE'LL HAE HEATHER HONEY FOR TEA THE NICHT.
IF YE'RE WISE LIKE ME YE DINNAE GET STUNG.
WHIT AN AULD BLAWBAG! SO YE KEEP TELLING US.
WHIT DID YE PAY FOR THAT DAFT LOOKIN' JERSEY, PAW?
TWENTY-FIVE POUNDS. BUT IT FOOLED THON BEES.
AN' WHA FOOLED YOU? HERE'S ANE ONLINE FOR A FIVER.
WHIT? IT CANNAE BE.
YE BETTER BEELIEVE IT!
THE CHANCERS! THON OOTFITTERS CHARGED ME AN EXTRA TWENTY!
THAT CANNAE BEE? YOU'RE THE MAN THAT DISNAE GET STUNG! HA-HA!

THE BROON LADS THINK THEY'VE GOT IT MADE, BUT THEY'VE JIST ANE ANTIQUE THEY CAN HOPE TAE TRADE!

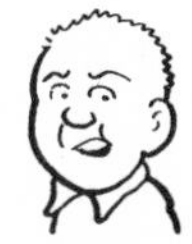

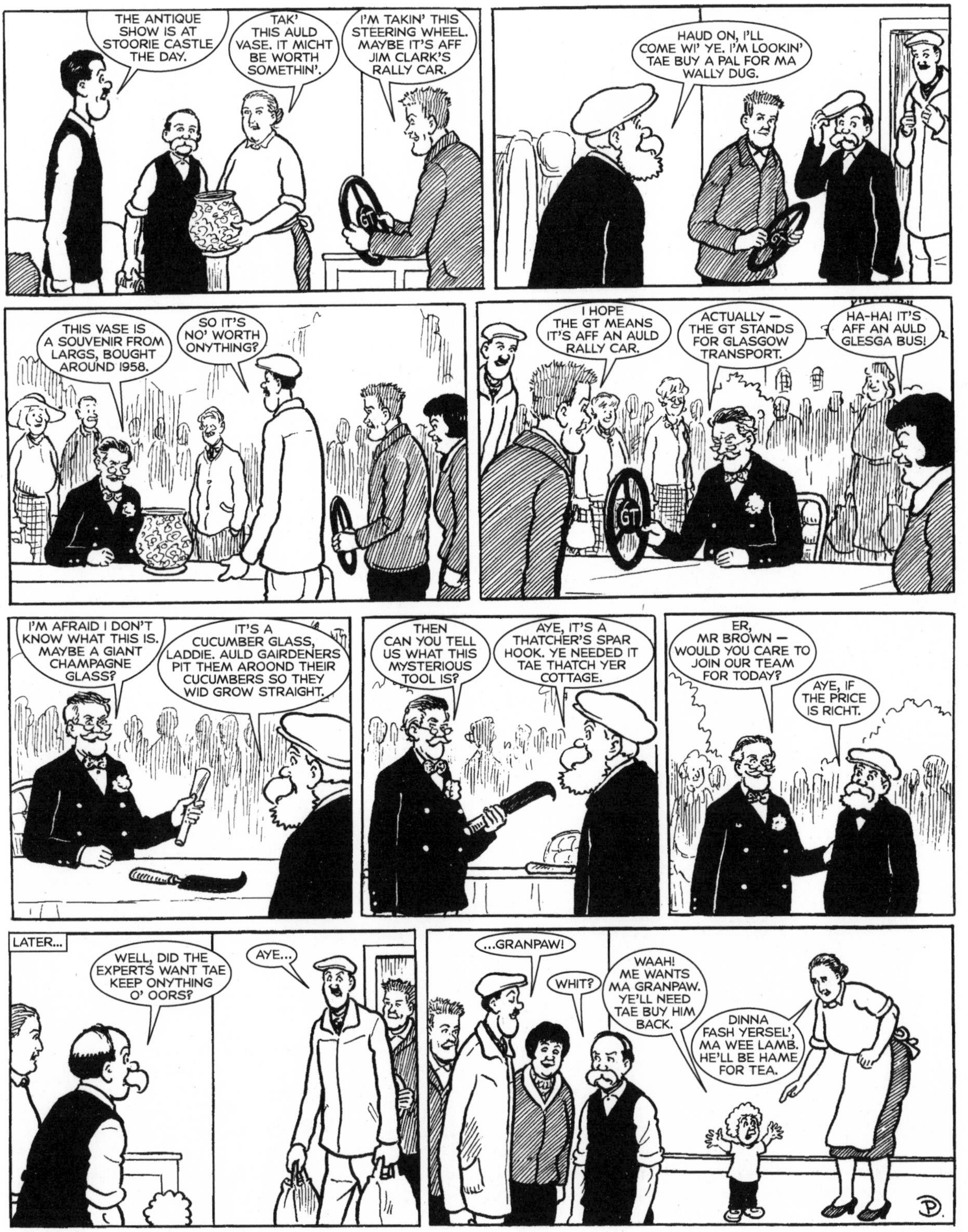

THE ANTIQUE SHOW IS AT STOORIE CASTLE THE DAY.
TAK' THIS AULD VASE. IT MICHT BE WORTH SOMETHIN'.
I'M TAKIN' THIS STEERING WHEEL. MAYBE IT'S AFF JIM CLARK'S RALLY CAR.
HAUD ON, I'LL COME WI' YE. I'M LOOKIN' TAE BUY A PAL FOR MA WALLY DUG.
THIS VASE IS A SOUVENIR FROM LARGS, BOUGHT AROUND 1958.
SO IT'S NO' WORTH ONYTHING?
I HOPE THE GT MEANS IT'S AFF AN AULD RALLY CAR.
ACTUALLY — THE GT STANDS FOR GLASGOW TRANSPORT.
HA-HA! IT'S AFF AN AULD GLESGA BUS!
I'M AFRAID I DON'T KNOW WHAT THIS IS. MAYBE A GIANT CHAMPAGNE GLASS?
IT'S A CUCUMBER GLASS, LADDIE. AULD GAIRDENERS PIT THEM AROOND THEIR CUCUMBERS SO THEY WID GROW STRAIGHT.
THEN CAN YOU TELL US WHAT THIS MYSTERIOUS TOOL IS?
AYE, IT'S A THATCHER'S SPAR HOOK. YE NEEDED IT TAE THATCH YER COTTAGE.
ER, MR BROWN — WOULD YOU CARE TO JOIN OUR TEAM FOR TODAY?
AYE, IF THE PRICE IS RICHT.
LATER...
WELL, DID THE EXPERTS WANT TAE KEEP ONYTHING O' OORS?
AYE...
...GRANPAW!
WHIT?
WAAH! ME WANTS MA GRANPAW. YE'LL NEED TAE BUY HIM BACK.
DINNA FASH YERSEL', MA WEE LAMB. HE'LL BE HAME FOR TEA.

WHICH SUIT TAE WEAR FOR HIS WOOING NEEDS,
HEN DECIDES TAE GO WI' THE POSH TWEEDS!

I BORROWED TAM TODD'S RETRIEVER SO I COULD TAK' IT FOR A COUNTRY WALK.
DIDNAE KEN YE WERE A DOGGY PERSON, HEN.
HE'S UP TAE SOMETHIN'. HE'S FEART O' MA PAL'S CHIHUAHUA.
JINGS! LOOK AT OOR COUNTRY GENT.
YE LOOK LIKE THE LAIRD O' STOORIE CASTLE.
SHE WIDNAE BE INTERESTED IN RIFF-RAFF LIKE YOU ONYWAY.
THAT'S IT! LORD STOORIE'S NIECE IS STAYING AT THE CASTLE — HEN'S A' DRESSED UP TAE GO COURTIN'.
MISS STOORIE, WHIT A PLEASANT SURPRISE IT IS TO MEET ONE.
HELLO, HENRY. WHAT A CLEVER WAY TO CARRY ONE'S UMBRELLA.
DO JOIN ME FOR A STROLL, MISS STOORIE.
I FEAR IT MAY RAIN AND I HAVE NO COAT.
IN FACT, I FEEL SOME SPOTS NOW.
TIME FOR TAE PUT UP ONE'S UMBROLLY.
SPIT IT OOT, YE DAFT MUTT!
DO HURRY, HENRY.
TUG!
PULL!
HELP MA BOAB!
EEEEEK! YOU DOLT! THERE'S WATER POURING DOWN MY NECK.
SO YE DIDNAE GET AN INVITE TAE THE BIG HOOSE?
NAW, I GOT SENT TAE THE DUG HOOSE!
DINNA YOU MIND, SON. FAINT HEART NEVER WON FAIR LADY.

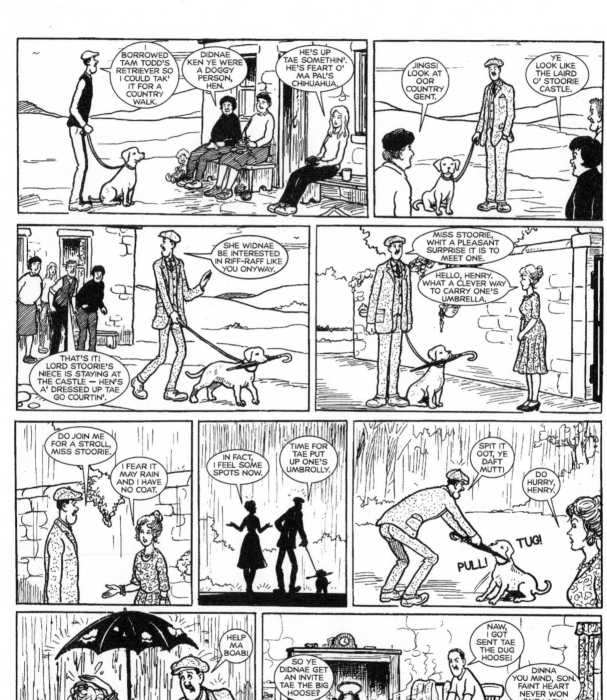

HEN'S THE MAN WI' THE SAVINGS PLAN, HE'S GUID WI' NUMBERS, YE UNDERSTAN'!

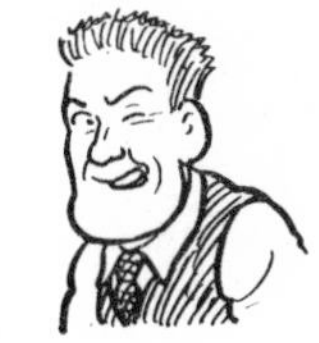

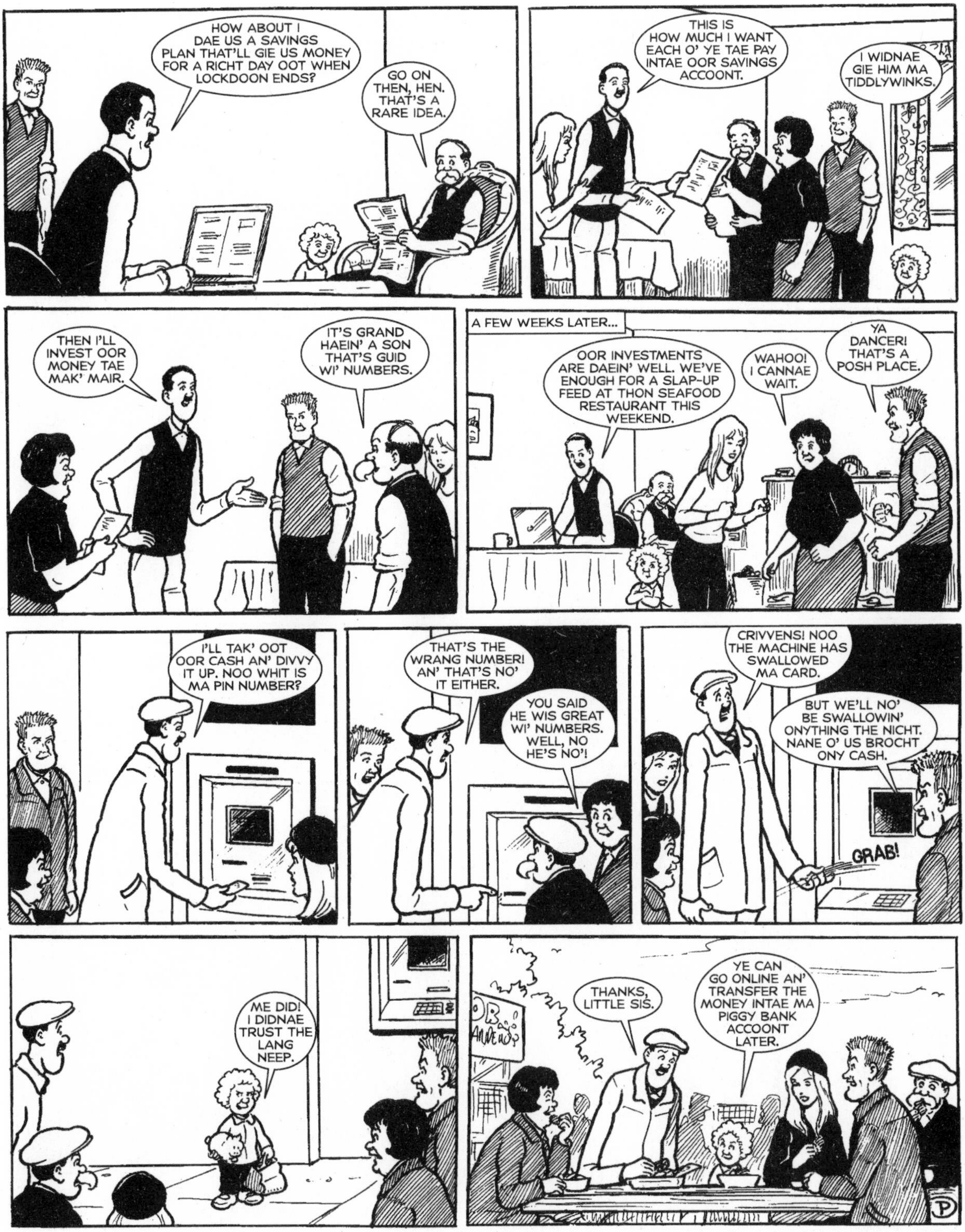

HOW ABOUT I DAE US A SAVINGS PLAN THAT'LL GIE US MONEY FOR A RICHT DAY OOT WHEN LOCKDOON ENDS?
GO ON THEN, HEN. THAT'S A RARE IDEA.
THIS IS HOW MUCH I WANT EACH O' YE TAE PAY INTAE OOR SAVINGS ACCOONT.
I WIDNAE GIE HIM MA TIDDLYWINKS.
THEN I'LL INVEST OOR MONEY TAE MAK' MAIR.
IT'S GRAND HAEIN' A SON THAT'S GUID WI' NUMBERS.
A FEW WEEKS LATER...
OOR INVESTMENTS ARE DAEIN' WELL. WE'VE ENOUGH FOR A SLAP-UP FEED AT THON SEAFOOD RESTAURANT THIS WEEKEND.
WAHOO! I CANNAE WAIT.
YA DANCER! THAT'S A POSH PLACE.
I'LL TAK' OOT OOR CASH AN' DIVVY IT UP. NOO WHIT IS MA PIN NUMBER?
THAT'S THE WRANG NUMBER! AN' THAT'S NO' IT EITHER.
YOU SAID HE WIS GREAT WI' NUMBERS. WELL, NO HE'S NO'!
CRIVVENS! NOO THE MACHINE HAS SWALLOWED MA CARD.
BUT WE'LL NO' BE SWALLOWIN' ONYTHING THE NICHT. NANE O' US BROCHT ONY CASH.
GRAB!
ME DID! I DIDNAE TRUST THE LANG NEEP.
THANKS, LITTLE SIS.
YE CAN GO ONLINE AN' TRANSFER THE MONEY INTAE MA PIGGY BANK ACCOONT LATER.

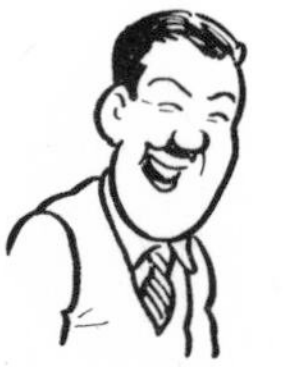

WHIT'S NEEDED IS A'THING BUT THE KITCHEN SINK, FOR A DAY OOT WI' THE BROONS YE'D THINK!

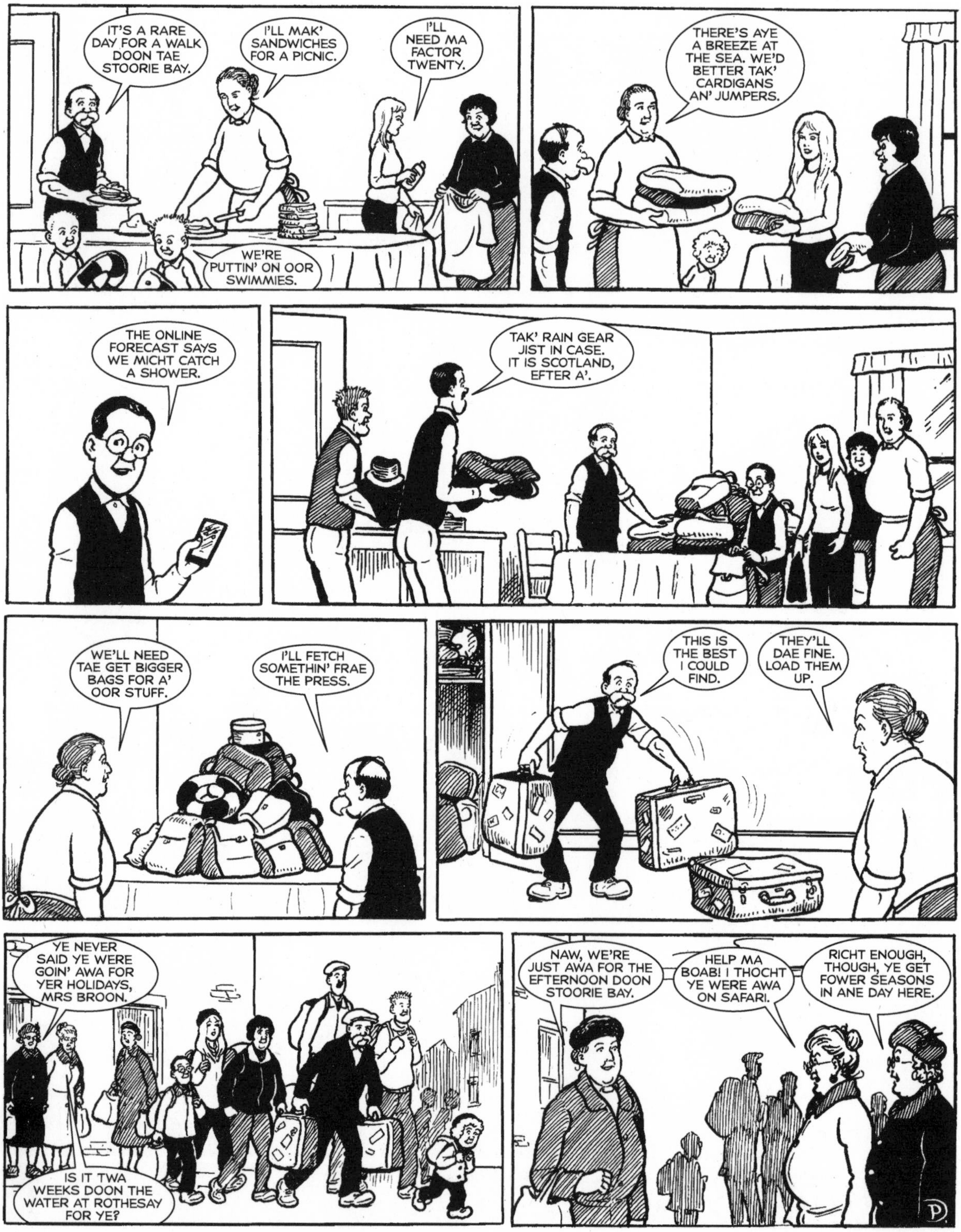
IT'S A RARE DAY FOR A WALK DOON TAE STOORIE BAY.
I'LL MAK' SANDWICHES FOR A PICNIC.
I'LL NEED MA FACTOR TWENTY.
WE'RE PUTTIN' ON OOR SWIMMIES.
THERE'S AYE A BREEZE AT THE SEA. WE'D BETTER TAK' CARDIGANS AN' JUMPERS.
THE ONLINE FORECAST SAYS WE MICHT CATCH A SHOWER.
TAK' RAIN GEAR JIST IN CASE. IT IS SCOTLAND, EFTER A'.
WE'LL NEED TAE GET BIGGER BAGS FOR A' OOR STUFF.
I'LL FETCH SOMETHIN' FRAE THE PRESS.
THIS IS THE BEST I COULD FIND.
THEY'LL DAE FINE. LOAD THEM UP.
YE NEVER SAID YE WERE GOIN' AWA FOR YER HOLIDAYS, MRS BROON.
IS IT TWA WEEKS DOON THE WATER AT ROTHESAY FOR YE?
NAW, WE'RE JUST AWA FOR THE EFTERNOON DOON STOORIE BAY.
HELP MA BOAB! I THOCHT YE WERE AWA ON SAFARI.
RICHT ENOUGH, THOUGH, YE GET FOWER SEASONS IN ANE DAY HERE.

THEY A' FUSS ROOND PAW ON FAITHER'S DAY,
YE MICHT THINK HE WIS BROON'S ROYALTY!

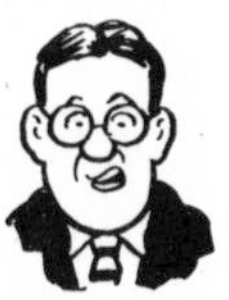

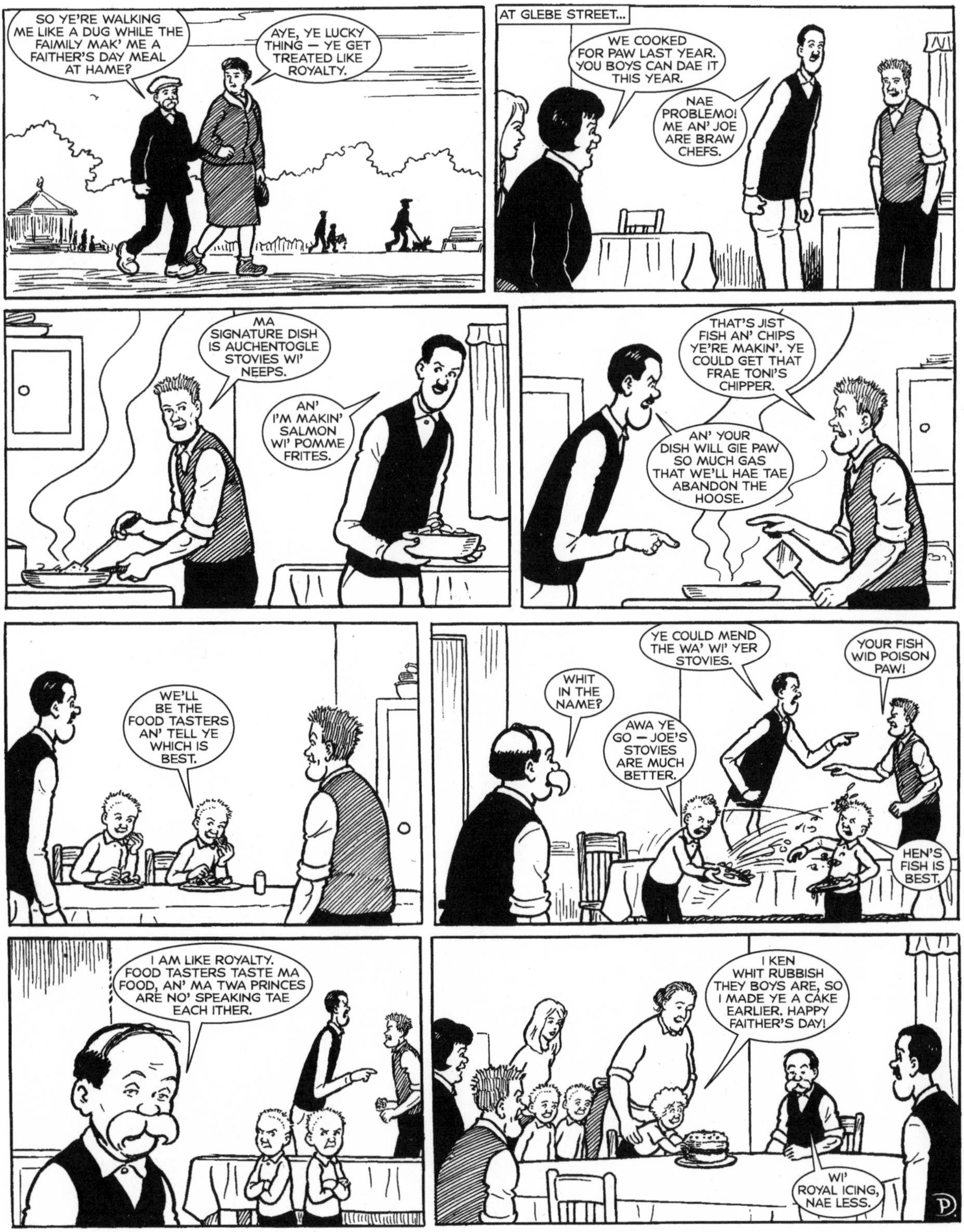
SO YE'RE WALKING ME LIKE A DUG WHILE THE FAIMILY MAK' ME A FAITHER'S DAY MEAL AT HAME?
AYE, YE LUCKY THING — YE GET TREATED LIKE ROYALTY.
AT GLEBE STREET...
WE COOKED FOR PAW LAST YEAR. YOU BOYS CAN DAE IT THIS YEAR.
NAE PROBLEMO! ME AN' JOE ARE BRAW CHEFS.
MA SIGNATURE DISH IS AUCHENTOGLE STOVIES WI' NEEPS.
AN' I'M MAKIN' SALMON WI' POMME FRITES.
THAT'S JIST FISH AN' CHIPS YE'RE MAKIN'. YE COULD GET THAT FRAE TONI'S CHIPPER.
AN' YOUR DISH WILL GIE PAW SO MUCH GAS THAT WE'LL HAE TAE ABANDON THE HOOSE.
WE'LL BE THE FOOD TASTERS AN' TELL YE WHICH IS BEST.
WHIT IN THE NAME?
YE COULD MEND THE WA' WI' YER STOVIES.
YOUR FISH WID POISON PAW!
AWA YE GO — JOE'S STOVIES ARE MUCH BETTER.
HEN'S FISH IS BEST.
I AM LIKE ROYALTY. FOOD TASTERS TASTE MA FOOD, AN' MA TWA PRINCES ARE NO' SPEAKING TAE EACH ITHER.
I KEN WHIT RUBBISH THEY BOYS ARE, SO I MADE YE A CAKE EARLIER. HAPPY FAITHER'S DAY!
WI' ROYAL ICING, NAE LESS.

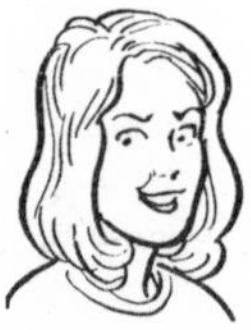

THE ART O' MASS COMMUNICATION, ISNAE JIST A BRAND-NEW SITUATION!

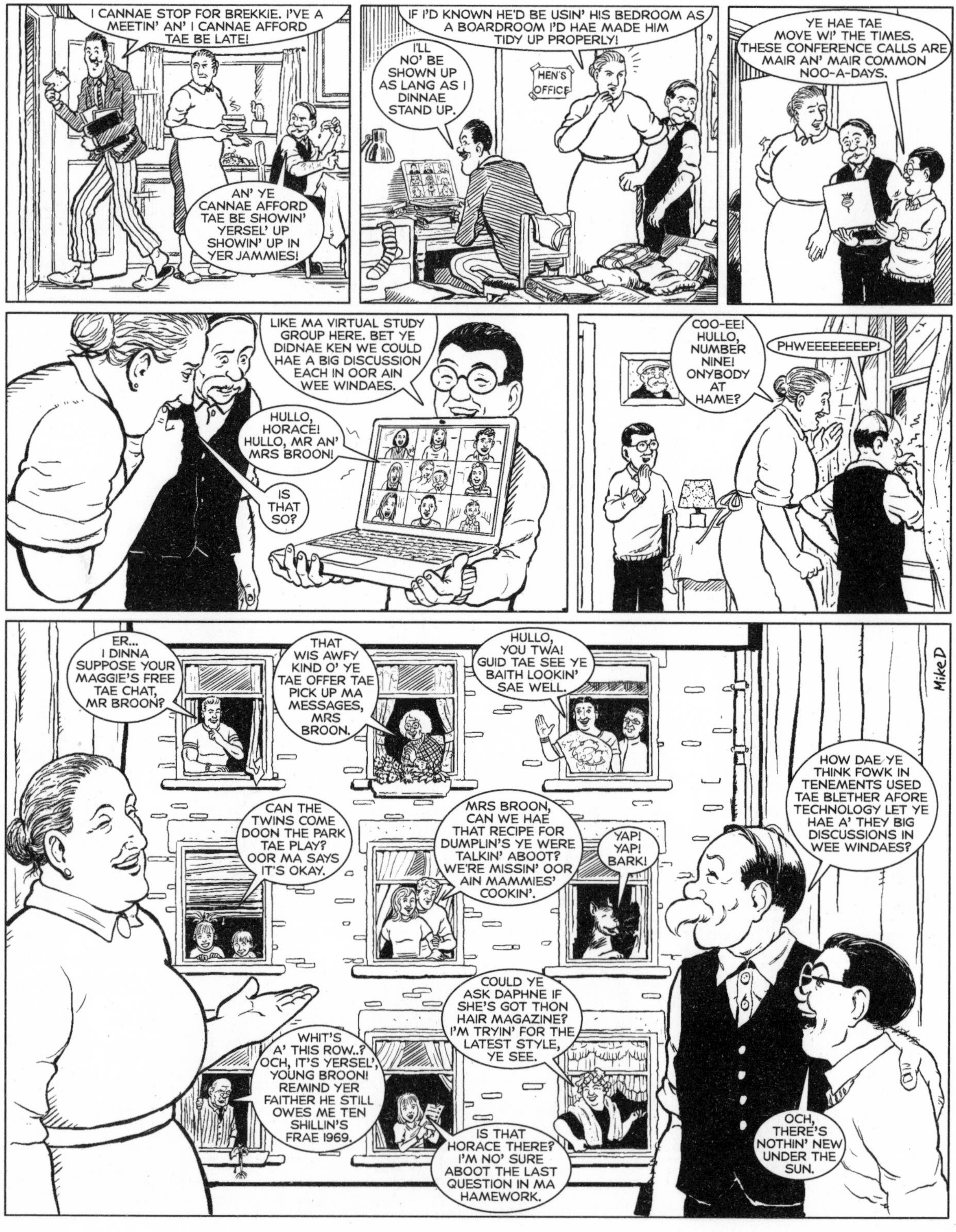

I CANNAE STOP FOR BREKKIE. I'VE A MEETIN' AN' I CANNAE AFFORD TAE BE LATE!
AN' YE CANNAE AFFORD TAE BE SHOWIN' YERSEL' UP SHOWIN' UP IN YER JAMMIES!
IF I'D KNOWN HE'D BE USIN' HIS BEDROOM AS A BOARDROOM I'D HAE MADE HIM TIDY UP PROPERLY!
I'LL NO' BE SHOWN UP AS LANG AS I DINNAE STAND UP.
HEN'S OFFICE
YE HAE TAE MOVE WI' THE TIMES. THESE CONFERENCE CALLS ARE MAIR AN' MAIR COMMON NOO-A-DAYS.
LIKE MA VIRTUAL STUDY GROUP HERE. BET YE DIDNAE KEN WE COULD HAE A BIG DISCUSSION EACH IN OOR AIN WEE WINDAES.
HULLO, HORACE! HULLO, MR AN' MRS BROON!
IS THAT SO?
COO-EE! HULLO, NUMBER NINE! ONYBODY AT HAME?
PHWEEEEEEEEP!
ER... I DINNA SUPPOSE YOUR MAGGIE'S FREE TAE CHAT, MR BROON?
THAT WIS AWFY KIND O' YE TAE OFFER TAE PICK UP MA MESSAGES, MRS BROON.
HULLO, YOU TWA! GUID TAE SEE YE BAITH LOOKIN' SAE WELL.
Mike D
CAN THE TWINS COME DOON THE PARK TAE PLAY? OOR MA SAYS IT'S OKAY.
MRS BROON, CAN WE HAE THAT RECIPE FOR DUMPLIN'S YE WERE TALKIN' ABOOT? WE'RE MISSIN' OOR AIN MAMMIES' COOKIN'.
YAP! YAP! BARK!
HOW DAE YE THINK FOWK IN TENEMENTS USED TAE BLETHER AFORE TECHNOLOGY LET YE HAE A' THEY BIG DISCUSSIONS IN WEE WINDAES?
WHIT'S A' THIS ROW..? OCH, IT'S YERSEL', YOUNG BROON! REMIND YER FAITHER HE STILL OWES ME TEN SHILLIN'S FRAE 1969.
COULD YE ASK DAPHNE IF SHE'S GOT THON HAIR MAGAZINE? I'M TRYIN' FOR THE LATEST STYLE, YE SEE.
IS THAT HORACE THERE? I'M NO' SURE ABOOT THE LAST QUESTION IN MA HAMEWORK.
OCH, THERE'S NOTHIN' NEW UNDER THE SUN.

IF A' THESE SPORTIN' CLAIMS ARE TRUE, THE BROONS' TROPHY CABINET MUST BE AWFY FU'!

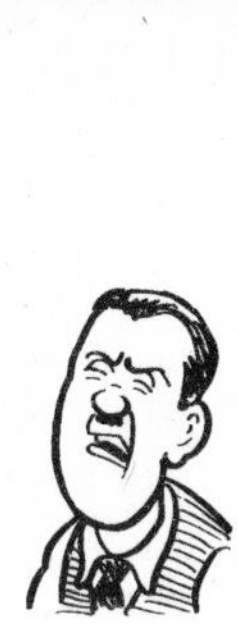

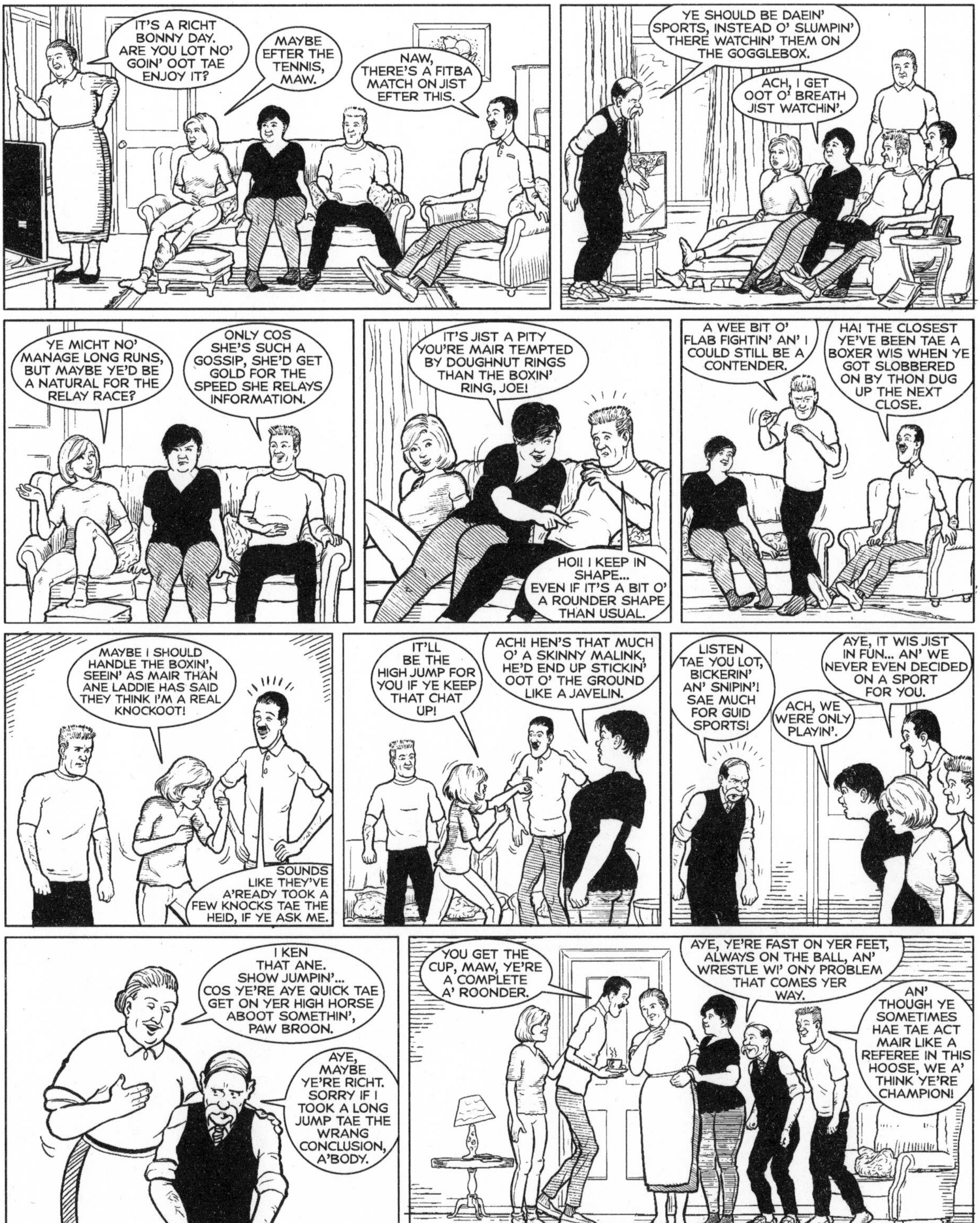

IT'S A RICHT BONNY DAY. ARE YOU LOT NO' GOIN' OOT TAE ENJOY IT?
MAYBE EFTER THE TENNIS, MAW.
NAW, THERE'S A FITBA MATCH ON JIST EFTER THIS.
YE SHOULD BE DAEIN' SPORTS, INSTEAD O' SLUMPIN' THERE WATCHIN' THEM ON THE GOGGLEBOX.
ACH, I GET OOT O' BREATH JIST WATCHIN'.
YE MICHT NO' MANAGE LONG RUNS, BUT MAYBE YE'D BE A NATURAL FOR THE RELAY RACE?
ONLY COS SHE'S SUCH A GOSSIP, SHE'D GET GOLD FOR THE SPEED SHE RELAYS INFORMATION.
IT'S JIST A PITY YOU'RE MAIR TEMPTED BY DOUGHNUT RINGS THAN THE BOXIN' RING, JOE!
HOI! I KEEP IN SHAPE... EVEN IF IT'S A BIT O' A ROUNDER SHAPE THAN USUAL.
A WEE BIT O' FLAB FIGHTIN' AN' I COULD STILL BE A CONTENDER.
HA! THE CLOSEST YE'VE BEEN TAE A BOXER WIS WHEN YE GOT SLOBBERED ON BY THON DUG UP THE NEXT CLOSE.
MAYBE I SHOULD HANDLE THE BOXIN', SEEIN' AS MAIR THAN ANE LADDIE HAS SAID THEY THINK I'M A REAL KNOCKOOT!
SOUNDS LIKE THEY'VE A'READY TOOK A FEW KNOCKS TAE THE HEID, IF YE ASK ME.
IT'LL BE THE HIGH JUMP FOR YOU IF YE KEEP THAT CHAT UP!
ACH! HEN'S THAT MUCH O' A SKINNY MALINK, HE'D END UP STICKIN' OOT O' THE GROUND LIKE A JAVELIN.
LISTEN TAE YOU LOT, BICKERIN' AN' SNIPIN'! SAE MUCH FOR GUID SPORTS!
ACH, WE WERE ONLY PLAYIN'.
AYE, IT WIS JIST IN FUN... AN' WE NEVER EVEN DECIDED ON A SPORT FOR YOU.
I KEN THAT ANE. SHOW JUMPIN'... COS YE'RE AYE QUICK TAE GET ON YER HIGH HORSE ABOOT SOMETHIN', PAW BROON.
AYE, MAYBE YE'RE RICHT. SORRY IF I TOOK A LONG JUMP TAE THE WRANG CONCLUSION, A'BODY.
YOU GET THE CUP, MAW, YE'RE A COMPLETE A' ROONDER.
AYE, YE'RE FAST ON YER FEET, ALWAYS ON THE BALL, AN' WRESTLE WI' ONY PROBLEM THAT COMES YER WAY.
AN' THOUGH YE SOMETIMES HAE TAE ACT MAIR LIKE A REFEREE IN THIS HOOSE, WE A' THINK YE'RE CHAMPION!
Mike D

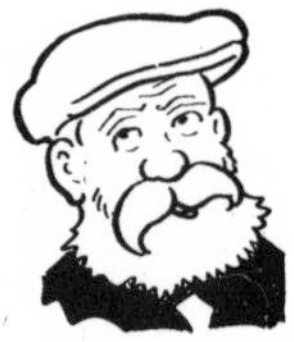

THE BAIRN WILL PROVE SHE'S NUMBER ONE,
WHEN IT COMES TAE HAEIN' FUN!

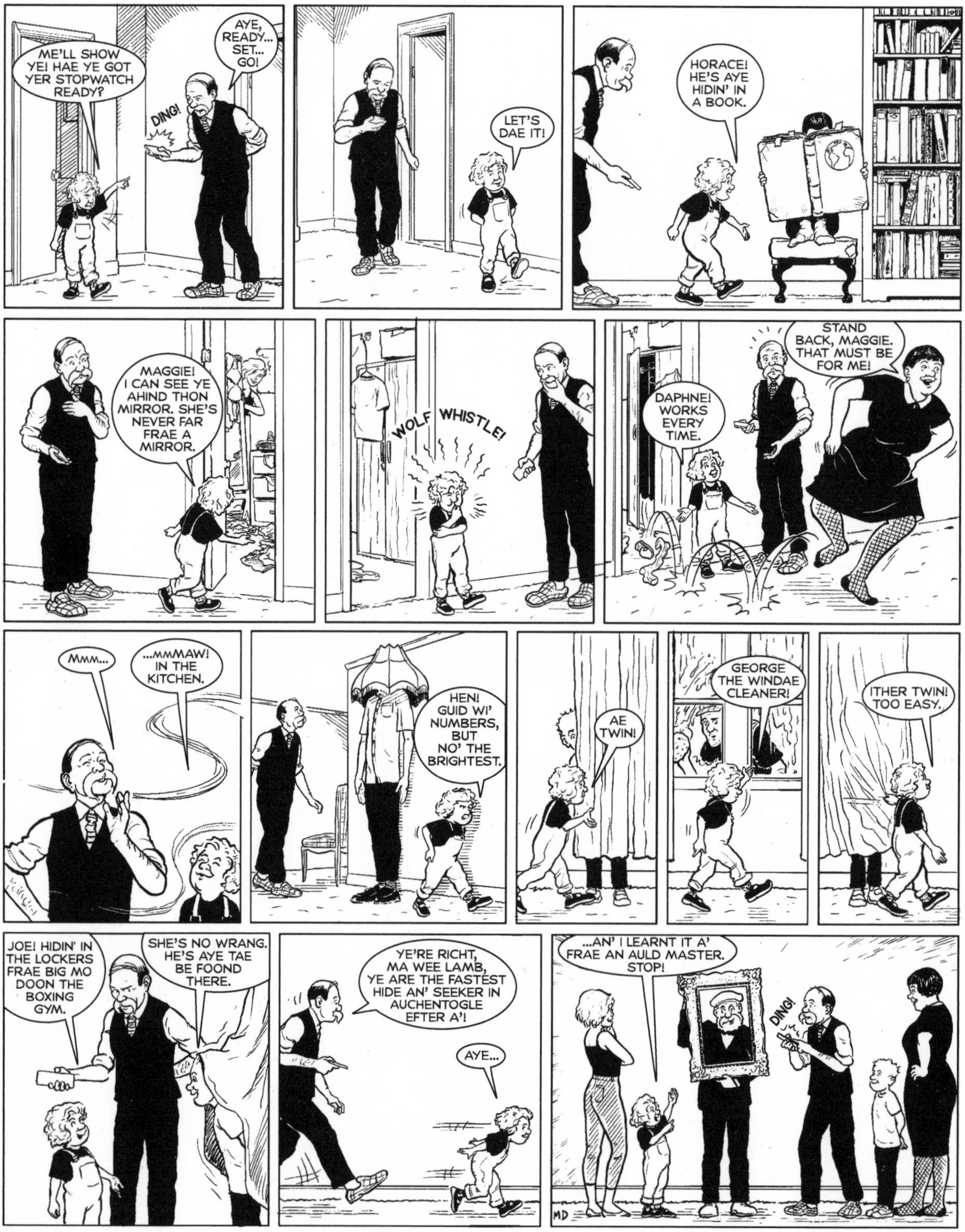
ME'LL SHOW YE! HAE YE GOT YER STOPWATCH READY?
AYE, READY... SET... GO!
DING!
LET'S DAE IT!
HORACE! HE'S AYE HIDIN' IN A BOOK.
MAGGIE! I CAN SEE YE AHIND THON MIRROR. SHE'S NEVER FAR FRAE A MIRROR.
WOLF WHISTLE!
DAPHNE! WORKS EVERY TIME.
STAND BACK, MAGGIE. THAT MUST BE FOR ME!
MMM...
...MMMAW! IN THE KITCHEN.
HEN! GUID WI' NUMBERS, BUT NO' THE BRIGHTEST.
AE TWIN!
GEORGE THE WINDAE CLEANER!
ITHER TWIN! TOO EASY.
JOE! HIDIN' IN THE LOCKERS FRAE BIG MO DOON THE BOXING GYM.
SHE'S NO WRANG. HE'S AYE TAE BE FOOND THERE.
YE'RE RICHT, MA WEE LAMB, YE ARE THE FASTEST HIDE AN' SEEKER IN AUCHENTOGLE EFTER A'!
AYE...
...AN' I LEARNT IT A' FRAE AN AULD MASTER. STOP!
DING!
MD

WILL THE FAMILY EVER REACH A PEACEFUL DECISION ABOOT HORACE'S SPEECH?

KEEP THE SOOND DOON, NOO. HORACE IS HARD AT WORK.
WHIT'S HE STUDYIN', ASTRONOMY? HE'LL GET TAP MARKS, THEN. HE'S GOT GAZIN' INTAE SPACE DOON TAE A 'T'.
I'M LOOKIN' AT ISSUES AFFECTIN' OOR EVERYDAY LIVES, BUT I CANNAE DECIDE WHICH ANE TAE DISCUSS.
HE'S TAE WRITE A SPEECH FOR THE DEBATIN' SOCIETY CONTEST.
EASY! IT'S HEALTH AN' FITNESS. HAS TAE BE!
YE MEAN LIKE WILL ROVERS' TUBBY BIG MIDFIELDER BE FIT FOR OOR MATCH AGAINST CITY?
TUBBY? AWA! THON IS PURE MUSCLE MAIR LIKE. BETTER THAN A LANKY BEANPOLE AT ONY RATE.
TSK! FITBA' AGAIN! WHIT HE SHOULD BE LOOKIN' AT IS THE GREEN ISSUE!
WHIT WID YOU KEN ABOUT GREENS? YE'RE A COMPLETE STRANGER TAE A SALAD!
NO' THAT KIND O' GREEN! BEIN' ENVIRONMENTALLY FRIENDLY. RECYCLIN'.
YE COULD A' BE FRIENDLY TAE THIS ENVIRONMENT AN' RECYCLE YER DISHES BY PITTIN' THEM IN THE SINK INSTEAD O' LEAVIN' THEM AT YER TAIL.
THON ROVERS PLAYER COULD DAE WI' A SALAD OR TWA!
WHEESHT ABOOT SALAD, WID YE?
WEEL, HOW ABOOT TECHNOLOGY? ARE GADGETS GETTIN' IN THE WAY O' FOWK TALKIN'?
I READ A' ABOOT IT ON THE INTERNET.
IF THEY'D KEEP YOU FRAE TALKIN' IT MICHT NO' BE A BAD THING. I STILL SAY HEALTH'S THE ANE FOR A HEALTHY DEBATE!
WHIT ABOOT THE FASHION INDUSTRY? THAT CERTAINLY AFFECTS SOME O' US!
NAW, HOW ABOOT SCHOOLS HANDIN' OOT TOO MUCH HAMEWORK?
HORACE WID NO' THINK THAT WIS AN ISSUE, YE DAFTIE!
SHOOSH, YOU ANES. HORACE HAS GOT AN IDEA.
THE EVENIN' O' THE DEBATE...
OOR HORACE IS IN THIS. WHIT A BRAW SPEAKER HE IS. AN' JIST BETWEEN US, WE WERE THE INSPIRATION FOR HIS TALK!
A'RICHT, PAW. IT'S HORACE GIVIN' A SPEECH, NO' YOU.
THIS WEEK'S TOPIC
MODERN ISSUES AND PROBLEMS IN SOCIETY
FOR MY EVERYDAY ISSUE I'LL BE DISCUSSING NOISE POLLUTION, NAMELY WHIT NOISE LEVEL SHOULD BE ALOUD, AN' WHIT JIST SHOULDNAE BE ALLOWED.
OCH, THAT WISNAE WHIT WE...
SHHHH, YOU. NO' ANE MAIR PEEP.

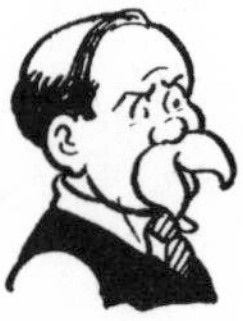

PAW BROON'S QUITE TICHT AS A GENRAL RULE,
WHICH DISNAE HELP WHEN HE'S LOOKIN' TAE BOOL!

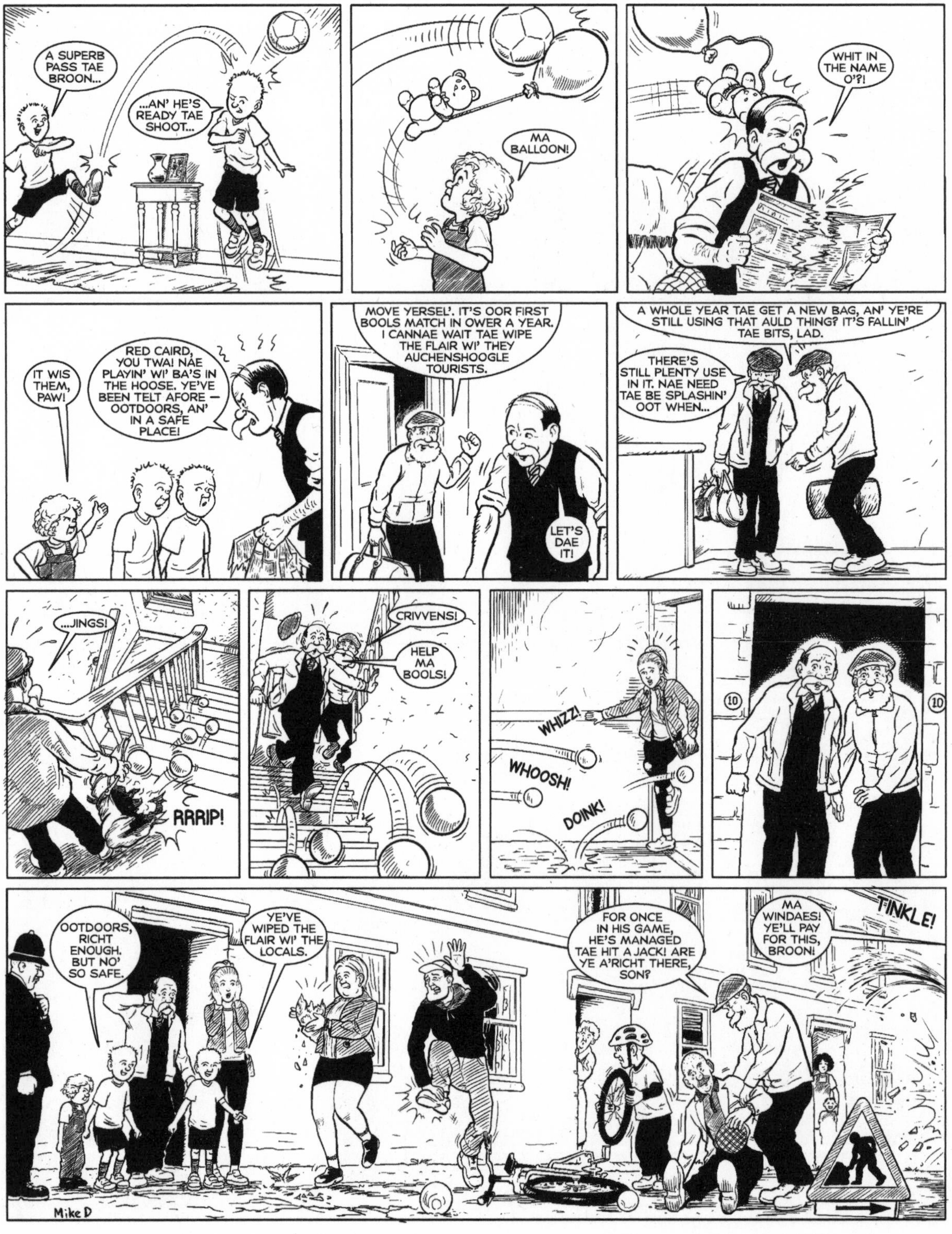

A SUPERB PASS TAE BROON...
...AN' HE'S READY TAE SHOOT...
MA BALLOON!
WHIT IN THE NAME O'?!
IT WIS THEM, PAW!
RED CAIRD, YOU TWA! NAE PLAYIN' WI' BA'S IN THE HOOSE. YE'VE BEEN TELT AFORE — OOTDOORS, AN' IN A SAFE PLACE!
MOVE YERSEL'. IT'S OOR FIRST BOOLS MATCH IN OWER A YEAR. I CANNAE WAIT TAE WIPE THE FLAIR WI' THEY AUCHENSHOOGLE TOURISTS.
LET'S DAE IT!
A WHOLE YEAR TAE GET A NEW BAG, AN' YE'RE STILL USING THAT AULD THING? IT'S FALLIN' TAE BITS, LAD.
THERE'S STILL PLENTY USE IN IT. NAE NEED TAE BE SPLASHIN' OOT WHEN...
...JINGS!
RRRIP!
CRIVVENS!
HELP MA BOOLS!
WHIZZ!
WHOOSH!
DOINK!
10
10
OOTDOORS, RICHT ENOUGH. BUT NO' SO SAFE.
YE'VE WIPED THE FLAIR WI' THE LOCALS.
FOR ONCE IN HIS GAME, HE'S MANAGED TAE HIT A JACK! ARE YE A'RICHT THERE, SON?
MA WINDAES! YE'LL PAY FOR THIS, BROON!
TINKLE!
Mike D

THIS ISNAE QUITE WHIT GRANPAW PLANNED,
HE'S COME A CROPPER IN THE SAND!

Bus Stop
RICHT, A'BODY ON BOARD! MAK' SURE YE'VE GOT EVERYTHING.
HAUD MA HAND, MA WEE LAMB.
HOW MUCH? FOR A RETURN?!
BRAW, I REMEMBERED THE JEELY PIECES TAE.
STOP IT, YOU TWA!
THAT LADY HAS A WEE PIG, GRANPAW.
IT'S PRONOUNCED 'PUG', AN' IT'S A WEE DUG.
MA TRUNKS HAE BEEN SHRUNK!
I DIDNAE THINK THEY LEGS COULD GET ONY LONGER OR LANKIER!
ARE YE NO' GOIN' TAE LET YER AULD PAW SIT IN THAT?
LUG YER AIN DECKCHAIR IF YE WANT TAE SIT!
FINE. I'M NO' SAE SAFT AS TAE NEED A SEAT. THIS COLD, HARD SAND'LL DAE BRAW.
GRANPAW'S SLEEPIN'!
ZZZZZ
ARE YOU THINKIN'...
...WHIT I'M THINKIN'?
I MIGHT GO AN' FIND MA BREEKS AGAIN.
DINNAE BE DAFT. NAEBODY'S LOOKIN' AT YE!
LOOK AT THIS FASCINATIN' WEE CRAB — EEK! GET IT AFF MA FEET!
NOO WHAUR DAE YE THINK THE AULD GOWK'S GOT TAE?
HAE SOME JUICE, IT'S LIKE A DESERT OOT HERE.
MMM... THANKS, MAW.
MICHTY! DUG IN BY MA AIN FAMILY!
DIG HIM OOT, BOYS, NOO!
CRIVVENS!
Mike D
"LUG YER AIN DECKCHAIR", HE SAYS!
CAN WE NO' JIST DRAW A LINE IN THE SAND?
YE'LL NEED MAIR THAN A DROP O' SINGLE MALT TAE BURY THIS.

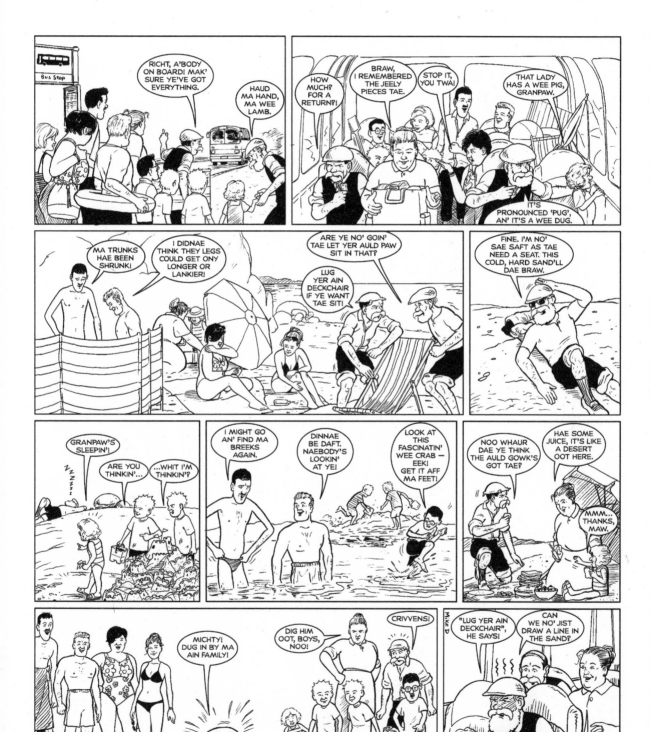

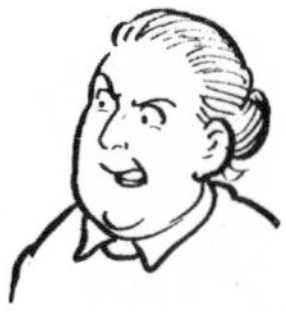

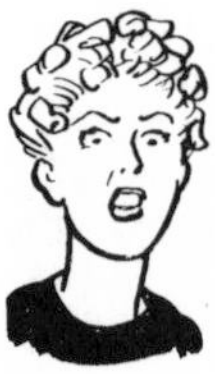

THON BRAVE BROON BAIRNS HAE GOT US BAFFLED, JIST LOOK AT WHIT'S GOT THEM RATTLED!

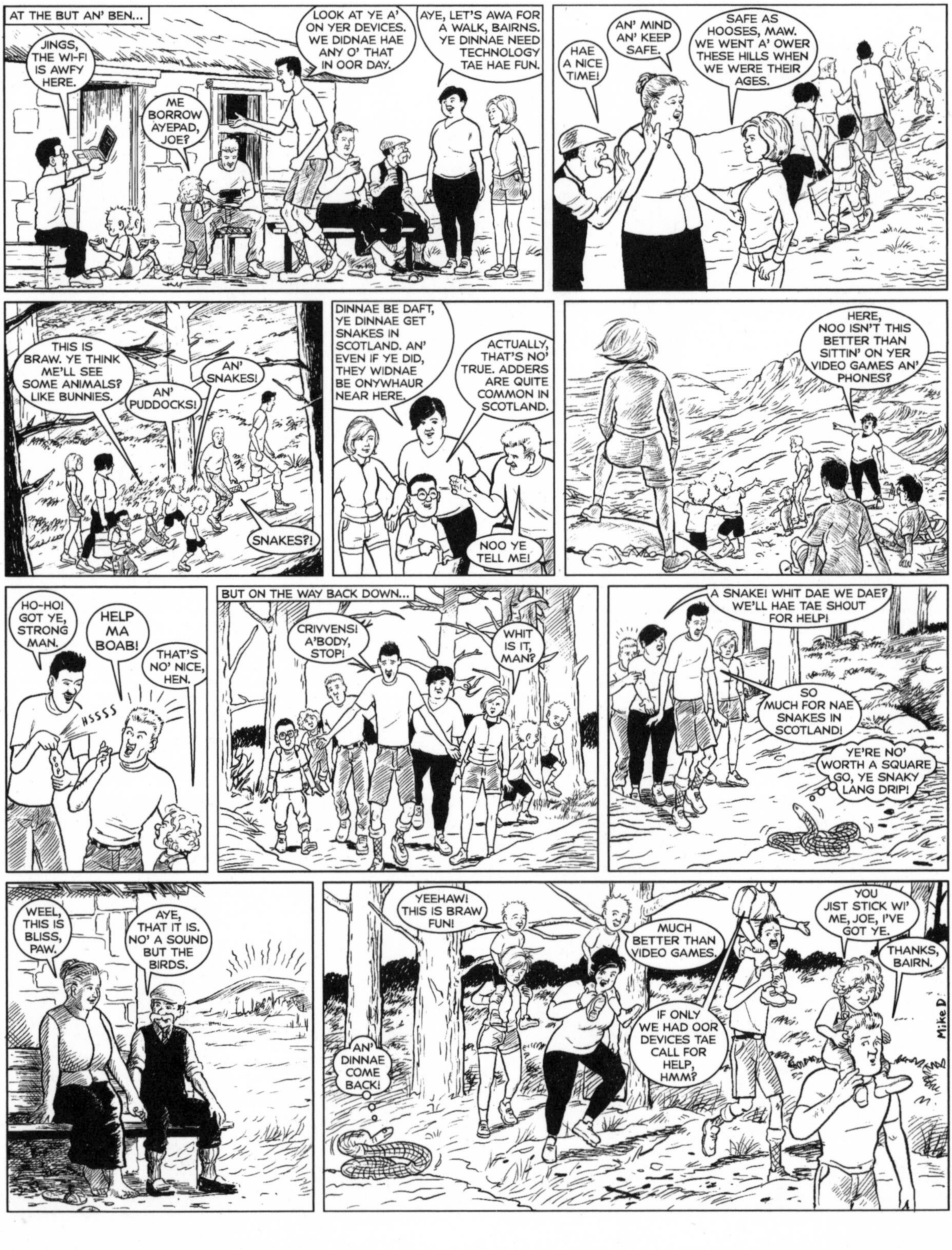

AT THE BUT AN' BEN...
JINGS, THE WI-FI IS AWFY HERE.
ME BORROW AYEPAD, JOE?
LOOK AT YE A' ON YER DEVICES. WE DIDNAE HAE ANY O' THAT IN OOR DAY.
AYE, LET'S AWA FOR A WALK, BAIRNS. YE DINNAE NEED TECHNOLOGY TAE HAE FUN.
HAE A NICE TIME!
AN' MIND AN' KEEP SAFE.
SAFE AS HOOSES, MAW. WE WENT A' OWER THESE HILLS WHEN WE WERE THEIR AGES.
THIS IS BRAW. YE THINK ME'LL SEE SOME ANIMALS? LIKE BUNNIES.
AN' PUDDOCKS!
AN' SNAKES!
SNAKES?!
DINNAE BE DAFT, YE DINNAE GET SNAKES IN SCOTLAND. AN' EVEN IF YE DID, THEY WIDNAE BE ONYWHAUR NEAR HERE.
ACTUALLY, THAT'S NO' TRUE. ADDERS ARE QUITE COMMON IN SCOTLAND.
NOO YE TELL ME!
HERE, NOO ISN'T THIS BETTER THAN SITTIN' ON YER VIDEO GAMES AN' PHONES?
HO-HO! GOT YE, STRONG MAN.
HELP MA BOAB!
HSSSS
THAT'S NO' NICE, HEN.
BUT ON THE WAY BACK DOWN...
CRIVVENS! A'BODY, STOP!
WHIT IS IT, MAN?
A SNAKE! WHIT DAE WE DAE? WE'LL HAE TAE SHOUT FOR HELP!
SO MUCH FOR NAE SNAKES IN SCOTLAND!
YE'RE NO' WORTH A SQUARE GO, YE SNAKY LANG DRIP!
WEEL, THIS IS BLISS, PAW.
AYE, THAT IT IS. NO' A SOUND BUT THE BIRDS.
YEEHAW! THIS IS BRAW FUN!
MUCH BETTER THAN VIDEO GAMES.
AN' DINNAE COME BACK!
IF ONLY WE HAD OOR DEVICES TAE CALL FOR HELP, HMM?
YOU JIST STICK WI' ME, JOE, I'VE GOT YE.
THANKS, BAIRN.
Mike D

OOR DAPH IS DOON AN' THAT MAK'S HEN THINK,
WHIT IF SHE WERE TICKLED PINK?

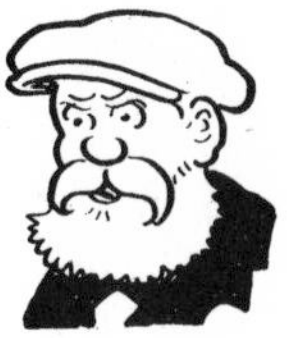

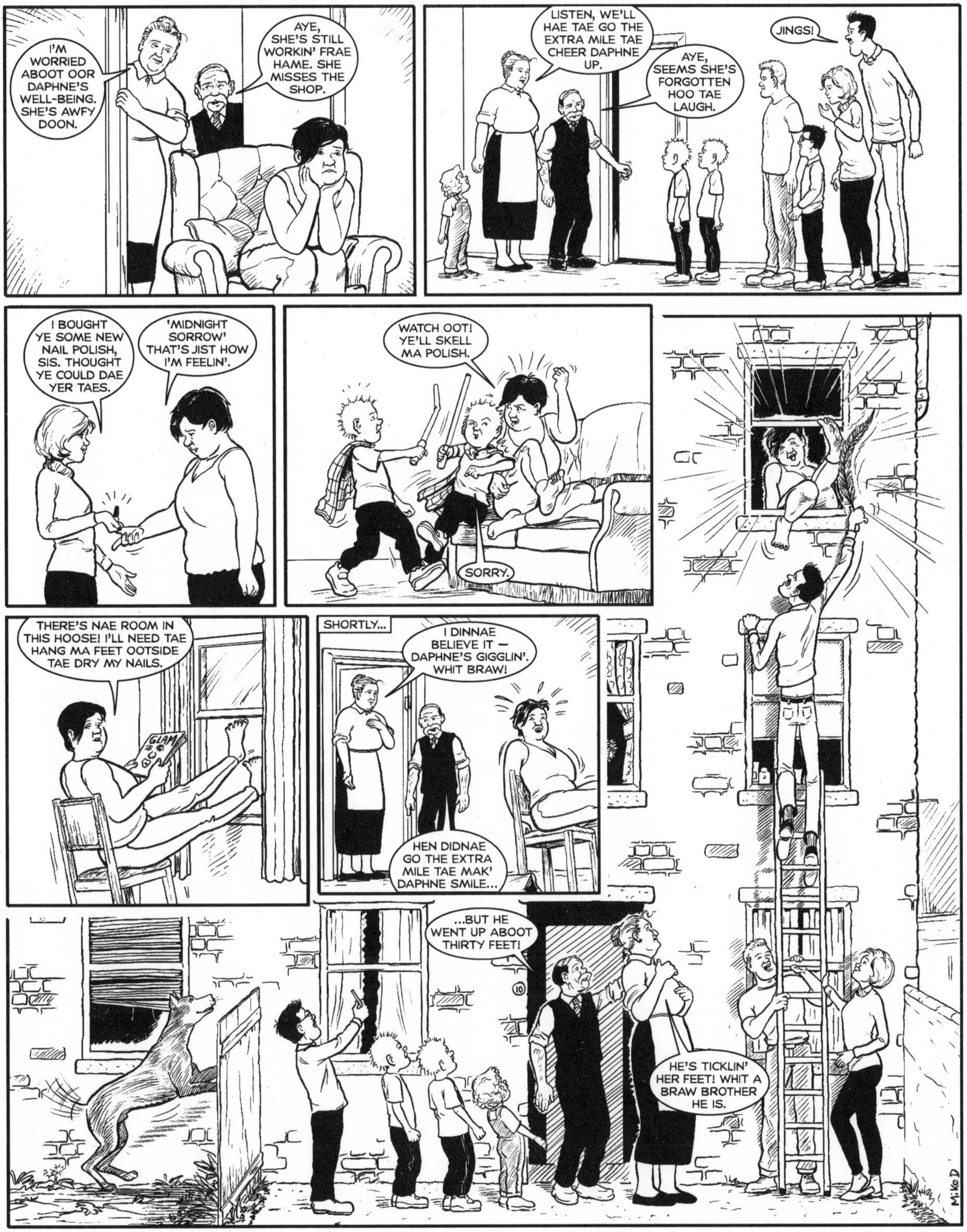
I'M WORRIED ABOOT OOR DAPHNE'S WELL-BEING. SHE'S AWFY DOON.
AYE, SHE'S STILL WORKIN' FRAE HAME. SHE MISSES THE SHOP.
LISTEN, WE'LL HAE TAE GO THE EXTRA MILE TAE CHEER DAPHNE UP.
AYE, SEEMS SHE'S FORGOTTEN HOO TAE LAUGH.
JINGS!
I BOUGHT YE SOME NEW NAIL POLISH, SIS. THOUGHT YE COULD DAE YER TAES.
'MIDNIGHT SORROW' THAT'S JIST HOW I'M FEELIN'.
WATCH OOT! YE'LL SKELL MA POLISH.
SORRY.
THERE'S NAE ROOM IN THIS HOOSE! I'LL NEED TAE HANG MA FEET OOTSIDE TAE DRY MY NAILS.
GLAM
SHORTLY...
I DINNAE BELIEVE IT — DAPHNE'S GIGGLIN'. WHIT BRAW!
HEN DIDNAE GO THE EXTRA MILE TAE MAK' DAPHNE SMILE...
...BUT HE WENT UP ABOOT THIRTY FEET!
10
HE'S TICKLIN' HER FEET! WHIT A BRAW BROTHER HE IS.

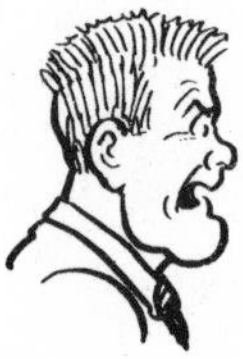

THE BROONS ARE LACKIN' SECURITY MEASURES, WHEN LOOKIN' OOT FOR THEIR WEE TREASURES!

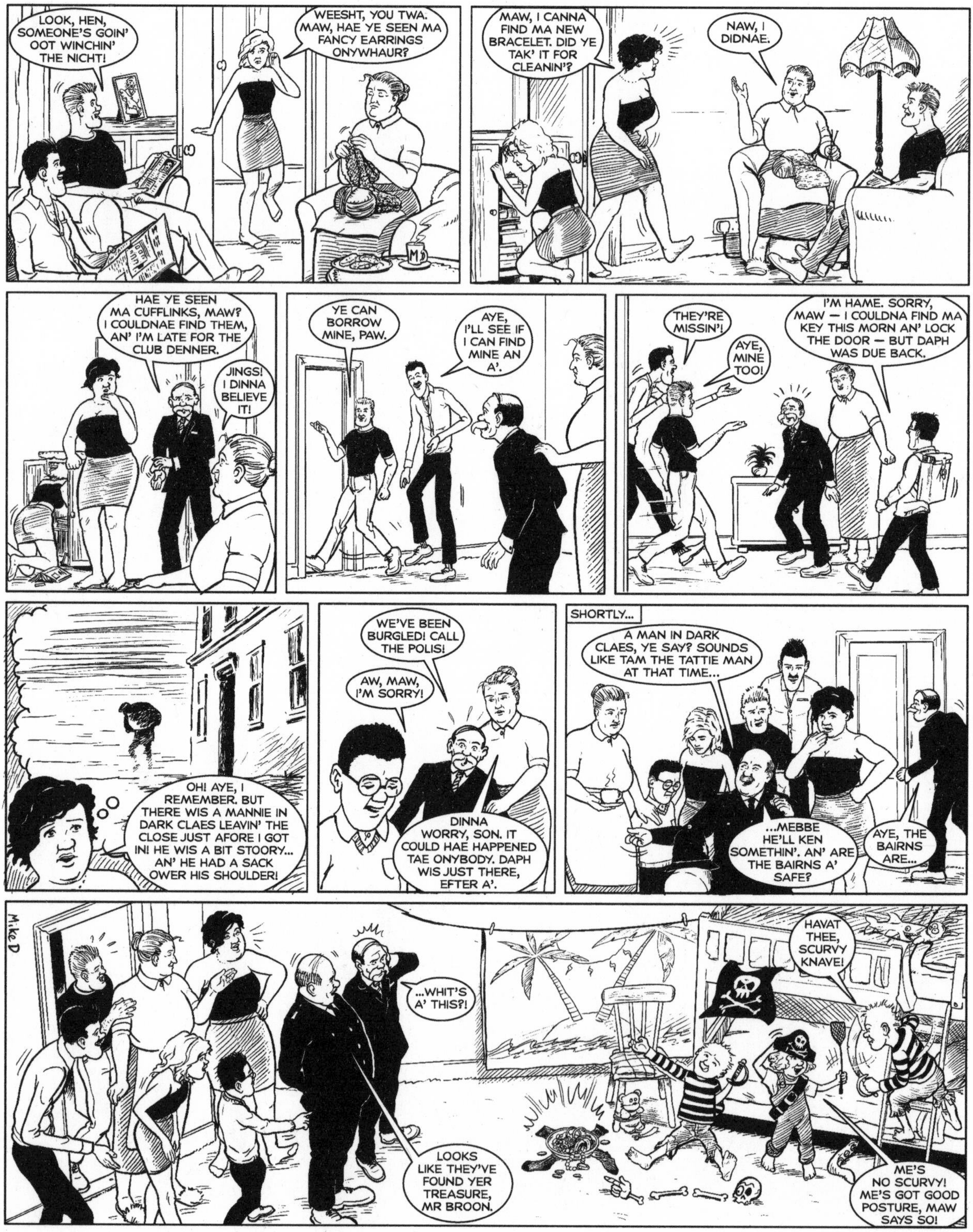

LOOK, HEN, SOMEONE'S GOIN' OOT WINCHIN' THE NICHT!
WEESHT, YOU TWA. MAW, HAE YE SEEN MA FANCY EARRINGS ONYWHAUR?
MAW, I CANNA FIND MA NEW BRACELET. DID YE TAK' IT FOR CLEANIN'?
NAW, I DIDNAE.
HAE YE SEEN MA CUFFLINKS, MAW? I COULDNAE FIND THEM, AN' I'M LATE FOR THE CLUB DENNER.
JINGS! I DINNA BELIEVE IT!
YE CAN BORROW MINE, PAW.
AYE, I'LL SEE IF I CAN FIND MINE AN A'.
THEY'RE MISSIN'!
AYE, MINE TOO!
I'M HAME. SORRY, MAW — I COULDNA FIND MA KEY THIS MORN AN' LOCK THE DOOR — BUT DAPH WAS DUE BACK.
OH! AYE, I REMEMBER. BUT THERE WIS A MANNIE IN DARK CLAES LEAVIN' THE CLOSE JUST AFORE I GOT IN! HE WIS A BIT STOORY... AN' HE HAD A SACK OWER HIS SHOULDER!
WE'VE BEEN BURGLED! CALL THE POLIS!
AW, MAW, I'M SORRY!
DINNA WORRY, SON. IT COULD HAE HAPPENED TAE ONYBODY. DAPH WIS JUST THERE, EFTER A'.
SHORTLY...
A MAN IN DARK CLAES, YE SAY? SOUNDS LIKE TAM THE TATTIE MAN AT THAT TIME...
...MEBBE HE'LL KEN SOMETHIN'. AN' ARE THE BAIRNS A' SAFE?
AYE, THE BAIRNS ARE...
MikeD
...WHIT'S A' THIS?!
HAVAT THEE, SCURVY KNAVE!
LOOKS LIKE THEY'VE FOUND YER TREASURE, MR BROON.
ME'S NO SCURVY! ME'S GOT GOOD POSTURE, MAW SAYS SO!

WHA'D HAE THOCHT PAW WIS SUCH A SHOO-IN,
FOR THROWIN' MONEY ON MITHER'S RUIN!

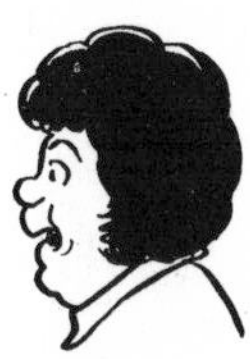

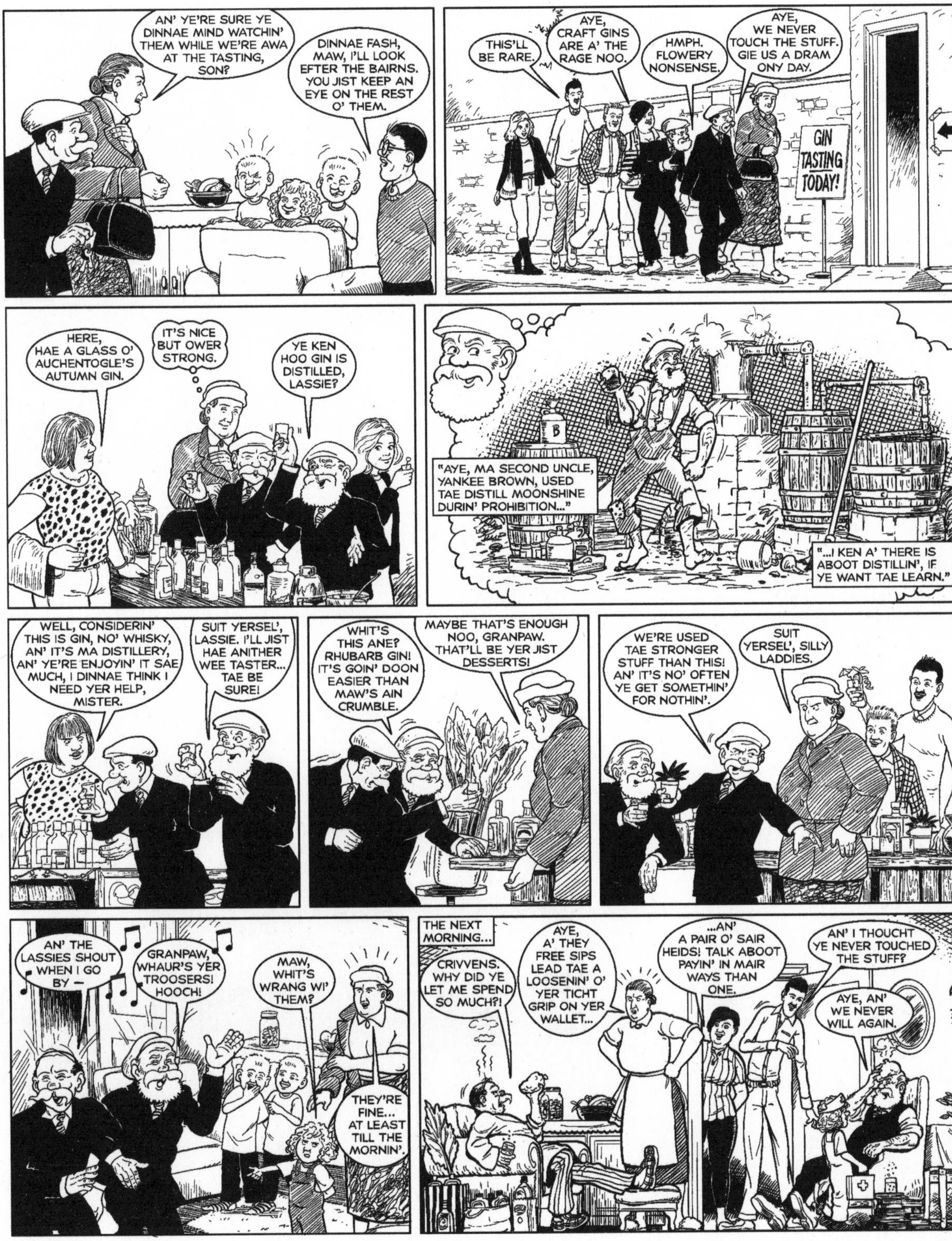
AN' YE'RE SURE YE DINNAE MIND WATCHIN' THEM WHILE WE'RE AWA AT THE TASTING, SON?
DINNAE FASH, MAW, I'LL LOOK EFTER THE BAIRNS. YOU JIST KEEP AN EYE ON THE REST O' THEM.
THIS'LL BE RARE.
AYE, CRAFT GINS ARE A' THE RAGE NOO.
HMPH. FLOWERY NONSENSE.
AYE, WE NEVER TOUCH THE STUFF. GIE US A DRAM ONY DAY.
GIN TASTING TODAY!
HERE, HAE A GLASS O' AUCHENTOGLE'S AUTUMN GIN.
IT'S NICE BUT OWER STRONG.
YE KEN HOO GIN IS DISTILLED, LASSIE?
"AYE, MA SECOND UNCLE, YANKEE BROWN, USED TAE DISTILL MOONSHINE DURIN' PROHIBITION..."
B
"...I KEN A' THERE IS ABOOT DISTILLIN', IF YE WANT TAE LEARN."
WELL, CONSIDERIN' THIS IS GIN, NO' WHISKY, AN' IT'S MA DISTILLERY, AN' YE'RE ENJOYIN' IT SAE MUCH, I DINNAE THINK I NEED YER HELP, MISTER.
SUIT YERSEL', LASSIE. I'LL JIST HAE ANITHER WEE TASTER... TAE BE SURE!
WHIT'S THIS ANE? RHUBARB GIN! IT'S GOIN' DOON EASIER THAN MAW'S AIN CRUMBLE.
MAYBE THAT'S ENOUGH NOO, GRANPAW. THAT'LL BE YER JIST DESSERTS!
WE'RE USED TAE STRONGER STUFF THAN THIS! AN' IT'S NO' OFTEN YE GET SOMETHIN' FOR NOTHIN'.
SUIT YERSEL', SILLY LADDIES.
AN' THE LASSIES SHOUT WHEN I GO BY —
GRANPAW, WHAUR'S YER TROOSERS! HOOCH!
MAW, WHIT'S WRANG WI' THEM?
THEY'RE FINE... AT LEAST TILL THE MORNIN'.
THE NEXT MORNING...
CRIVVENS. WHY DID YE LET ME SPEND SO MUCH?!
AYE, A' THEY FREE SIPS LEAD TAE A LOOSENIN' O' YER TICHT GRIP ON YER WALLET...
...AN' A PAIR O' SAIR HEIDS! TALK ABOOT PAYIN' IN MAIR WAYS THAN ONE.
AN' I THOUCHT YE NEVER TOUCHED THE STUFF?
AYE, AN' WE NEVER WILL AGAIN.
Mike D

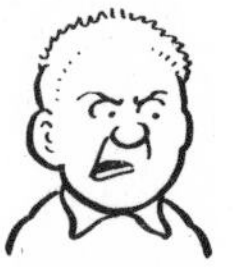

WHA DAE THEY THINK GRANPAW'S WOOIN',
EMBARRASSIN' HIMSEL' WI' A' THAT COOIN'?

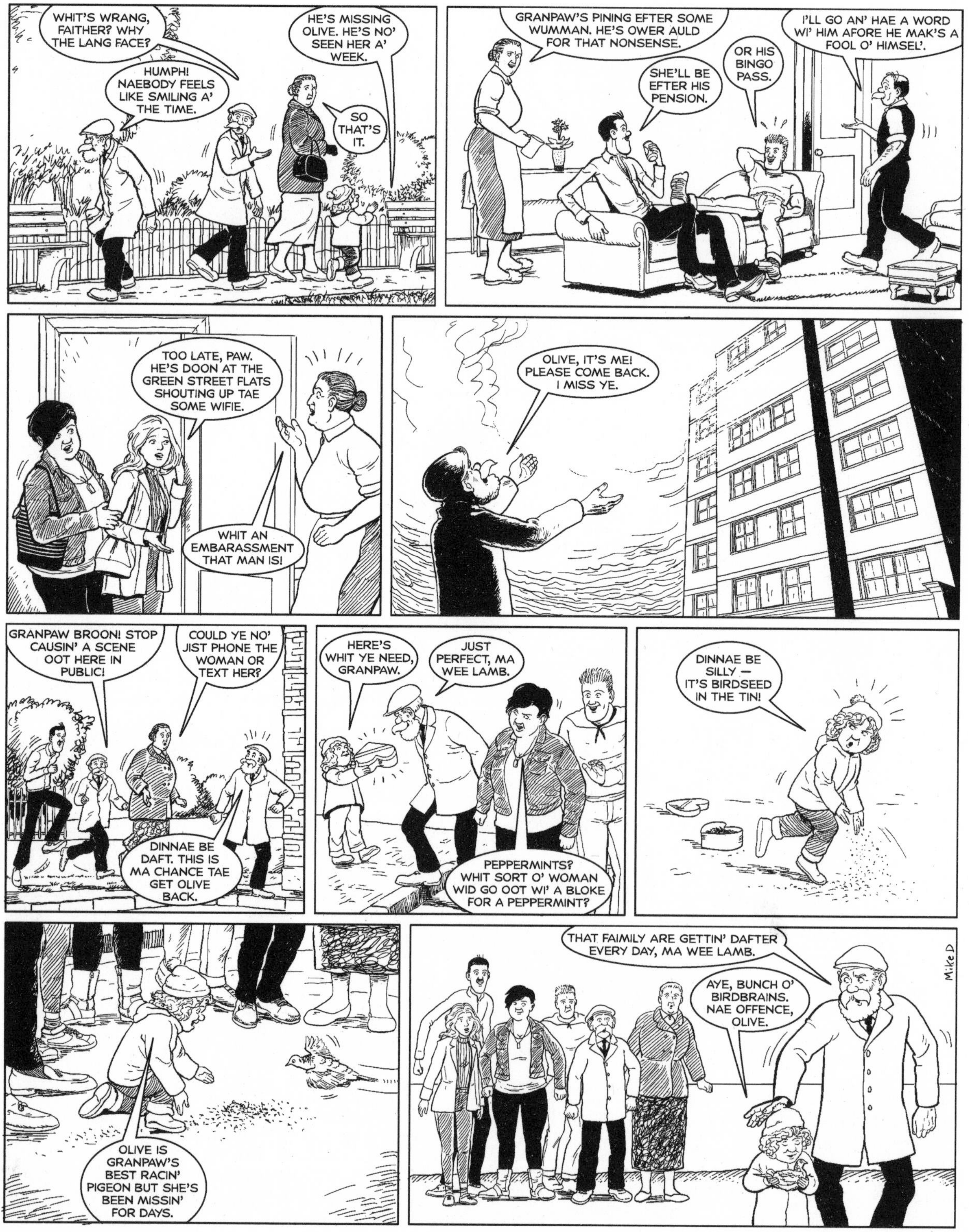
WHIT'S WRANG, FAITHER? WHY THE LANG FACE?
HUMPH! NAEBODY FEELS LIKE SMILING A' THE TIME.
HE'S MISSING OLIVE. HE'S NO' SEEN HER A' WEEK.
SO THAT'S IT.
GRANPAW'S PINING EFTER SOME WUMMAN. HE'S OWER AULD FOR THAT NONSENSE.
SHE'LL BE EFTER HIS PENSION.
OR HIS BINGO PASS.
I'LL GO AN' HAE A WORD WI' HIM AFORE HE MAK'S A FOOL O' HIMSEL'.
TOO LATE, PAW. HE'S DOON AT THE GREEN STREET FLATS SHOUTING UP TAE SOME WIFIE.
WHIT AN EMBARASSMENT THAT MAN IS!
OLIVE, IT'S ME! PLEASE COME BACK. I MISS YE.
GRANPAW BROON! STOP CAUSIN' A SCENE OOT HERE IN PUBLIC!
COULD YE NO' JIST PHONE THE WOMAN OR TEXT HER?
DINNAE BE DAFT. THIS IS MA CHANCE TAE GET OLIVE BACK.
HERE'S WHIT YE NEED, GRANPAW.
JUST PERFECT, MA WEE LAMB.
PEPPERMINTS? WHIT SORT O' WOMAN WID GO OOT WI' A BLOKE FOR A PEPPERMINT?
DINNAE BE SILLY — IT'S BIRDSEED IN THE TIN!
OLIVE IS GRANPAW'S BEST RACIN' PIGEON BUT SHE'S BEEN MISSIN' FOR DAYS.
THAT FAIMILY ARE GETTIN' DAFTER EVERY DAY, MA WEE LAMB.
AYE, BUNCH O' BIRDBRAINS. NAE OFFENCE, OLIVE.
MikeD

A DESPERATE ATTEMPT TAE NO' LET MAW DOON, MEANS A RACE FOR HAME FOR OOR PAW BROON!

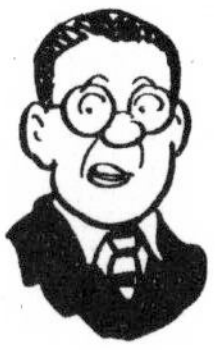

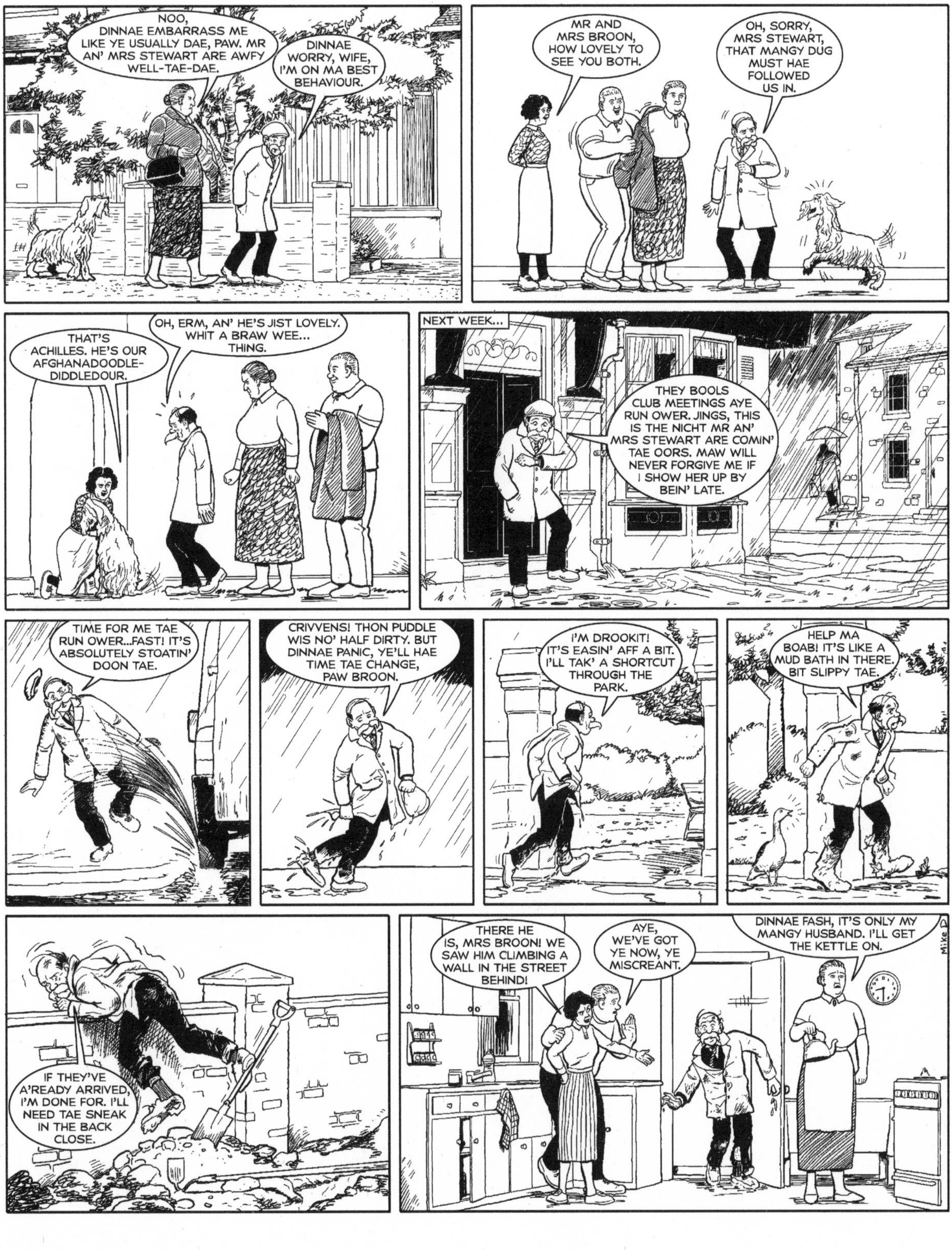

NOO, DINNAE EMBARRASS ME LIKE YE USUALLY DAE, PAW. MR AN' MRS STEWART ARE AWFY WELL-TAE-DAE.
DINNAE WORRY, WIFE, I'M ON MA BEST BEHAVIOUR.
MR AND MRS BROON, HOW LOVELY TO SEE YOU BOTH.
OH, SORRY, MRS STEWART, THAT MANGY DUG MUST HAE FOLLOWED US IN.
THAT'S ACHILLES. HE'S OUR AFGHANADOODLE-DIDDLEDOUR.
OH, ERM, AN' HE'S JIST LOVELY. WHIT A BRAW WEE... THING.
NEXT WEEK...
THEY BOOLS CLUB MEETINGS AYE RUN OWER. JINGS, THIS IS THE NICHT MR AN' MRS STEWART ARE COMIN' TAE OORS. MAW WILL NEVER FORGIVE ME IF I SHOW HER UP BY BEIN' LATE.
TIME FOR ME TAE RUN OWER...FAST! IT'S ABSOLUTELY STOATIN' DOON TAE.
CRIVVENS! THON PUDDLE WIS NO' HALF DIRTY. BUT DINNAE PANIC, YE'LL HAE TIME TAE CHANGE, PAW BROON.
I'M DROOKIT! IT'S EASIN' AFF A BIT. I'LL TAK' A SHORTCUT THROUGH THE PARK.
HELP MA BOAB! IT'S LIKE A MUD BATH IN THERE. BIT SLIPPY TAE.
IF THEY'VE A'READY ARRIVED, I'M DONE FOR. I'LL NEED TAE SNEAK IN THE BACK CLOSE.
THERE HE IS, MRS BROON! WE SAW HIM CLIMBING A WALL IN THE STREET BEHIND!
AYE, WE'VE GOT YE NOW, YE MISCREANT.
DINNAE FASH, IT'S ONLY MY MANGY HUSBAND. I'LL GET THE KETTLE ON.
Mike D

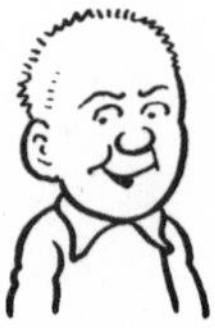

PAW SAYS HE LIKES THE FAMILY A' THEGITHER,
BE CAREFUL WHIT YE WISH FOR, YE AULD BLETHER!

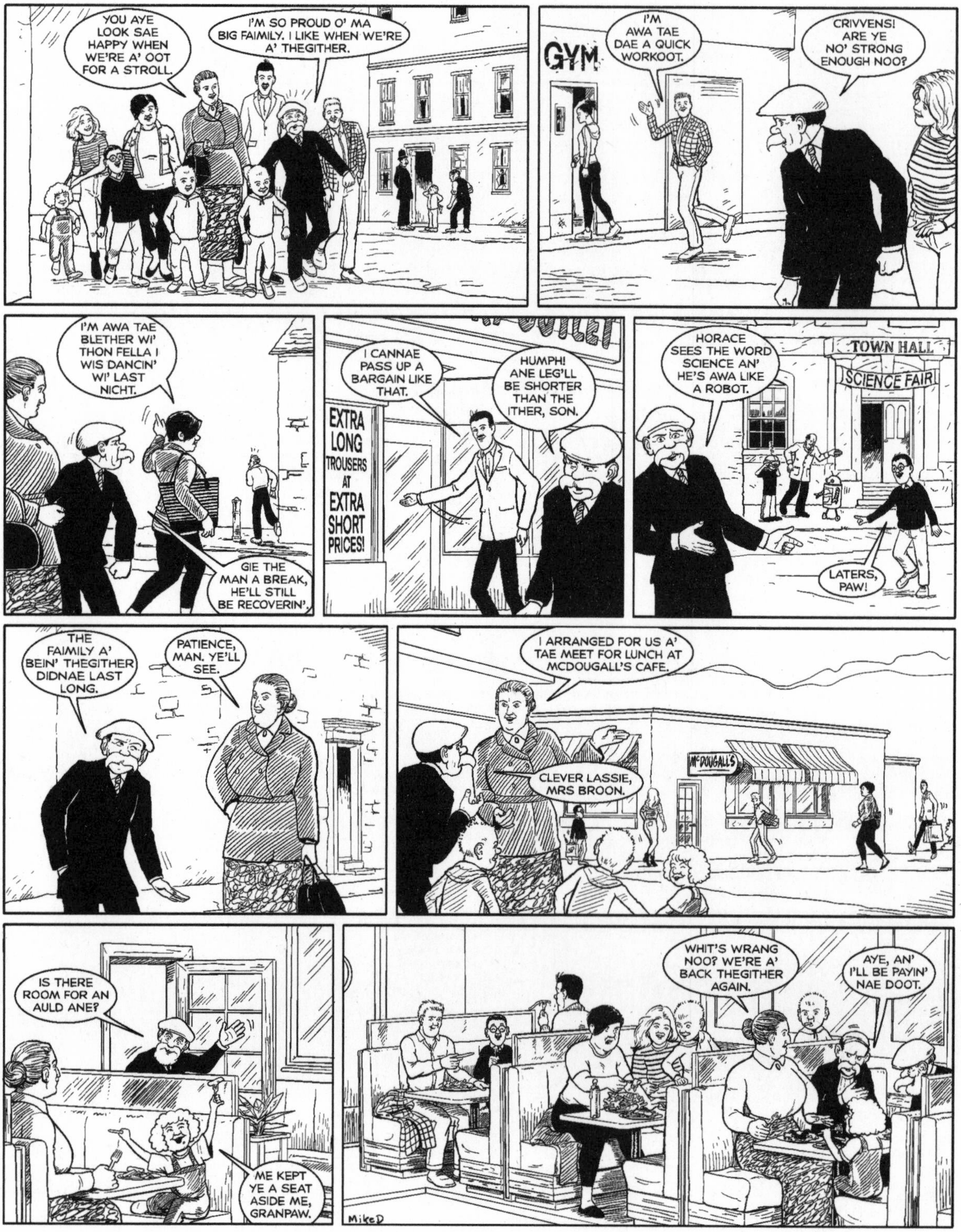

YOU AYE LOOK SAE HAPPY WHEN WE'RE A' OOT FOR A STROLL.
I'M SO PROUD O' MA BIG FAIMILY. I LIKE WHEN WE'RE A' THEGITHER.
GYM
I'M AWA TAE DAE A QUICK WORKOOT.
CRIVVENS! ARE YE NO' STRONG ENOUGH NOO?
I'M AWA TAE BLETHER WI' THON FELLA I WIS DANCIN' WI' LAST NICHT.
GIE THE MAN A BREAK, HE'LL STILL BE RECOVERIN'.
I CANNAE PASS UP A BARGAIN LIKE THAT.
EXTRA LONG TROUSERS AT EXTRA SHORT PRICES!
HUMPH! ANE LEG'LL BE SHORTER THAN THE ITHER, SON.
TOWN HALL
SCIENCE FAIR
HORACE SEES THE WORD SCIENCE AN' HE'S AWA LIKE A ROBOT.
LATERS, PAW!
THE FAIMILY A' BEIN' THEGITHER DIDNAE LAST LONG.
PATIENCE, MAN. YE'LL SEE.
I ARRANGED FOR US A' TAE MEET FOR LUNCH AT MCDOUGALL'S CAFE.
McDOUGALL'S
CLEVER LASSIE, MRS BROON.
IS THERE ROOM FOR AN AULD ANE?
ME KEPT YE A SEAT ASIDE ME, GRANPAW.
WHIT'S WRANG NOO? WE'RE A' BACK THEGITHER AGAIN.
AYE, AN' I'LL BE PAYIN' NAE DOOT.
MikeD

THE BROONS HAE CAUSE TAE MOAN AN' MUTTER,
WHEN IT COMES TAE CLEARIN' GRANPAW'S CLUTTER!

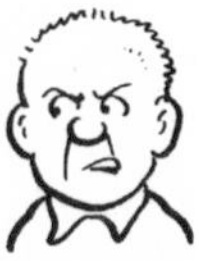

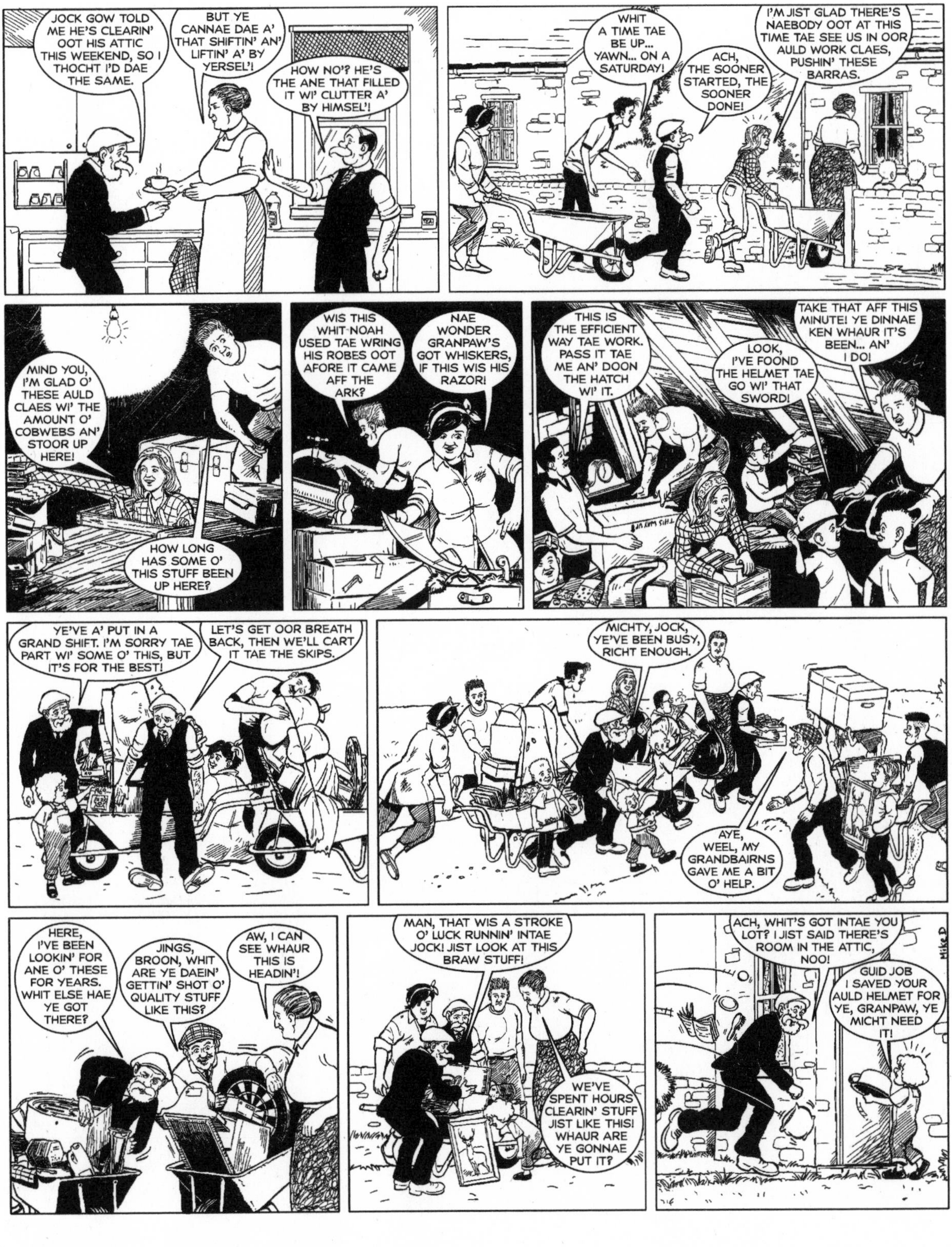
JOCK GOW TOLD ME HE'S CLEARIN' OOT HIS ATTIC THIS WEEKEND, SO I THOCHT I'D DAE THE SAME.
BUT YE CANNAE DAE A' THAT SHIFTIN' AN' LIFTIN' A' BY YERSEL'!
HOW NO? HE'S THE ANE THAT FILLED IT WI' CLUTTER A' BY HIMSEL'!
WHIT A TIME TAE BE UP... YAWN... ON A SATURDAY!
ACH, THE SOONER STARTED, THE SOONER DONE!
I'M JIST GLAD THERE'S NAEBODY OOT AT THIS TIME TAE SEE US IN OOR AULD WORK CLAES, PUSHIN' THESE BARRAS.
MIND YOU, I'M GLAD O' THESE AULD CLAES WI' THE AMOUNT O' COBWEBS AN' STOOR UP HERE!
HOW LONG HAS SOME O' THIS STUFF BEEN UP HERE?
WIS THIS WHIT NOAH USED TAE WRING HIS ROBES OOT AFORE IT CAME AFF THE ARK?
NAE WONDER GRANPAW'S GOT WHISKERS, IF THIS WIS HIS RAZOR!
THIS IS THE EFFICIENT WAY TAE WORK. PASS IT TAE ME AN' DOON THE HATCH WI' IT.
LOOK, I'VE FOOND THE HELMET TAE GO WI' THAT SWORD!
TAKE THAT AFF THIS MINUTE! YE DINNAE KEN WHAUR IT'S BEEN... AN' I DO!
THIS WAY UP
YE'VE A' PUT IN A GRAND SHIFT. I'M SORRY TAE PART WI' SOME O' THIS, BUT IT'S FOR THE BEST!
LET'S GET OOR BREATH BACK, THEN WE'LL CART IT TAE THE SKIPS.
MICHTY, JOCK, YE'VE BEEN BUSY, RICHT ENOUGH.
AYE, WEEL, MY GRANDBAIRNS GAVE ME A BIT O' HELP.
HERE, I'VE BEEN LOOKIN' FOR ANE O' THESE FOR YEARS. WHIT ELSE HAE YE GOT THERE?
JINGS, BROON, WHIT ARE YE DAEIN' GETTIN' SHOT O' QUALITY STUFF LIKE THIS?
AW, I CAN SEE WHAUR THIS IS HEADIN'!
MAN, THAT WIS A STROKE O' LUCK RUNNIN' INTAE JOCK! JIST LOOK AT THIS BRAW STUFF!
WE'VE SPENT HOURS CLEARIN' STUFF JIST LIKE THIS! WHAUR ARE YE GONNAE PUT IT?
ACH, WHIT'S GOT INTAE YOU LOT? I JIST SAID THERE'S ROOM IN THE ATTIC, NOO!
GUID JOB I SAVED YOUR AULD HELMET FOR YE, GRANPAW, YE MICHT NEED IT!

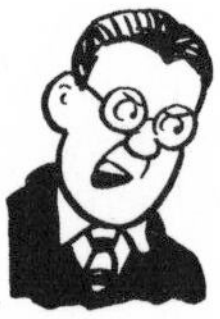

CAN PAW STOOP ANY LOWER, LYIN' TAE USE A FANCY MOWER?

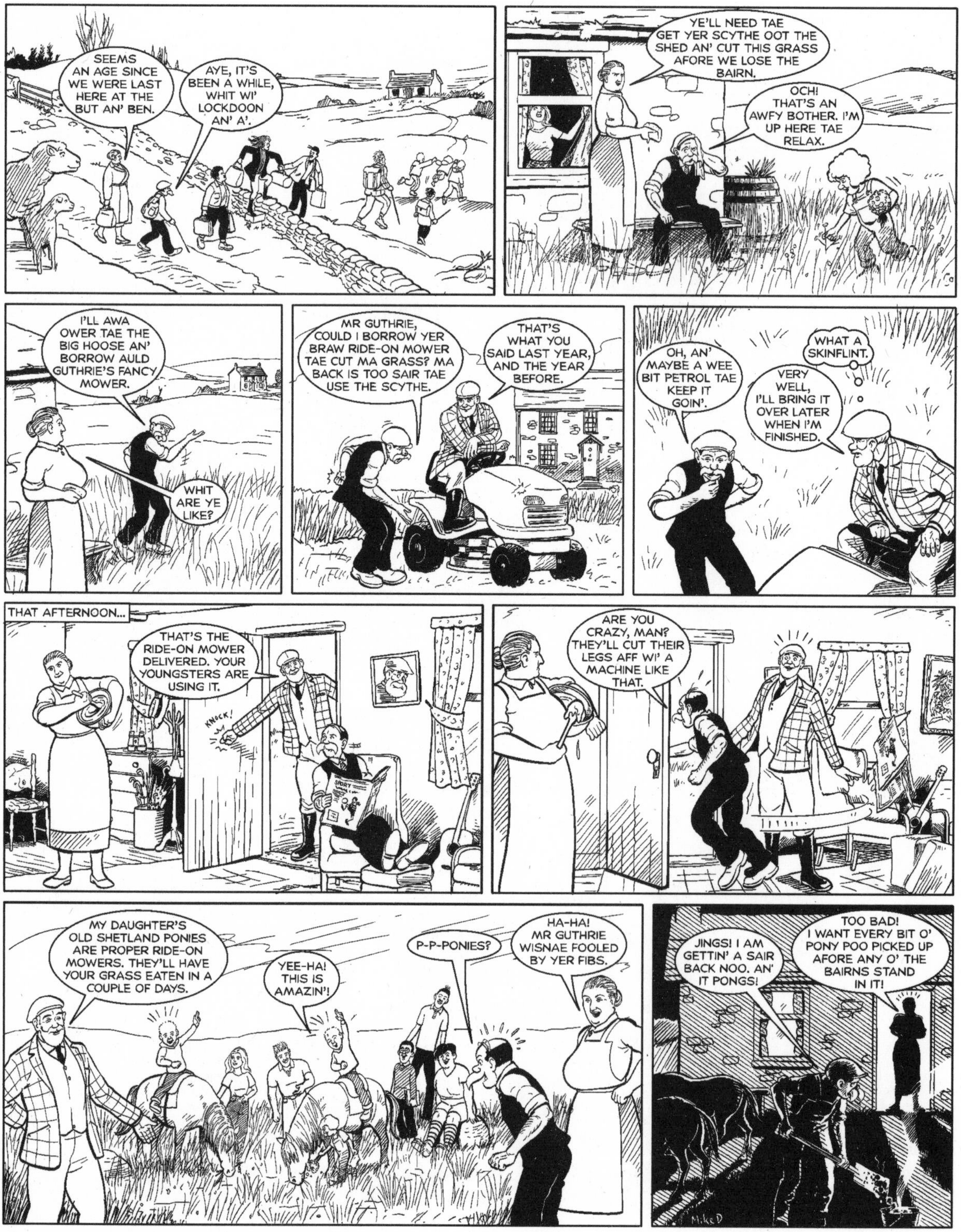

SEEMS AN AGE SINCE WE WERE LAST HERE AT THE BUT AN' BEN.
AYE, IT'S BEEN A WHILE, WHIT WI' LOCKDOON AN' A'.
YE'LL NEED TAE GET YER SCYTHE OOT THE SHED AN' CUT THIS GRASS AFORE WE LOSE THE BAIRN.
OCH! THAT'S AN AWFY BOTHER. I'M UP HERE TAE RELAX.
I'LL AWA OWER TAE THE BIG HOOSE AN' BORROW AULD GUTHRIE'S FANCY MOWER.
WHIT ARE YE LIKE?
MR GUTHRIE, COULD I BORROW YER BRAW RIDE-ON MOWER TAE CUT MA GRASS? MA BACK IS TOO SAIR TAE USE THE SCYTHE.
THAT'S WHAT YOU SAID LAST YEAR, AND THE YEAR BEFORE.
OH, AN' MAYBE A WEE BIT PETROL TAE KEEP IT GOIN'.
WHAT A SKINFLINT.
VERY WELL, I'LL BRING IT OVER LATER WHEN I'M FINISHED.
THAT AFTERNOON...
THAT'S THE RIDE-ON MOWER DELIVERED. YOUR YOUNGSTERS ARE USING IT.
KNOCK!
SPORT
ARE YOU CRAZY, MAN? THEY'LL CUT THEIR LEGS AFF WI' A MACHINE LIKE THAT.
MY DAUGHTER'S OLD SHETLAND PONIES ARE PROPER RIDE-ON MOWERS. THEY'LL HAVE YOUR GRASS EATEN IN A COUPLE OF DAYS.
YEE-HA! THIS IS AMAZIN'!
P-P-PONIES?
HA-HA! MR GUTHRIE WISNAE FOOLED BY YER FIBS.
JINGS! I AM GETTIN' A SAIR BACK NOO. AN' IT PONGS!
TOO BAD! I WANT EVERY BIT O' PONY POO PICKED UP AFORE ANY O' THE BAIRNS STAND IN IT!
MikeD

MIND AN' AYE DAE WHIT MAW SAID, SEND HER TWA BOYS AWA TAE BED!

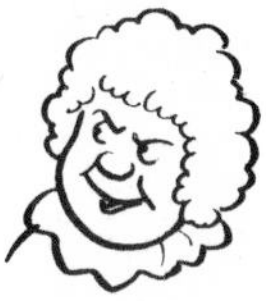

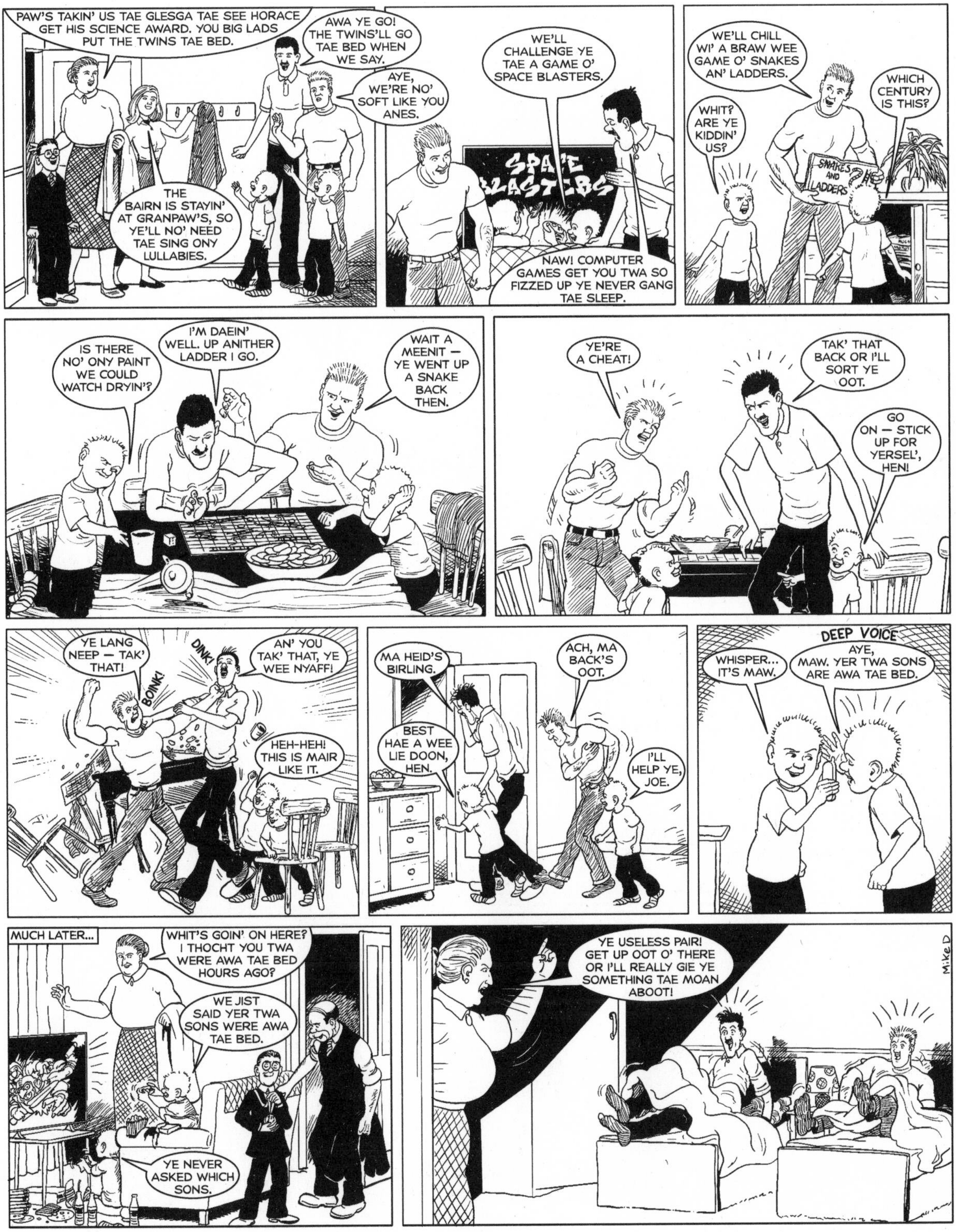
PAW'S TAKIN' US TAE GLESGA TAE SEE HORACE GET HIS SCIENCE AWARD. YOU BIG LADS PUT THE TWINS TAE BED.
AWA YE GO! THE TWINS'LL GO TAE BED WHEN WE SAY.
AYE, WE'RE NO' SOFT LIKE YOU ANES.
THE BAIRN IS STAYIN' AT GRANPAW'S, SO YE'LL NO' NEED TAE SING ONY LULLABIES.
WE'LL CHALLENGE YE TAE A GAME O' SPACE BLASTERS.
SPACE BLASTERS
NAW! COMPUTER GAMES GET YOU TWA SO FIZZED UP YE NEVER GANG TAE SLEEP.
WE'LL CHILL WI' A BRAW WEE GAME O' SNAKES AN' LADDERS.
WHIT? ARE YE KIDDIN' US?
WHICH CENTURY IS THIS?
SNAKES AND LADDERS
IS THERE NO' ONY PAINT WE COULD WATCH DRYIN'?
I'M DAEIN' WELL. UP ANITHER LADDER I GO.
WAIT A MEENIT — YE WENT UP A SNAKE BACK THEN.
YE'RE A CHEAT!
TAK' THAT BACK OR I'LL SORT YE OOT.
GO ON — STICK UP FOR YERSEL', HEN!
YE LANG NEEP — TAK' THAT!
BOINK!
DINK!
AN' YOU TAK' THAT, YE WEE NYAFF!
HEH-HEH! THIS IS MAIR LIKE IT.
MA HEID'S BIRLING.
ACH, MA BACK'S OOT.
BEST HAE A WEE LIE DOON, HEN.
I'LL HELP YE, JOE.
WHISPER... IT'S MAW.
DEEP VOICE
AYE, MAW. YER TWA SONS ARE AWA TAE BED.
MUCH LATER...
WHIT'S GOIN' ON HERE? I THOCHT YOU TWA WERE AWA TAE BED HOURS AGO?
WE JIST SAID YER TWA SONS WERE AWA TAE BED.
YE NEVER ASKED WHICH SONS.
YE USELESS PAIR! GET UP OOT O' THERE OR I'LL REALLY GIE YE SOMETHING TAE MOAN ABOOT!
MikeD

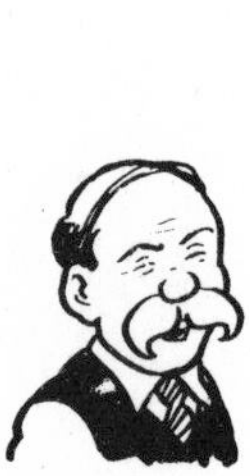

GRANPAW THINKS YE NEED TAE BE FITTER, TAE COME OOT TOPS AS A TATTIE PICKER!

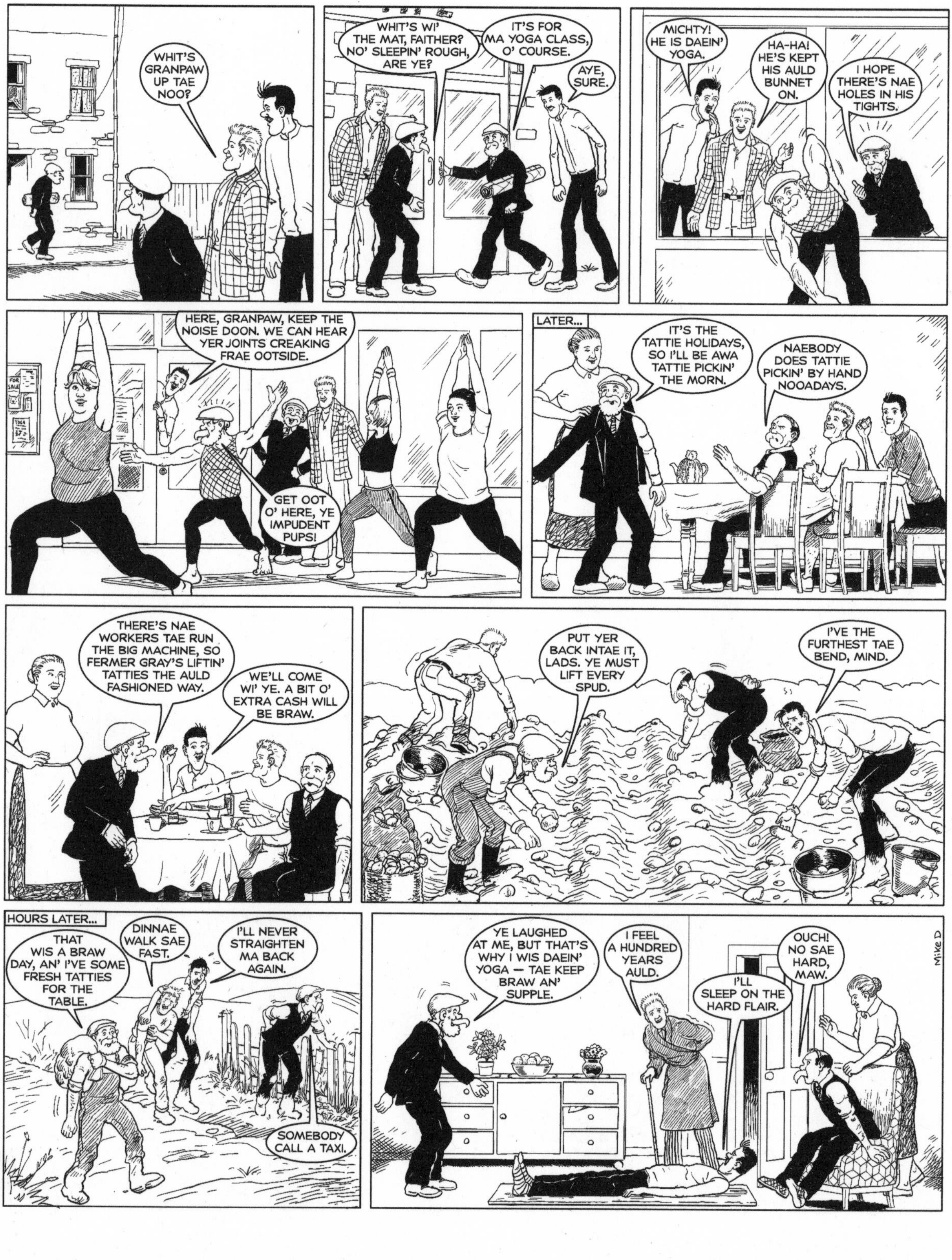

WHIT'S GRANPAW UP TAE NOO?
WHIT'S WI' THE MAT, FAITHER? NO' SLEEPIN' ROUGH, ARE YE?
IT'S FOR MA YOGA CLASS, O' COURSE.
AYE, SURE.
MICHTY! HE IS DAEIN' YOGA.
HA-HA! HE'S KEPT HIS AULD BUNNET ON.
I HOPE THERE'S NAE HOLES IN HIS TIGHTS.
HERE, GRANPAW, KEEP THE NOISE DOON. WE CAN HEAR YER JOINTS CREAKING FRAE OOTSIDE.
GET OOT O' HERE, YE IMPUDENT PUPS!
LATER...
IT'S THE TATTIE HOLIDAYS, SO I'LL BE AWA TATTIE PICKIN' THE MORN.
NAEBODY DOES TATTIE PICKIN' BY HAND NOOADAYS.
THERE'S NAE WORKERS TAE RUN THE BIG MACHINE, SO FERMER GRAY'S LIFTIN' TATTIES THE AULD FASHIONED WAY.
WE'LL COME WI' YE. A BIT O' EXTRA CASH WILL BE BRAW.
PUT YER BACK INTAE IT, LADS. YE MUST LIFT EVERY SPUD.
I'VE THE FURTHEST TAE BEND, MIND.
HOURS LATER...
THAT WIS A BRAW DAY, AN' I'VE SOME FRESH TATTIES FOR THE TABLE.
DINNAE WALK SAE FAST.
I'LL NEVER STRAIGHTEN MA BACK AGAIN.
SOMEBODY CALL A TAXI.
YE LAUGHED AT ME, BUT THAT'S WHY I WIS DAEIN' YOGA — TAE KEEP BRAW AN' SUPPLE.
I FEEL A HUNDRED YEARS AULD.
I'LL SLEEP ON THE HARD FLAIR.
OUCH! NO SAE HARD, MAW.
MiKe D

HOW MUCH FUN IT IS TAE BE, DRESSED UP LIKE A SCOTTISH ZOMBIE!

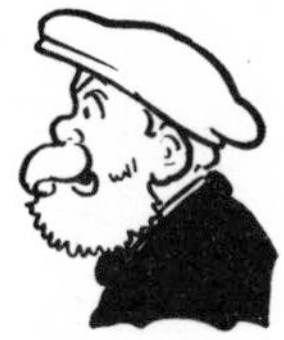

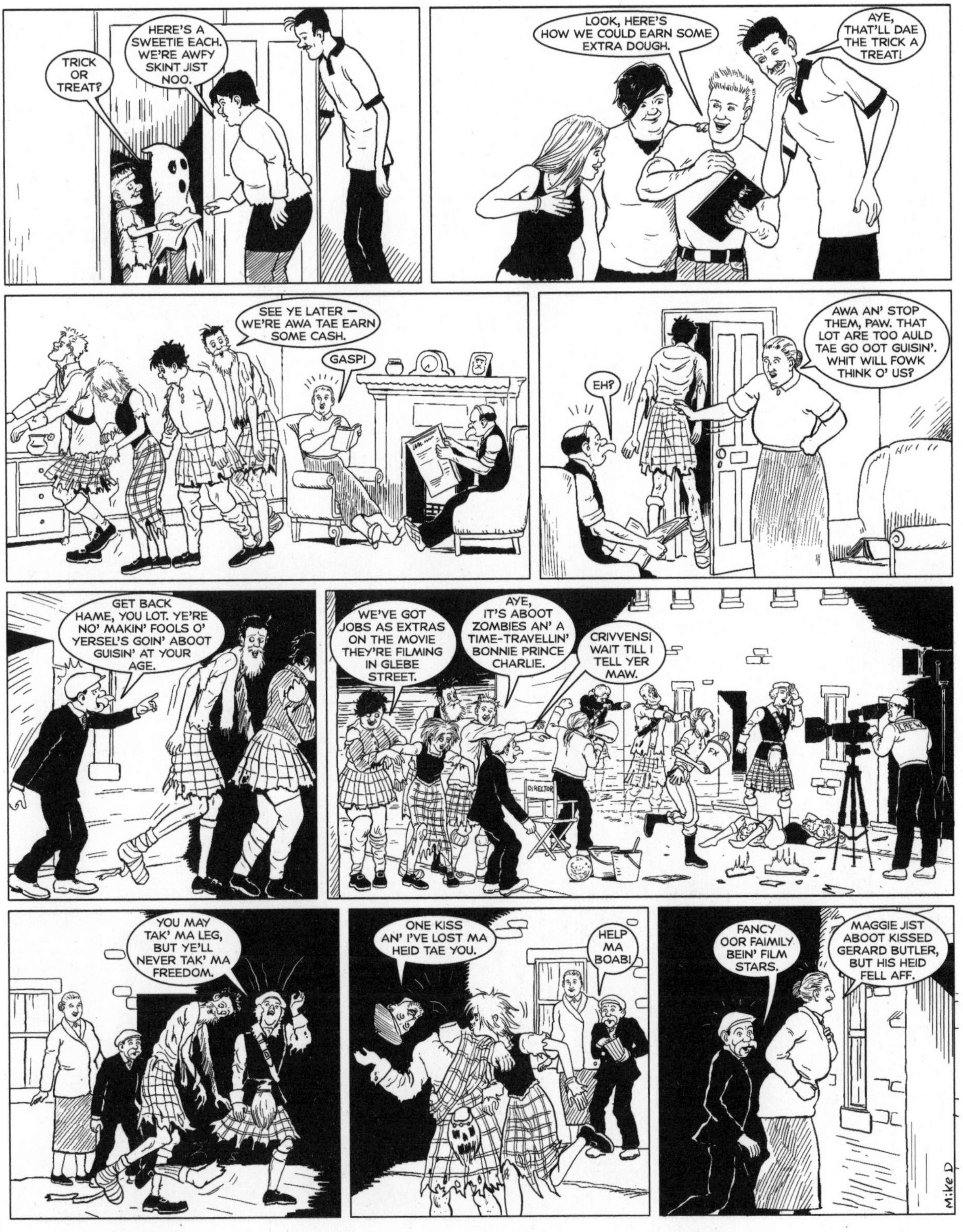
TRICK OR TREAT?
HERE'S A SWEETIE EACH. WE'RE AWFY SKINT JIST NOO.
LOOK, HERE'S HOW WE COULD EARN SOME EXTRA DOUGH.
AYE, THAT'LL DAE THE TRICK A TREAT!
SEE YE LATER — WE'RE AWA TAE EARN SOME CASH.
GASP!
EH?
AWA AN' STOP THEM, PAW. THAT LOT ARE TOO AULD TAE GO OOT GUISIN'. WHIT WILL FOWK THINK O' US?
GET BACK HAME, YOU LOT. YE'RE NO' MAKIN' FOOLS O' YERSEL'S GOIN' ABOOT GUISIN' AT YOUR AGE.
WE'VE GOT JOBS AS EXTRAS ON THE MOVIE THEY'RE FILMING IN GLEBE STREET.
AYE, IT'S ABOOT ZOMBIES AN' A TIME-TRAVELLIN' BONNIE PRINCE CHARLIE.
CRIVVENS! WAIT TILL I TELL YER MAW.
DIRECTOR
FX
CREW
YOU MAY TAK' MA LEG, BUT YE'LL NEVER TAK' MA FREEDOM.
ONE KISS AN' I'VE LOST MA HEID TAE YOU.
HELP MA BOAB!
FANCY OOR FAIMILY BEIN' FILM STARS.
MAGGIE JIST ABOOT KISSED GERARD BUTLER, BUT HIS HEID FELL AFF.
Mike D

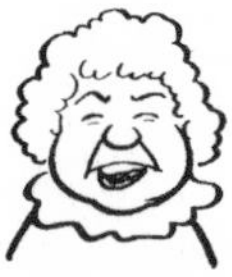

ON GUY FAWKES NICHT JIST BE MINDFUL,
SOME O' THE NEIGHBOURS DINNA LIKE AN EARFUL!

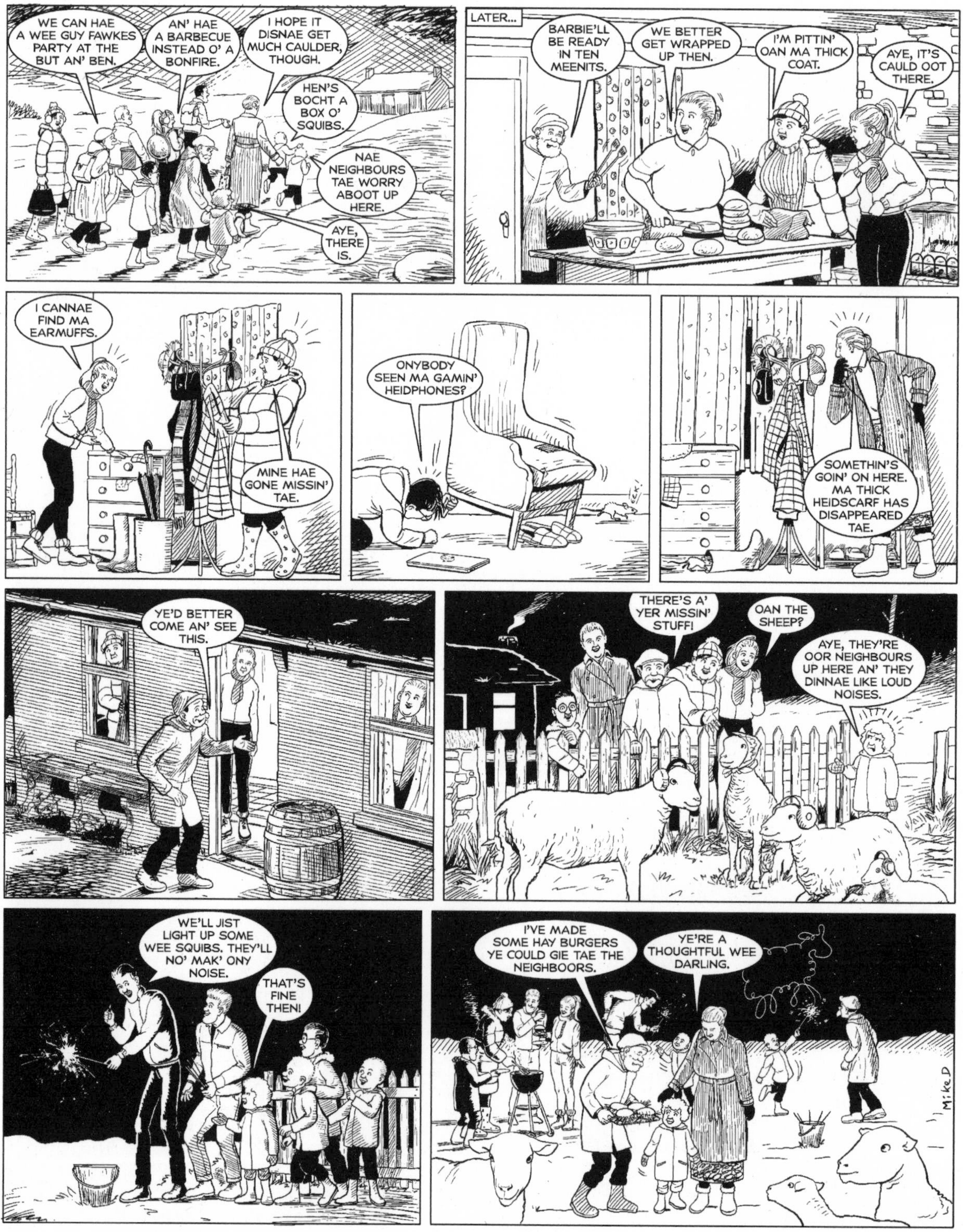

WE CAN HAE A WEE GUY FAWKES PARTY AT THE BUT AN' BEN.
AN' HAE A BARBECUE INSTEAD O' A BONFIRE.
I HOPE IT DISNAE GET MUCH CAULDER, THOUGH.
HEN'S BOCHT A BOX O' SQUIBS.
NAE NEIGHBOURS TAE WORRY ABOOT UP HERE.
AYE, THERE IS.
LATER...
BARBIE'LL BE READY IN TEN MEENITS.
WE BETTER GET WRAPPED UP THEN.
I'M PITTIN' OAN MA THICK COAT.
AYE, IT'S CAULD OOT THERE.
I CANNAE FIND MA EARMUFFS.
MINE HAE GONE MISSIN' TAE.
ONYBODY SEEN MA GAMIN' HEIDPHONES?
SOMETHIN'S GOIN' ON HERE. MA THICK HEIDSCARF HAS DISAPPEARED TAE.
YE'D BETTER COME AN' SEE THIS.
THERE'S A' YER MISSIN' STUFF!
OAN THE SHEEP?
AYE, THEY'RE OOR NEIGHBOURS UP HERE AN' THEY DINNAE LIKE LOUD NOISES.
WE'LL JIST LIGHT UP SOME WEE SQUIBS. THEY'LL NO' MAK' ONY NOISE.
THAT'S FINE THEN!
I'VE MADE SOME HAY BURGERS YE COULD GIE TAE THE NEIGHBOORS.
YE'RE A THOUGHTFUL WEE DARLING.
Mike D

PAW'S AULD PAL'S FORGOT HOW TAE BE A JOCK,
TIME TAE CALL IN AN AULD QUACK AS A DOC!

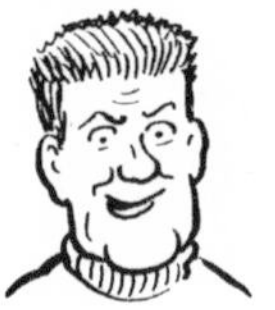

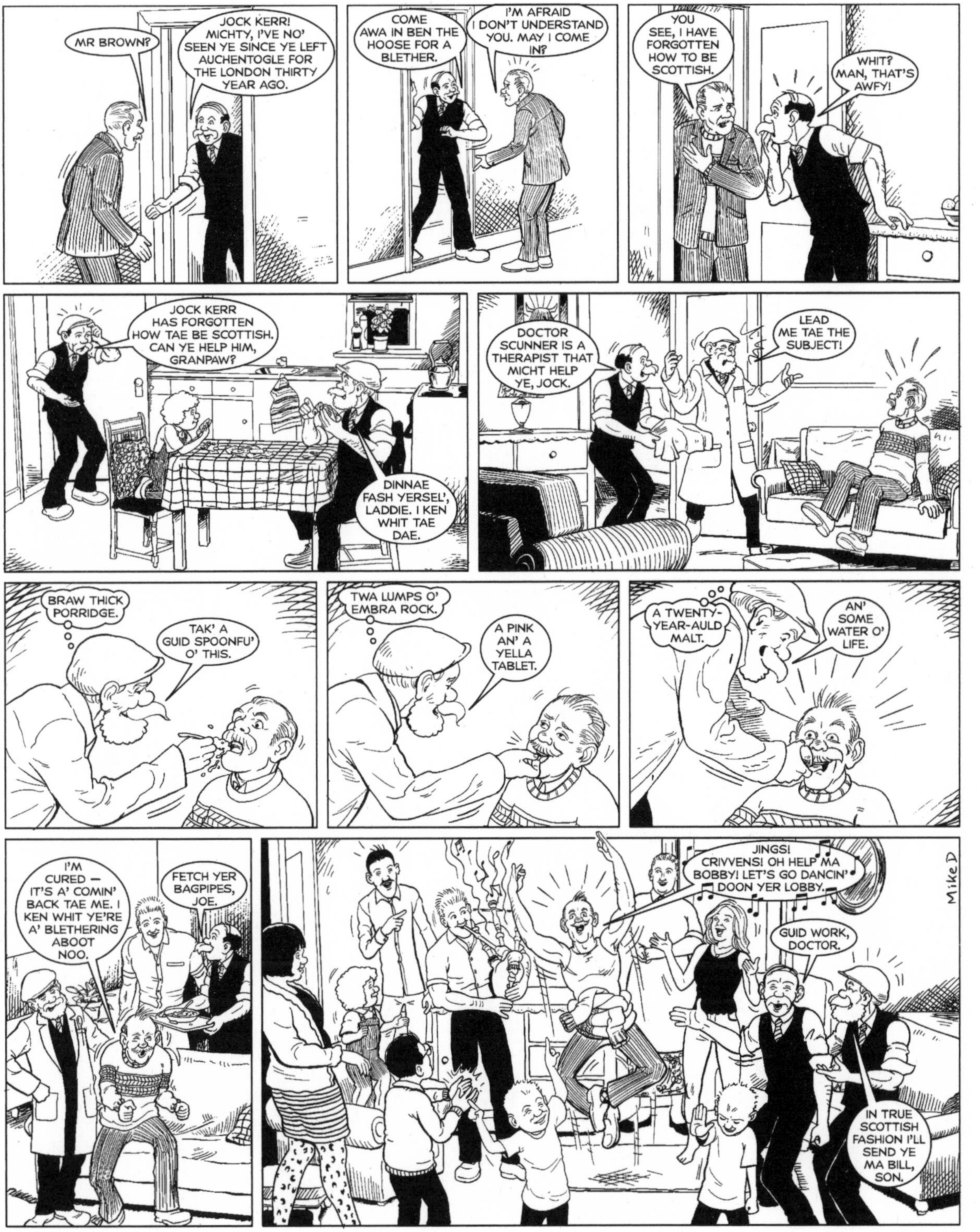
MR BROWN?
JOCK KERR! MICHTY, I'VE NO' SEEN YE SINCE YE LEFT AUCHENTOGLE FOR THE LONDON THIRTY YEAR AGO.
COME AWA IN BEN THE HOOSE FOR A BLETHER.
I'M AFRAID I DON'T UNDERSTAND YOU. MAY I COME IN?
YOU SEE, I HAVE FORGOTTEN HOW TO BE SCOTTISH.
WHIT? MAN, THAT'S AWFY!
JOCK KERR HAS FORGOTTEN HOW TAE BE SCOTTISH. CAN YE HELP HIM, GRANPAW?
DINNAE FASH YERSEL', LADDIE. I KEN WHIT TAE DAE.
DOCTOR SCUNNER IS A THERAPIST THAT MICHT HELP YE, JOCK.
LEAD ME TAE THE SUBJECT!
BRAW THICK PORRIDGE.
TAK' A GUID SPOONFU' O' THIS.
TWA LUMPS O' EMBRA ROCK.
A PINK AN' A YELLA TABLET.
A TWENTY-YEAR-AULD MALT.
AN' SOME WATER O' LIFE.
I'M CURED — IT'S A' COMIN' BACK TAE ME. I KEN WHIT YE'RE A' BLETHERING ABOOT NOO.
FETCH YER BAGPIPES, JOE.
JINGS! CRIVVENS! OH HELP MA BOBBY! LET'S GO DANCIN' DOON YER LOBBY.
GUID WORK, DOCTOR.
IN TRUE SCOTTISH FASHION I'LL SEND YE MA BILL, SON.
Mike D

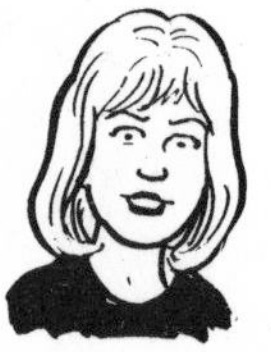

YE WIDNAE DARE CALL OOR MAGGIE DIZZY, BUT SHE'S NO' HALF GOT GRANPAW IN A TIZZY!

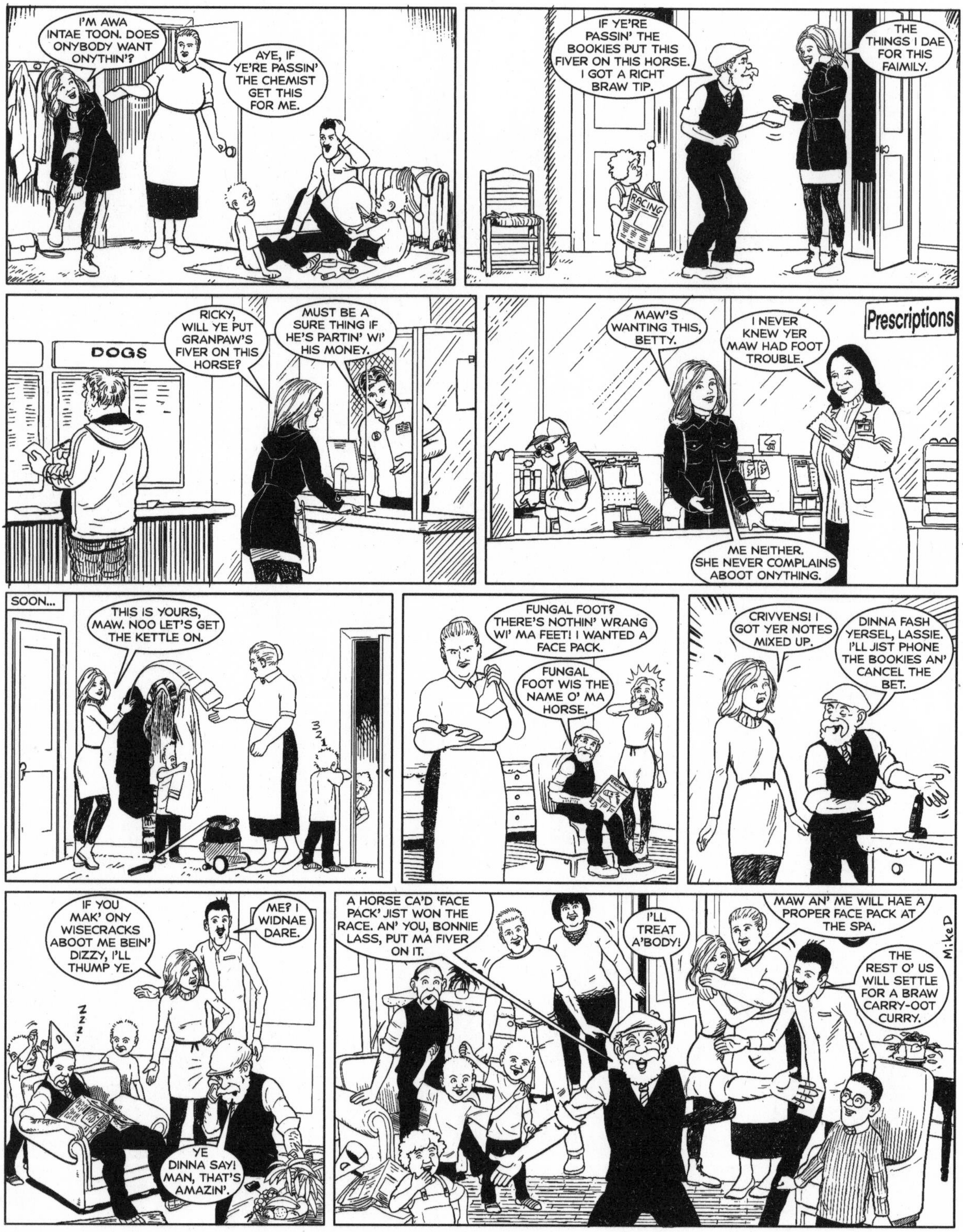
I'M AWA INTAE TOON. DOES ONYBODY WANT ONYTHIN'?
AYE, IF YE'RE PASSIN' THE CHEMIST GET THIS FOR ME.
IF YE'RE PASSIN' THE BOOKIES PUT THIS FIVER ON THIS HORSE. I GOT A RICHT BRAW TIP.
RACING
THE THINGS I DAE FOR THIS FAIMILY.
DOGS
RICKY, WILL YE PUT GRANPAW'S FIVER ON THIS HORSE?
MUST BE A SURE THING IF HE'S PARTIN' WI' HIS MONEY.
Prescriptions
MAW'S WANTING THIS, BETTY.
I NEVER KNEW YER MAW HAD FOOT TROUBLE.
ME NEITHER. SHE NEVER COMPLAINS ABOOT ONYTHING.
SOON...
THIS IS YOURS, MAW. NOO LET'S GET THE KETTLE ON.
FUNGAL FOOT? THERE'S NOTHIN' WRANG WI' MA FEET! I WANTED A FACE PACK.
FUNGAL FOOT WIS THE NAME O' MA HORSE.
CRIVVENS! I GOT YER NOTES MIXED UP.
DINNA FASH YERSEL, LASSIE. I'LL JIST PHONE THE BOOKIES AN' CANCEL THE BET.
IF YOU MAK' ONY WISECRACKS ABOOT ME BEIN' DIZZY, I'LL THUMP YE.
ME? I WIDNAE DARE.
YE DINNA SAY! MAN, THAT'S AMAZIN'.
A HORSE CA'D 'FACE PACK' JIST WON THE RACE. AN' YOU, BONNIE LASS, PUT MA FIVER ON IT.
I'LL TREAT A'BODY!
MAW AN' ME WILL HAE A PROPER FACE PACK AT THE SPA.
THE REST O' US WILL SETTLE FOR A BRAW CARRY-OOT CURRY.
MikeD

THE BROONS ARE HAEIN' A CONVERSATION, ABOOT THE SCIENCE O' TELEPORTATION!

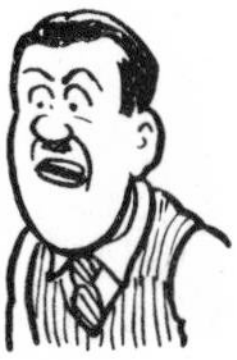

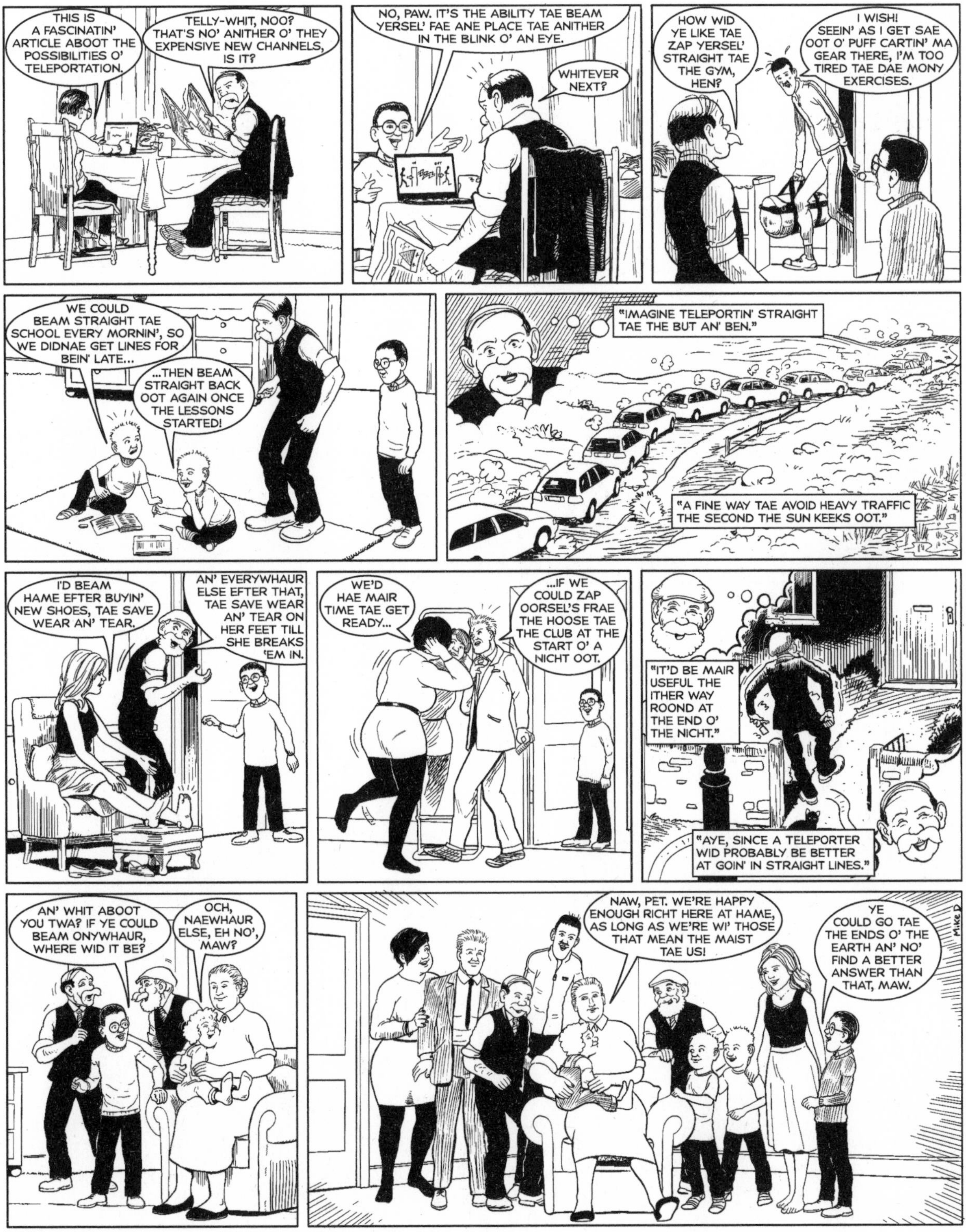
THIS IS A FASCINATIN' ARTICLE ABOOT THE POSSIBILITIES O' TELEPORTATION.
TELLY-WHIT, NOO? THAT'S NO' ANITHER O' THEY EXPENSIVE NEW CHANNELS, IS IT?
NO, PAW. IT'S THE ABILITY TAE BEAM YERSEL' FAE ANE PLACE TAE ANITHER IN THE BLINK O' AN EYE.
WHITEVER NEXT?
HOW WID YE LIKE TAE ZAP YERSEL' STRAIGHT TAE THE GYM, HEN?
I WISH! SEEIN' AS I GET SAE OOT O' PUFF CARTIN' MA GEAR THERE, I'M TOO TIRED TAE DAE MONY EXERCISES.
WE COULD BEAM STRAIGHT TAE SCHOOL EVERY MORNIN', SO WE DIDNAE GET LINES FOR BEIN' LATE...
...THEN BEAM STRAIGHT BACK OOT AGAIN ONCE THE LESSONS STARTED!
"IMAGINE TELEPORTIN' STRAIGHT TAE THE BUT AN' BEN."
"A FINE WAY TAE AVOID HEAVY TRAFFIC THE SECOND THE SUN KEEKS OOT."
I'D BEAM HAME EFTER BUYIN' NEW SHOES, TAE SAVE WEAR AN' TEAR.
AN' EVERYWHAUR ELSE EFTER THAT, TAE SAVE WEAR AN' TEAR ON HER FEET TILL SHE BREAKS 'EM IN.
WE'D HAE MAIR TIME TAE GET READY...
...IF WE COULD ZAP OORSEL'S FRAE THE HOOSE TAE THE CLUB AT THE START O' A NICHT OOT.
"IT'D BE MAIR USEFUL THE ITHER WAY ROOND AT THE END O' THE NICHT."
"AYE, SINCE A TELEPORTER WID PROBABLY BE BETTER AT GOIN' IN STRAIGHT LINES."
AN' WHIT ABOOT YOU TWA? IF YE COULD BEAM ONYWHAUR, WHERE WID IT BE?
OCH, NAEWHAUR ELSE, EH NO', MAW?
NAW, PET. WE'RE HAPPY ENOUGH RICHT HERE AT HAME, AS LONG AS WE'RE WI' THOSE THAT MEAN THE MAIST TAE US!
YE COULD GO TAE THE ENDS O' THE EARTH AN' NO' FIND A BETTER ANSWER THAN THAT, MAW.
MIKE D

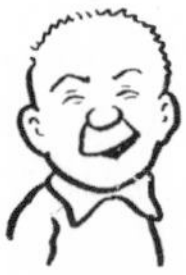

CAN SMAIRT NEW TECH HELP PAW WI' THE BILLS, OR WILL IT JIST ADD TAE A' HIS ILLS?

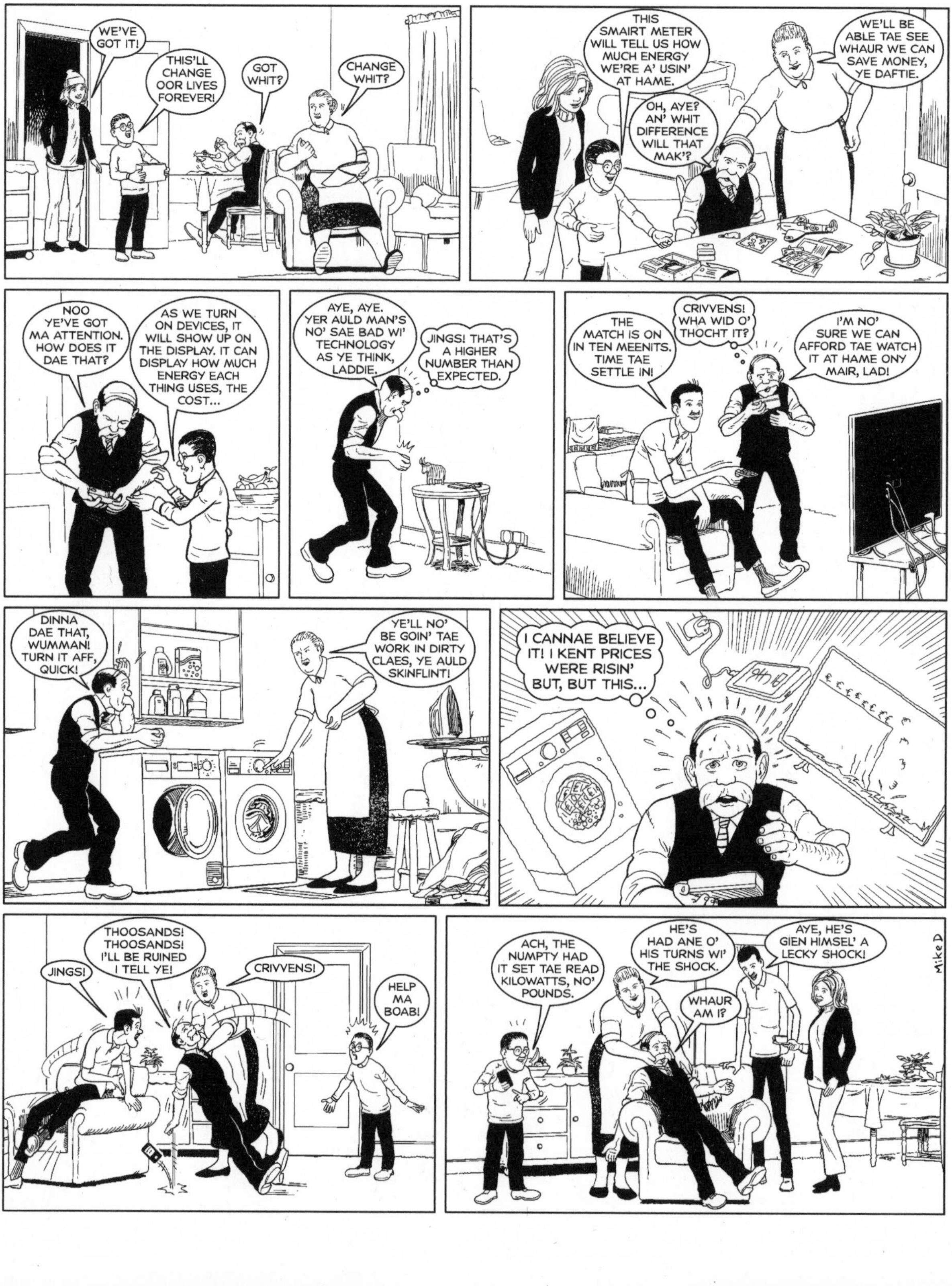
WE'VE GOT IT!
THIS'LL CHANGE OOR LIVES FOREVER!
GOT WHIT?
CHANGE WHIT?
THIS SMAIRT METER WILL TELL US HOW MUCH ENERGY WE'RE A' USIN' AT HAME.
OH, AYE? AN' WHIT DIFFERENCE WILL THAT MAK'?
WE'LL BE ABLE TAE SEE WHAUR WE CAN SAVE MONEY, YE DAFTIE.
NOO YE'VE GOT MA ATTENTION. HOW DOES IT DAE THAT?
AS WE TURN ON DEVICES, IT WILL SHOW UP ON THE DISPLAY. IT CAN DISPLAY HOW MUCH ENERGY EACH THING USES, THE COST...
AYE, AYE. YER AULD MAN'S NO' SAE BAD WI' TECHNOLOGY AS YE THINK, LADDIE.
JINGS! THAT'S A HIGHER NUMBER THAN EXPECTED.
THE MATCH IS ON IN TEN MEENITS. TIME TAE SETTLE IN!
CRIVVENS! WHA WID O' THOCHT IT?
I'M NO' SURE WE CAN AFFORD TAE WATCH IT AT HAME ONY MAIR, LAD!
DINNA DAE THAT, WUMMAN! TURN IT AFF, QUICK!
YE'LL NO' BE GOIN' TAE WORK IN DIRTY CLAES, YE AULD SKINFLINT!
I CANNAE BELIEVE IT! I KENT PRICES WERE RISIN' BUT, BUT THIS...
JINGS!
THOOSANDS! THOOSANDS! I'LL BE RUINED I TELL YE!
CRIVVENS!
HELP MA BOAB!
ACH, THE NUMPTY HAD IT SET TAE READ KILOWATTS, NO' POUNDS.
HE'S HAD ANE O' HIS TURNS WI' THE SHOCK.
WHAUR AM I?
AYE, HE'S GIEN HIMSEL' A LECKY SHOCK!
Mike D

WHEN LOOKIN' TAE IMPRESS IN SCOTTISH FASHION, HEN'S STYLE CREDENTIALS ARE NO' A' HE'S FLASHIN'!

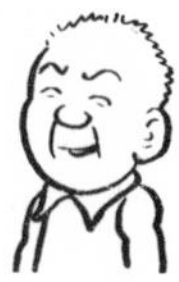

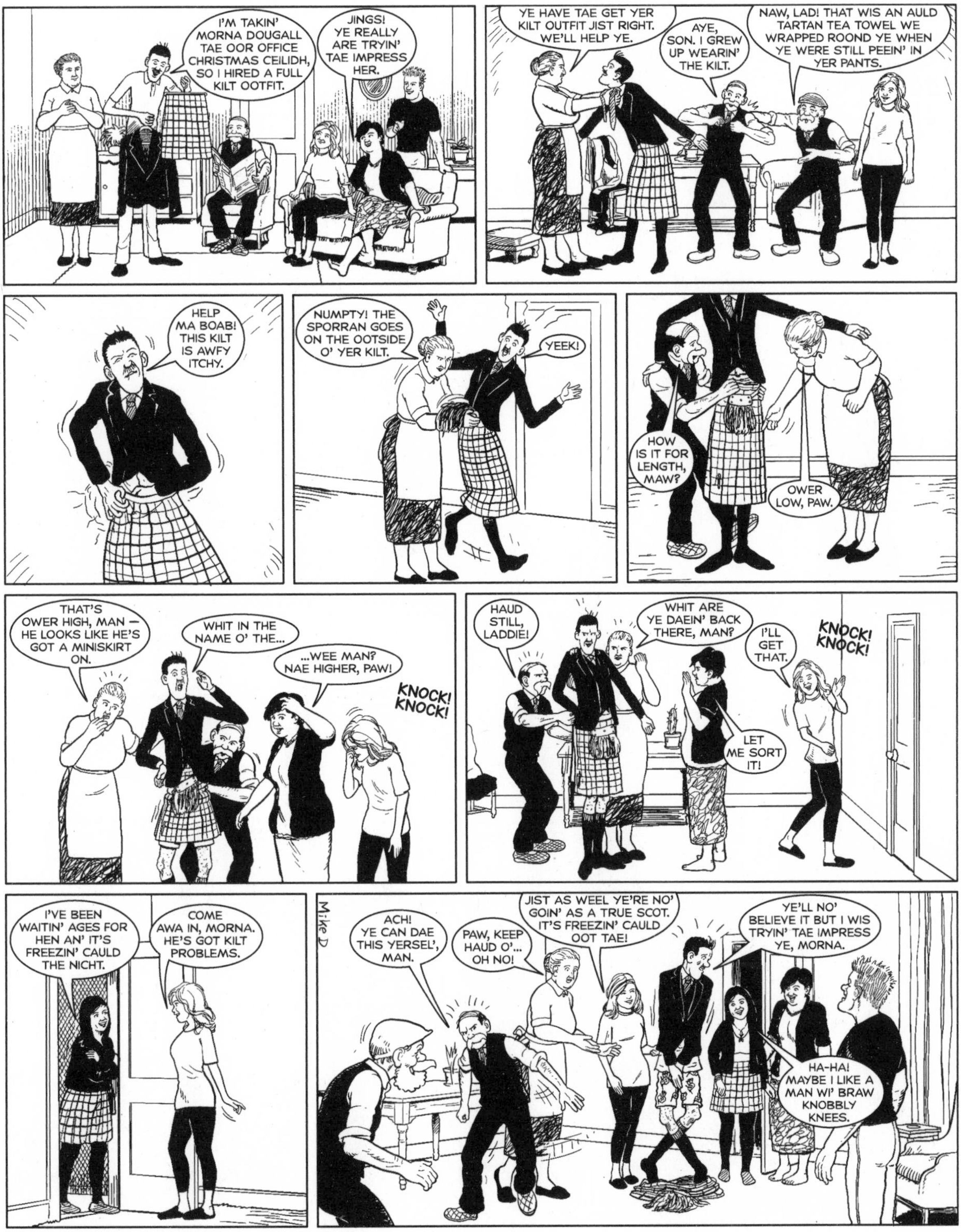
I'M TAKIN' MORNA DOUGALL TAE OOR OFFICE CHRISTMAS CEILIDH, SO I HIRED A FULL KILT OOTFIT.
JINGS! YE REALLY ARE TRYIN' TAE IMPRESS HER.
YE HAVE TAE GET YER KILT OUTFIT JIST RIGHT. WE'LL HELP YE.
AYE, SON. I GREW UP WEARIN' THE KILT.
NAW, LAD! THAT WIS AN AULD TARTAN TEA TOWEL WE WRAPPED ROOND YE WHEN YE WERE STILL PEEIN' IN YER PANTS.
HELP MA BOAB! THIS KILT IS AWFY ITCHY.
NUMPTY! THE SPORRAN GOES ON THE OOTSIDE O' YER KILT.
YEEK!
HOW IS IT FOR LENGTH, MAW?
OWER LOW, PAW.
THAT'S OWER HIGH, MAN — HE LOOKS LIKE HE'S GOT A MINISKIRT ON.
WHIT IN THE NAME O' THE...
...WEE MAN? NAE HIGHER, PAW!
KNOCK! KNOCK!
HAUD STILL, LADDIE!
WHIT ARE YE DAEIN' BACK THERE, MAN?
I'LL GET THAT.
KNOCK! KNOCK!
LET ME SORT IT!
I'VE BEEN WAITIN' AGES FOR HEN AN' IT'S FREEZIN' CAULD THE NICHT.
COME AWA IN, MORNA. HE'S GOT KILT PROBLEMS.
Mike D
ACH! YE CAN DAE THIS YERSEL', MAN.
PAW, KEEP HAUD O'... OH NO!
JIST AS WEEL YE'RE NO' GOIN' AS A TRUE SCOT. IT'S FREEZIN' CAULD OOT TAE!
YE'LL NO' BELIEVE IT BUT I WIS TRYIN' TAE IMPRESS YE, MORNA.
HA-HA! MAYBE I LIKE A MAN WI' BRAW KNOBBLY KNEES.

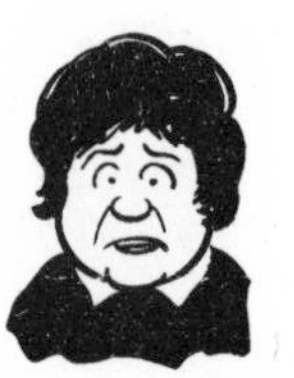

WHY DOES PAW INSIST ON DROPPIN' HIMSEL' IN IT, LEAVIN' A' HIS SHOPPIN' TAE THE LAST MINUTE?

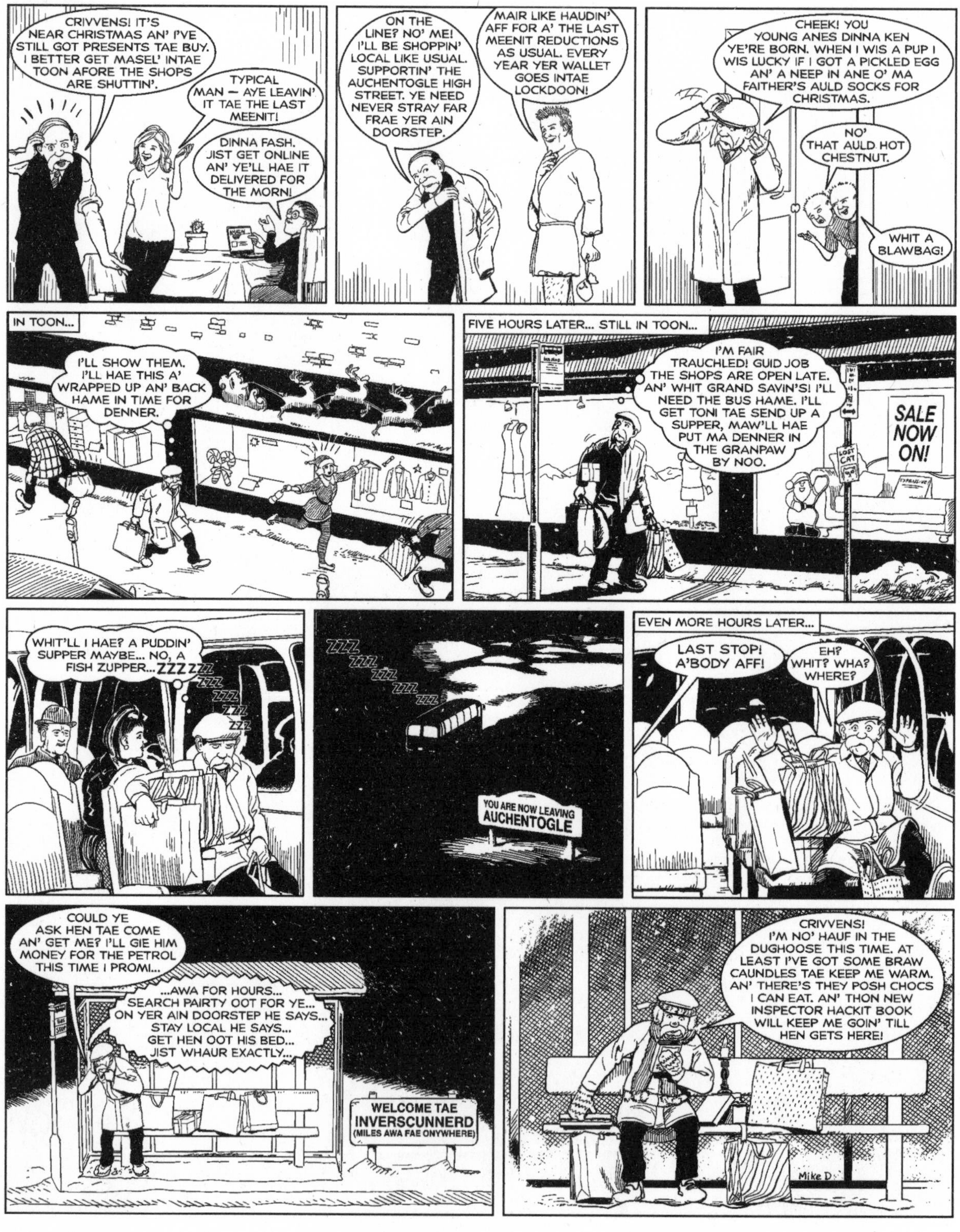

CRIVVENS! IT'S NEAR CHRISTMAS AN' I'VE STILL GOT PRESENTS TAE BUY. I BETTER GET MASEL' INTAE TOON AFORE THE SHOPS ARE SHUTTIN'.
TYPICAL MAN — AYE LEAVIN' IT TAE THE LAST MEENIT!
DINNA FASH. JIST GET ONLINE AN' YE'LL HAE IT DELIVERED FOR THE MORN!
ON THE LINE? NO' ME! I'LL BE SHOPPIN' LOCAL LIKE USUAL. SUPPORTIN' THE AUCHENTOGLE HIGH STREET. YE NEED NEVER STRAY FAR FRAE YER AIN DOORSTEP.
MAIR LIKE HAUDIN' AFF FOR A' THE LAST MEENIT REDUCTIONS AS USUAL. EVERY YEAR YER WALLET GOES INTAE LOCKDOON!
CHEEK! YOU YOUNG ANES DINNA KEN YE'RE BORN. WHEN I WIS A PUP I WIS LUCKY IF I GOT A PICKLED EGG AN' A NEEP IN ANE O' MA FAITHER'S AULD SOCKS FOR CHRISTMAS.
NO' THAT AULD HOT CHESTNUT.
WHIT A BLAWBAG!
IN TOON...
I'LL SHOW THEM. I'LL HAE THIS A' WRAPPED UP AN' BACK HAME IN TIME FOR DENNER.
FIVE HOURS LATER... STILL IN TOON...
I'M FAIR TRAUCHLED! GUID JOB THE SHOPS ARE OPEN LATE. AN' WHIT GRAND SAVIN'S! I'LL NEED THE BUS HAME. I'LL GET TONI TAE SEND UP A SUPPER, MAW'LL HAE PUT MA DENNER IN THE GRANPAW BY NOO.
LOST CAT
SALE NOW ON!
WHIT'LL I HAE? A PUDDIN' SUPPER MAYBE... NO, A FISH ZUPPER...ZZZ ZZZ ZZZ ZZZ ZZZ ZZZ
ZZZ ZZZ ZZZ ZZZ ZZZ
YOU ARE NOW LEAVING AUCHENTOGLE
EVEN MORE HOURS LATER...
LAST STOP! A'BODY AFF!
EH? WHIT? WHA? WHERE?
COULD YE ASK HEN TAE COME AN' GET ME? I'LL GIE HIM MONEY FOR THE PETROL THIS TIME I PROMI...
...AWA FOR HOURS... SEARCH PAIRTY OOT FOR YE... ON YER AIN DOORSTEP HE SAYS... STAY LOCAL HE SAYS... GET HEN OOT HIS BED... JIST WHAUR EXACTLY...
BUS STOP
WELCOME TAE INVERSCUNNERD (MILES AWA FAE ONYWHERE)
CRIVVENS! I'M NO' HAUF IN THE DUGHOOSE THIS TIME. AT LEAST I'VE GOT SOME BRAW CAUNDLES TAE KEEP ME WARM. AN' THERE'S THEY POSH CHOCS I CAN EAT. AN' THON NEW INSPECTOR HACKIT BOOK WILL KEEP ME GOIN' TILL HEN GETS HERE!
Mike D

JIST WHIT DOES A REAL CHRISTMAS MEAN?
FIND OOT WHEN THE BROONS TURN GREEN!

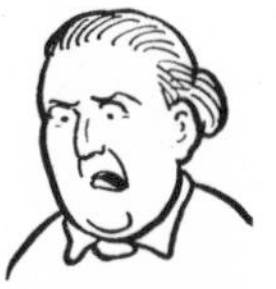

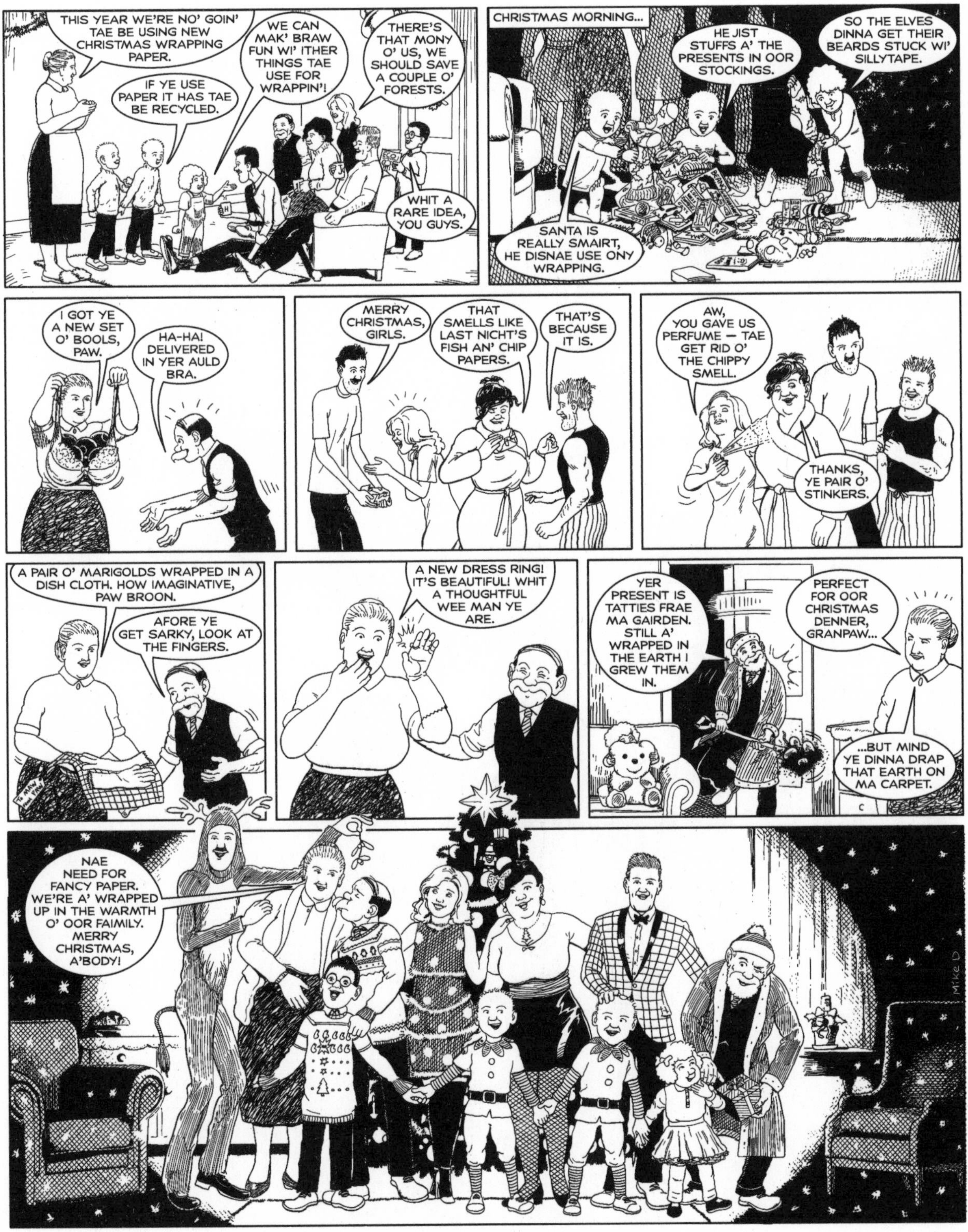
THIS YEAR WE'RE NO' GOIN' TAE BE USING NEW CHRISTMAS WRAPPING PAPER.
IF YE USE PAPER IT HAS TAE BE RECYCLED.
WE CAN MAK' BRAW FUN WI' ITHER THINGS TAE USE FOR WRAPPIN'!
THERE'S THAT MONY O' US, WE SHOULD SAVE A COUPLE O' FORESTS.
WHIT A RARE IDEA, YOU GUYS.
CHRISTMAS MORNING...
HE JIST STUFFS A' THE PRESENTS IN OOR STOCKINGS.
SO THE ELVES DINNA GET THEIR BEARDS STUCK WI' SILLYTAPE.
SANTA IS REALLY SMAIRT, HE DISNAE USE ONY WRAPPING.
I GOT YE A NEW SET O' BOOLS, PAW.
HA-HA! DELIVERED IN YER AULD BRA.
MERRY CHRISTMAS, GIRLS.
THAT SMELLS LIKE LAST NICHT'S FISH AN' CHIP PAPERS.
THAT'S BECAUSE IT IS.
AW, YOU GAVE US PERFUME — TAE GET RID O' THE CHIPPY SMELL.
THANKS, YE PAIR O' STINKERS.
A PAIR O' MARIGOLDS WRAPPED IN A DISH CLOTH. HOW IMAGINATIVE, PAW BROON.
AFORE YE GET SARKY, LOOK AT THE FINGERS.
A NEW DRESS RING! IT'S BEAUTIFUL! WHIT A THOUGHTFUL WEE MAN YE ARE.
YER PRESENT IS TATTIES FRAE MA GAIRDEN. STILL A' WRAPPED IN THE EARTH I GREW THEM IN.
PERFECT FOR OOR CHRISTMAS DENNER, GRANPAW...
...BUT MIND YE DINNA DRAP THAT EARTH ON MA CARPET.
NAE NEED FOR FANCY PAPER. WE'RE A' WRAPPED UP IN THE WARMTH O' OOR FAIMILY. MERRY CHRISTMAS, A'BODY!
Mike D

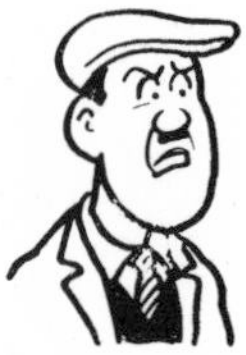

LIFE'S AYE FULL O' SURPRISES, FIRST-FOOTS COME IN MONY GUISES!

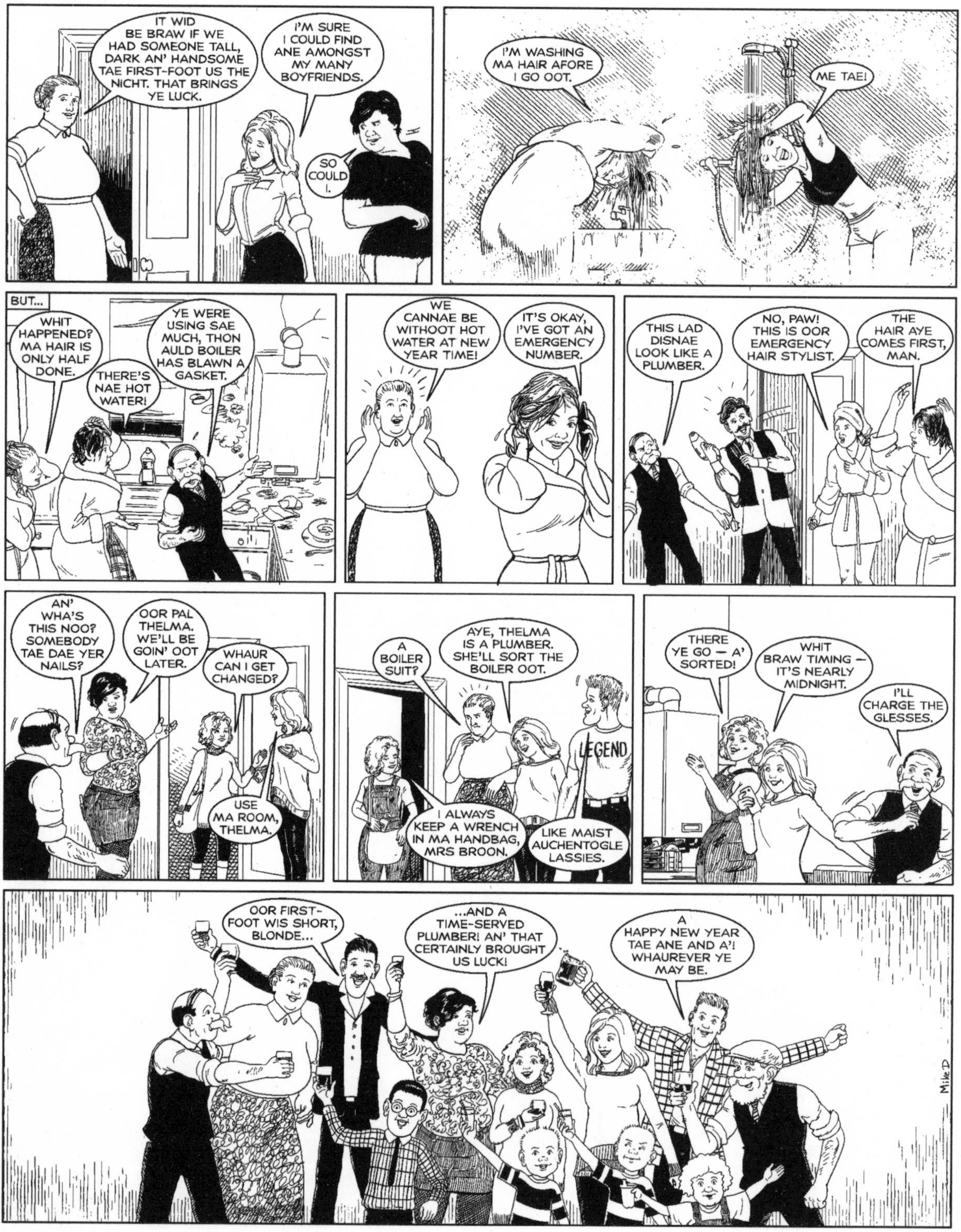

IT WID BE BRAW IF WE HAD SOMEONE TALL, DARK AN' HANDSOME TAE FIRST-FOOT US THE NICHT. THAT BRINGS YE LUCK.
I'M SURE I COULD FIND ANE AMONGST MY MANY BOYFRIENDS.
SO COULD I.
I'M WASHING MA HAIR AFORE I GO OOT.
ME TAE!
BUT...
WHIT HAPPENED? MA HAIR IS ONLY HALF DONE.
THERE'S NAE HOT WATER!
YE WERE USING SAE MUCH, THON AULD BOILER HAS BLAWN A GASKET.
WE CANNAE BE WITHOOT HOT WATER AT NEW YEAR TIME!
IT'S OKAY, I'VE GOT AN EMERGENCY NUMBER.
THIS LAD DISNAE LOOK LIKE A PLUMBER.
NO, PAW! THIS IS OOR EMERGENCY HAIR STYLIST.
THE HAIR AYE COMES FIRST, MAN.
AN' WHA'S THIS NOO? SOMEBODY TAE DAE YER NAILS?
OOR PAL THELMA. WE'LL BE GOIN' OOT LATER.
WHAUR CAN I GET CHANGED?
USE MA ROOM, THELMA.
A BOILER SUIT?
AYE, THELMA IS A PLUMBER. SHE'LL SORT THE BOILER OOT.
LEGEND
I ALWAYS KEEP A WRENCH IN MA HANDBAG, MRS BROON.
LIKE MAIST AUCHENTOGLE LASSIES.
THERE YE GO — A' SORTED!
WHIT BRAW TIMING — IT'S NEARLY MIDNIGHT.
I'LL CHARGE THE GLESSES.
OOR FIRST-FOOT WIS SHORT, BLONDE...
...AND A TIME-SERVED PLUMBER! AN' THAT CERTAINLY BROUGHT US LUCK!
A HAPPY NEW YEAR TAE ANE AND A'! WHAUREVER YE MAY BE.
Mike D

WHIT A LOAD O' CONSTERNATION, THEY'VE LOST THE MEANS O' COMMUNICATION!

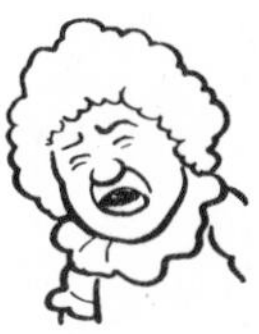

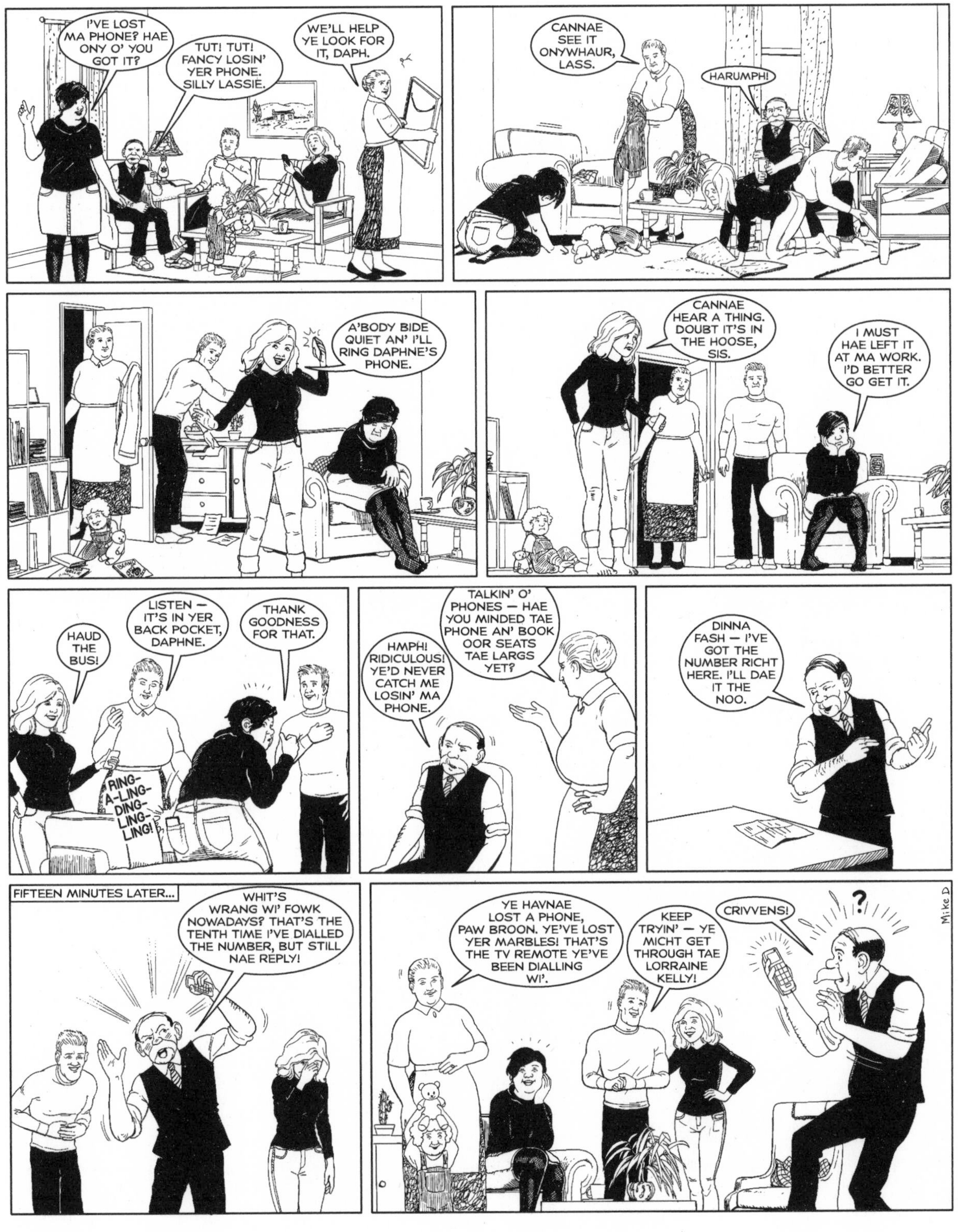
I'VE LOST MA PHONE? HAE ONY O' YOU GOT IT?
TUT! TUT! FANCY LOSIN' YER PHONE. SILLY LASSIE.
WE'LL HELP YE LOOK FOR IT, DAPH.
CANNAE SEE IT ONYWHAUR, LASS.
HARUMPH!
A'BODY BIDE QUIET AN' I'LL RING DAPHNE'S PHONE.
CANNAE HEAR A THING. DOUBT IT'S IN THE HOOSE, SIS.
I MUST HAE LEFT IT AT MA WORK. I'D BETTER GO GET IT.
HAUD THE BUS!
LISTEN — IT'S IN YER BACK POCKET, DAPHNE.
THANK GOODNESS FOR THAT.
RING-A-LING-DING-LING-LING!
HMPH! RIDICULOUS! YE'D NEVER CATCH ME LOSIN' MA PHONE.
TALKIN' O' PHONES — HAE YOU MINDED TAE PHONE AN' BOOK OOR SEATS TAE LARGS YET?
DINNA FASH — I'VE GOT THE NUMBER RICHT HERE. I'LL DAE IT THE NOO.
FIFTEEN MINUTES LATER...
WHIT'S WRANG WI' FOWK NOWADAYS? THAT'S THE TENTH TIME I'VE DIALLED THE NUMBER, BUT STILL NAE REPLY!
YE HAVNAE LOST A PHONE, PAW BROON. YE'VE LOST YER MARBLES! THAT'S THE TV REMOTE YE'VE BEEN DIALLING WI'.
KEEP TRYIN' — YE MICHT GET THROUGH TAE LORRAINE KELLY!
CRIVVENS!
?
Mike D

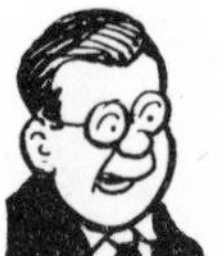

JINGS! CRIVVENS! WHIT'S THE MATTER?
HAS MAW BEEN CAUGHT BY THAT AULD NATTER?

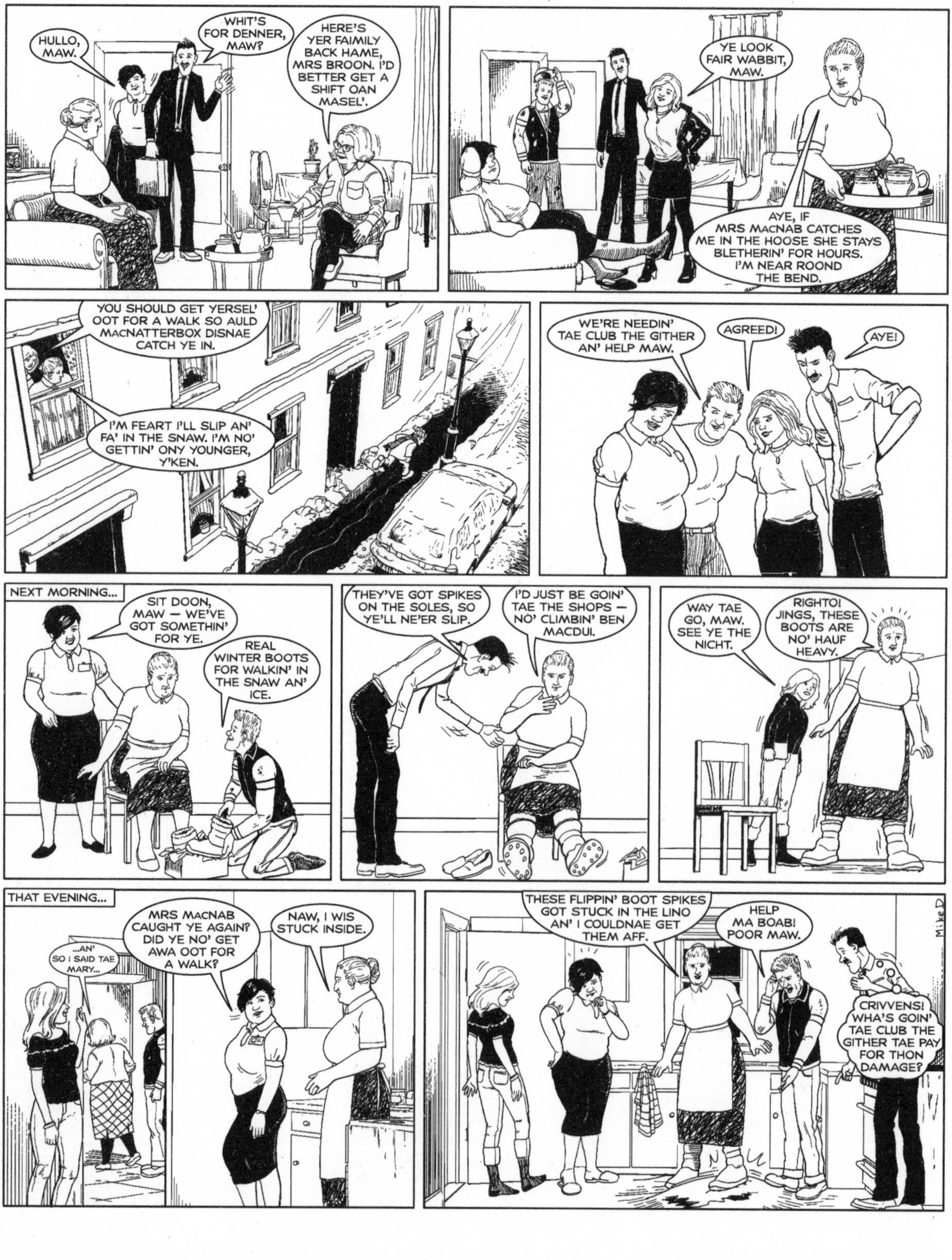

HULLO, MAW.
WHIT'S FOR DENNER, MAW?
HERE'S YER FAIMILY BACK HAME, MRS BROON. I'D BETTER GET A SHIFT OAN MASEL'.
YE LOOK FAIR WABBIT, MAW.
AYE, IF MRS MACNAB CATCHES ME IN THE HOOSE SHE STAYS BLETHERIN' FOR HOURS. I'M NEAR ROOND THE BEND.
YOU SHOULD GET YERSEL' OOT FOR A WALK SO AULD MACNATTERBOX DISNAE CATCH YE IN.
I'M FEART I'LL SLIP AN' FA' IN THE SNAW. I'M NO' GETTIN' ONY YOUNGER, Y'KEN.
WE'RE NEEDIN' TAE CLUB THE GITHER AN' HELP MAW.
AGREED!
AYE!
NEXT MORNING...
SIT DOON, MAW — WE'VE GOT SOMETHIN' FOR YE.
REAL WINTER BOOTS FOR WALKIN' IN THE SNAW AN' ICE.
THEY'VE GOT SPIKES ON THE SOLES, SO YE'LL NE'ER SLIP.
I'D JUST BE GOIN' TAE THE SHOPS — NO' CLIMBIN' BEN MACDUI.
WAY TAE GO, MAW. SEE YE THE NICHT.
RIGHTO! JINGS, THESE BOOTS ARE NO' HAUF HEAVY.
THAT EVENING...
...AN' SO I SAID TAE MARY...
MRS MACNAB CAUGHT YE AGAIN? DID YE NO' GET AWA OOT FOR A WALK?
NAW, I WIS STUCK INSIDE.
THESE FLIPPIN' BOOT SPIKES GOT STUCK IN THE LINO AN' I COULDNAE GET THEM AFF.
HELP MA BOAB! POOR MAW.
CRIVVENS! WHA'S GOIN' TAE CLUB THE GITHER TAE PAY FOR THON DAMAGE?
MikeD

DINNA LET PAW NEAR THE KITCHEN WHITEVER YE DAE,
ANE THING'S FOR SURE, HE'S NAE GORDON RAMSAY!

SIGH! I'D BETTER GET MA SLEEVES UP AN' MAK' OOR BURNS SUPPER FOR THE NICHT.
OCH, YE'RE AYE IN THE KITCHEN, MAW.
NOT TONIGHT. YOU'RE NO' MAKIN' OOR HAGGIS, NEEPS AN' TATTIES, MAW — I AM!
NAE BUTS — YOU CAN GIE US A BURNS POEM INSTEAD.
DINNAE ARGUE, MAW — WE'LL AWA AN' PICK OOT A BURNS POEM OWER A BRAW CUP O' TEA.
AH MEAN, HOW HARD CAN IT BE TAE BILE UP SOME SPUDS AN' TURNIP AN' COOK AN OWERGROWN SASSIDGE?
LATER...
HERE'S THE GREAT CHIEFTAIN O' THE PUDDEN RACE. HEN AN' JOE HAE THE NEEPS AN' TATTIES.
BLACK TATTIES, AN' THE NEEPS ARE ON FIRE?
OOFT! MA FINGERS ARE BURNIN'!
THON HAGGIS IS HARD AS A BRICK! WHIT'S BEEN GOIN' ON IN MA KITCHEN?
IN THE NAME O' THE BARD!
SHRIIIIIIEK! MA BONNIE KITCHEN! YE'VE TRASHED IT, YE BRUTE!
M-MAYBE I HAD THE OVEN SET JIST A TAD OWER HIGH, DEAREST.
LOOK, MAW'S RE-ENACTIN' A SCENE FRAE TAM O' SHANTER.
AYE, WHAUR THE WITCHES CHASE TAM FOR HIS LIFE!
YE WEE NYAFF! BURNS NICHT DISNAE MEAN YE BURN A' THING!
HELP MA BOAB! I'M NEAR OOT O' PUFF!

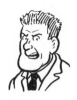

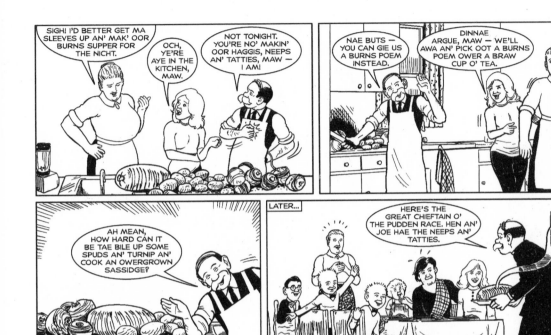

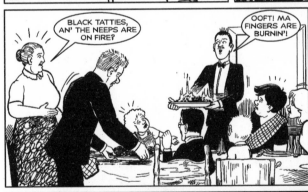

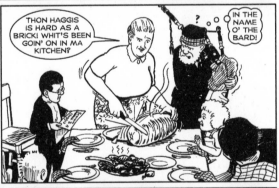

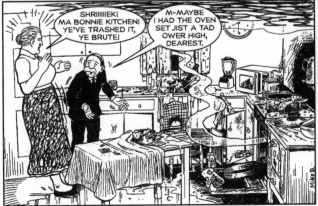

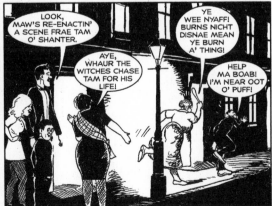

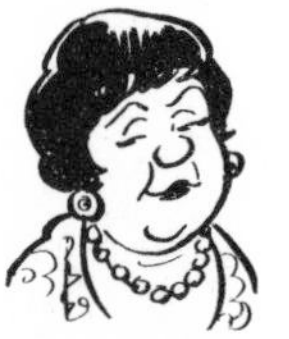

DAPHNE'S IDEA O' WORK FRAE HAME, IS NO' EXACTLY QUITE THE SAME!

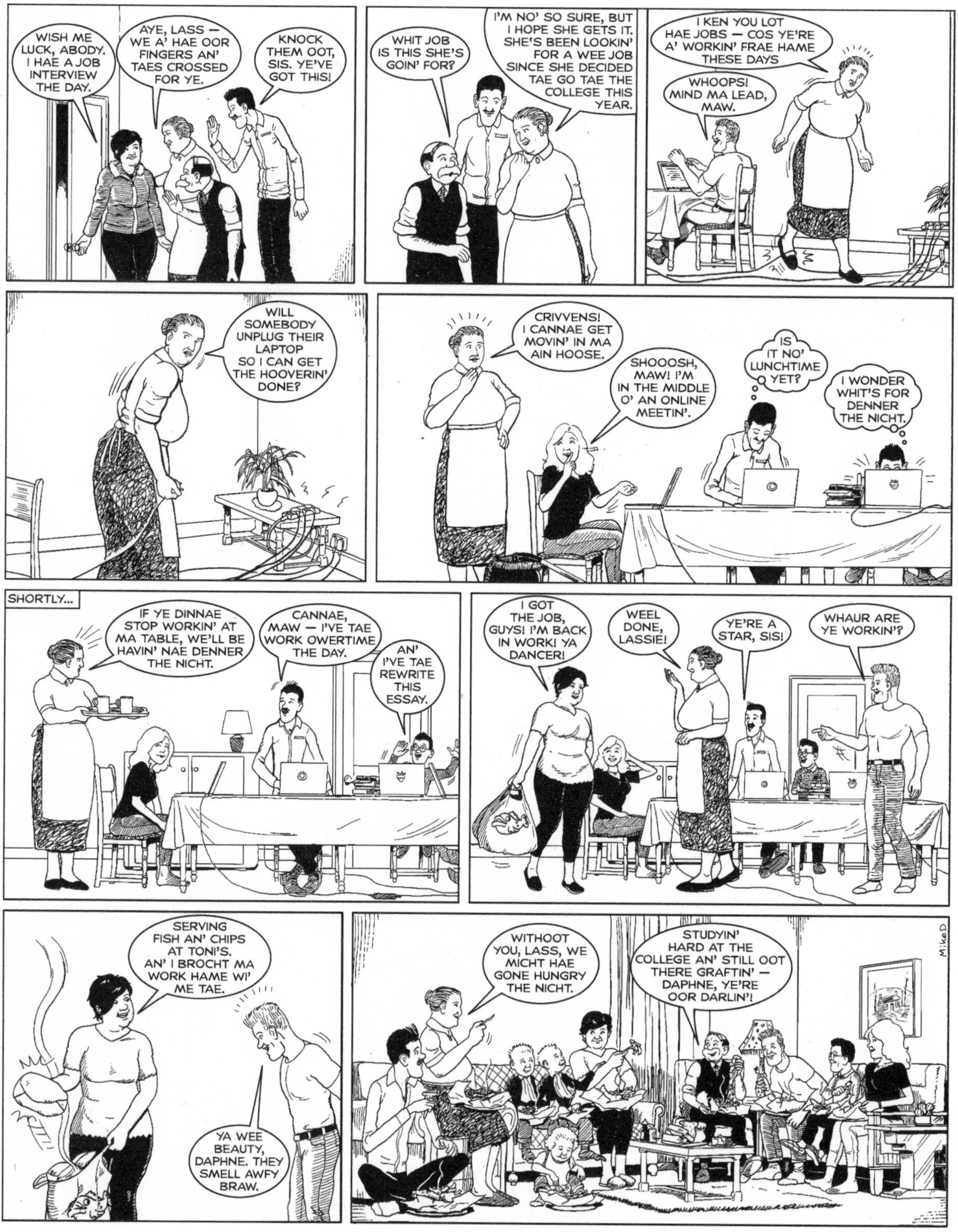

WISH ME LUCK, ABODY. I HAE A JOB INTERVIEW THE DAY.
AYE, LASS — WE A' HAE OOR FINGERS AN' TAES CROSSED FOR YE.
KNOCK THEM OOT, SIS. YE'VE GOT THIS!
WHIT JOB IS THIS SHE'S GOIN' FOR?
I'M NO' SO SURE, BUT I HOPE SHE GETS IT. SHE'S BEEN LOOKIN' FOR A WEE JOB SINCE SHE DECIDED TAE GO TAE THE COLLEGE THIS YEAR.
I KEN YOU LOT HAE JOBS — COS YE'RE A' WORKIN' FRAE HAME THESE DAYS
WHOOPS! MIND MA LEAD, MAW.
WILL SOMEBODY UNPLUG THEIR LAPTOP SO I CAN GET THE HOOVERIN' DONE?
CRIVVENS! I CANNAE GET MOVIN' IN MA AIN HOOSE.
SHOOOSH, MAW! I'M IN THE MIDDLE O' AN ONLINE MEETIN'.
IS IT NO' LUNCHTIME YET?
I WONDER WHIT'S FOR DENNER THE NICHT.
SHORTLY...
IF YE DINNAE STOP WORKIN' AT MA TABLE, WE'LL BE HAVIN' NAE DENNER THE NICHT.
CANNAE, MAW — I'VE TAE WORK OWERTIME THE DAY.
AN' I'VE TAE REWRITE THIS ESSAY.
I GOT THE JOB, GUYS! I'M BACK IN WORK! YA DANCER!
WEEL DONE, LASSIE!
YE'RE A STAR, SIS!
WHAUR ARE YE WORKIN'?
SERVING FISH AN' CHIPS AT TONI'S. AN' I BROCHT MA WORK HAME WI' ME TAE.
YA WEE BEAUTY, DAPHNE. THEY SMELL AWFY BRAW.
WITHOOT YOU, LASS, WE MICHT HAE GONE HUNGRY THE NICHT.
STUDYIN' HARD AT THE COLLEGE AN' STILL OOT THERE GRAFTIN' — DAPHNE, YE'RE OOR DARLIN'!
MikeD

IS IT A GUID IDEA TAE SNUGGLE UP, TAE ANE MICHTY HUNGRY PUP?

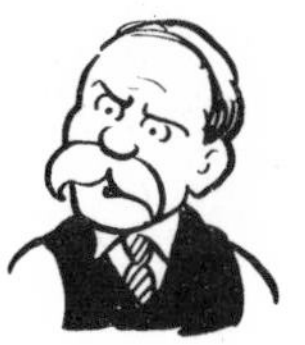

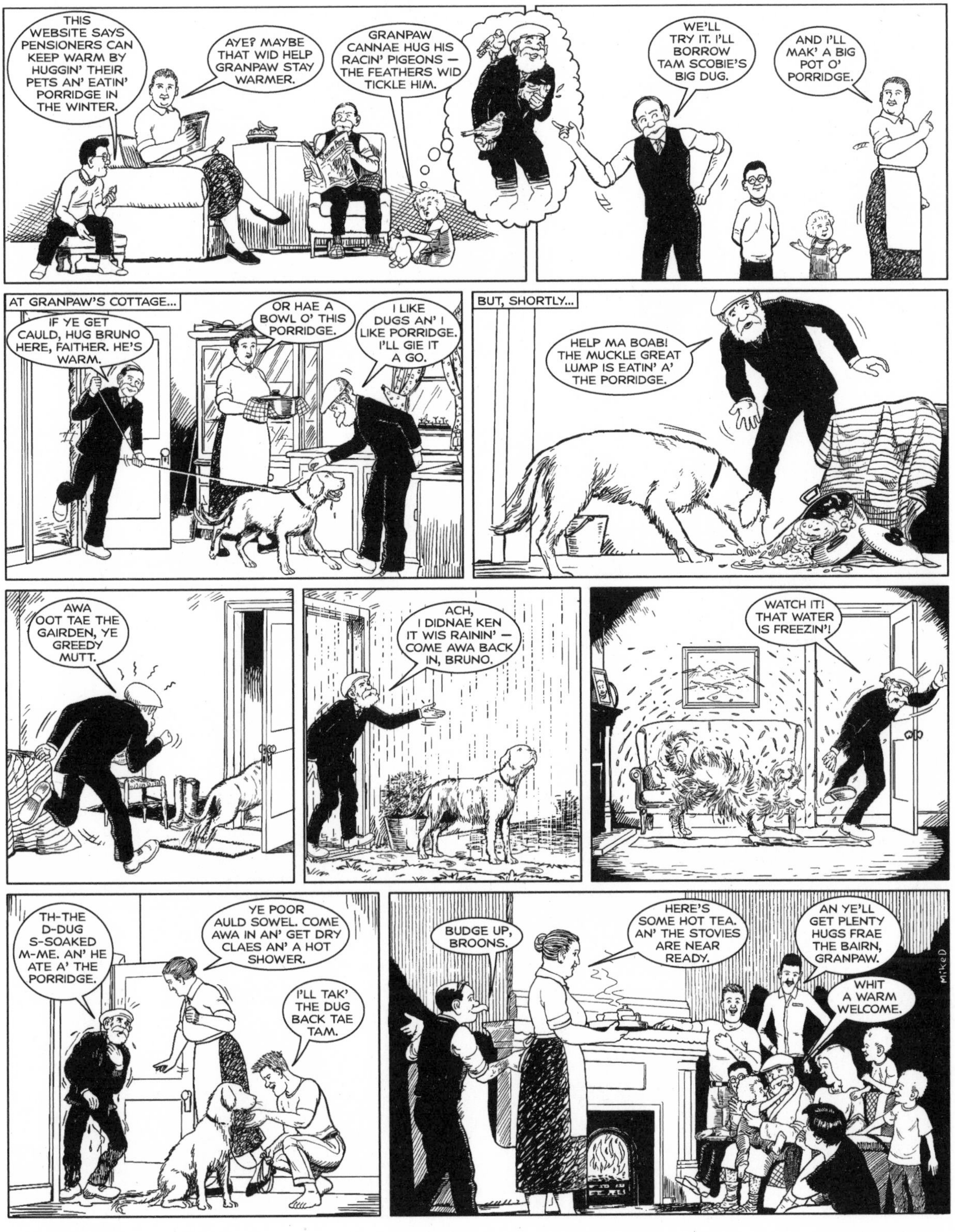
THIS WEBSITE SAYS PENSIONERS CAN KEEP WARM BY HUGGIN' THEIR PETS AN' EATIN' PORRIDGE IN THE WINTER.
AYE? MAYBE THAT WID HELP GRANPAW STAY WARMER.
GRANPAW CANNAE HUG HIS RACIN' PIGEONS — THE FEATHERS WID TICKLE HIM.
WE'LL TRY IT. I'LL BORROW TAM SCOBIE'S BIG DUG.
AND I'LL MAK' A BIG POT O' PORRIDGE.
AT GRANPAW'S COTTAGE...
IF YE GET CAULD, HUG BRUNO HERE, FAITHER. HE'S WARM.
OR HAE A BOWL O' THIS PORRIDGE.
I LIKE DUGS AN' I LIKE PORRIDGE. I'LL GIE IT A GO.
BUT, SHORTLY...
HELP MA BOAB! THE MUCKLE GREAT LUMP IS EATIN' A' THE PORRIDGE.
AWA OOT TAE THE GAIRDEN, YE GREEDY MUTT.
ACH, I DIDNAE KEN IT WIS RAININ' — COME AWA BACK IN, BRUNO.
WATCH IT! THAT WATER IS FREEZIN'!
TH-THE D-DUG S-SOAKED M-ME. AN' HE ATE A' THE PORRIDGE.
YE POOR AULD SOWEL. COME AWA IN AN' GET DRY CLAES AN' A HOT SHOWER.
I'LL TAK' THE DUG BACK TAE TAM.
BUDGE UP, BROONS.
HERE'S SOME HOT TEA. AN' THE STOVIES ARE NEAR READY.
AN YE'LL GET PLENTY HUGS FRAE THE BAIRN, GRANPAW.
WHIT A WARM WELCOME.

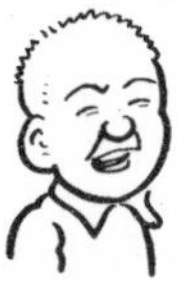

DINNAE INTERFERE WI' TRUE LOVE'S CALLIN',
OR SOME POOR SUITOR MICHT GET A MAULIN'.

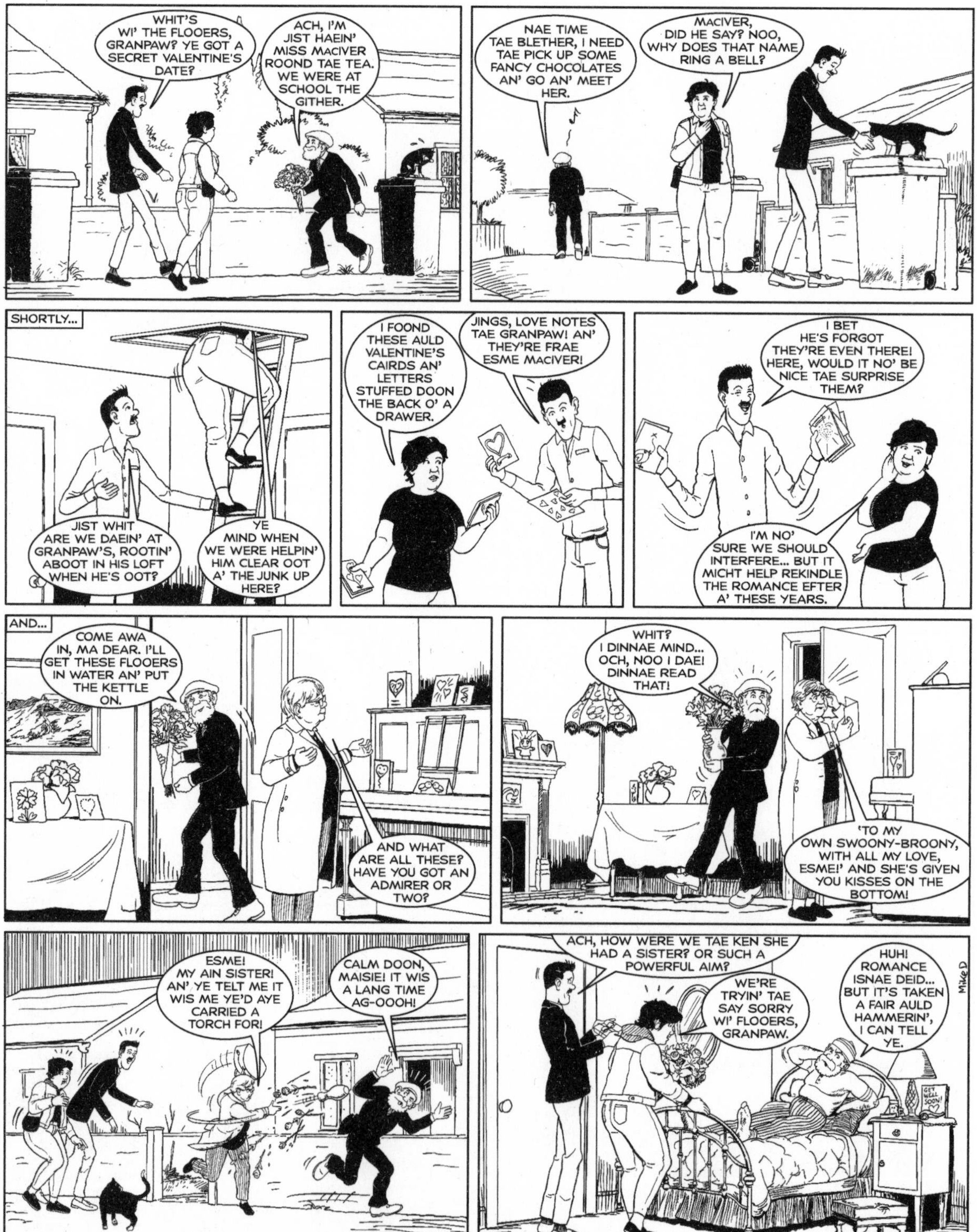

WHIT'S WI' THE FLOOERS, GRANPAW? YE GOT A SECRET VALENTINE'S DATE?
ACH, I'M JIST HAEIN' MISS MacIVER ROOND TAE TEA. WE WERE AT SCHOOL THE GITHER.
NAE TIME TAE BLETHER, I NEED TAE PICK UP SOME FANCY CHOCOLATES AN' GO AN' MEET HER.
MacIVER, DID HE SAY? NOO, WHY DOES THAT NAME RING A BELL?
SHORTLY...
JIST WHIT ARE WE DAEIN' AT GRANPAW'S, ROOTIN' ABOOT IN HIS LOFT WHEN HE'S OOT?
YE MIND WHEN WE WERE HELPIN' HIM CLEAR OOT A' THE JUNK UP HERE?
I FOOND THESE AULD VALENTINE'S CAIRDS AN' LETTERS STUFFED DOON THE BACK O' A DRAWER.
JINGS, LOVE NOTES TAE GRANPAW! AN' THEY'RE FRAE ESME MacIVER!
I BET HE'S FORGOT THEY'RE EVEN THERE! HERE, WOULD IT NO' BE NICE TAE SURPRISE THEM?
I'M NO' SURE WE SHOULD INTERFERE... BUT IT MICHT HELP REKINDLE THE ROMANCE EFTER A' THESE YEARS.
AND...
COME AWA IN, MA DEAR. I'LL GET THESE FLOOERS IN WATER AN' PUT THE KETTLE ON.
AND WHAT ARE ALL THESE? HAVE YOU GOT AN ADMIRER OR TWO?
WHIT? I DINNAE MIND... OCH, NOO I DAE! DINNAE READ THAT!
'TO MY OWN SWOONY-BROONY, WITH ALL MY LOVE, ESME!' AND SHE'S GIVEN YOU KISSES ON THE BOTTOM!
ESME! MY AIN SISTER! AN' YE TELT ME IT WIS ME YE'D AYE CARRIED A TORCH FOR!
CALM DOON, MAISIE! IT WIS A LANG TIME AG-OOOH!
ACH, HOW WERE WE TAE KEN SHE HAD A SISTER? OR SUCH A POWERFUL AIM?
WE'RE TRYIN' TAE SAY SORRY WI' FLOOERS, GRANPAW.
HUH! ROMANCE ISNAE DEID... BUT IT'S TAKEN A FAIR AULD HAMMERIN', I CAN TELL YE.
GET WELL SOON!
Mike D

MAW'S WELL EQUIPPED FOR SOME HILLWALKIN',
WHEN IT LEADS TAE FOUL-MOUTHED TALKIN'!

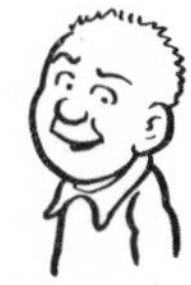

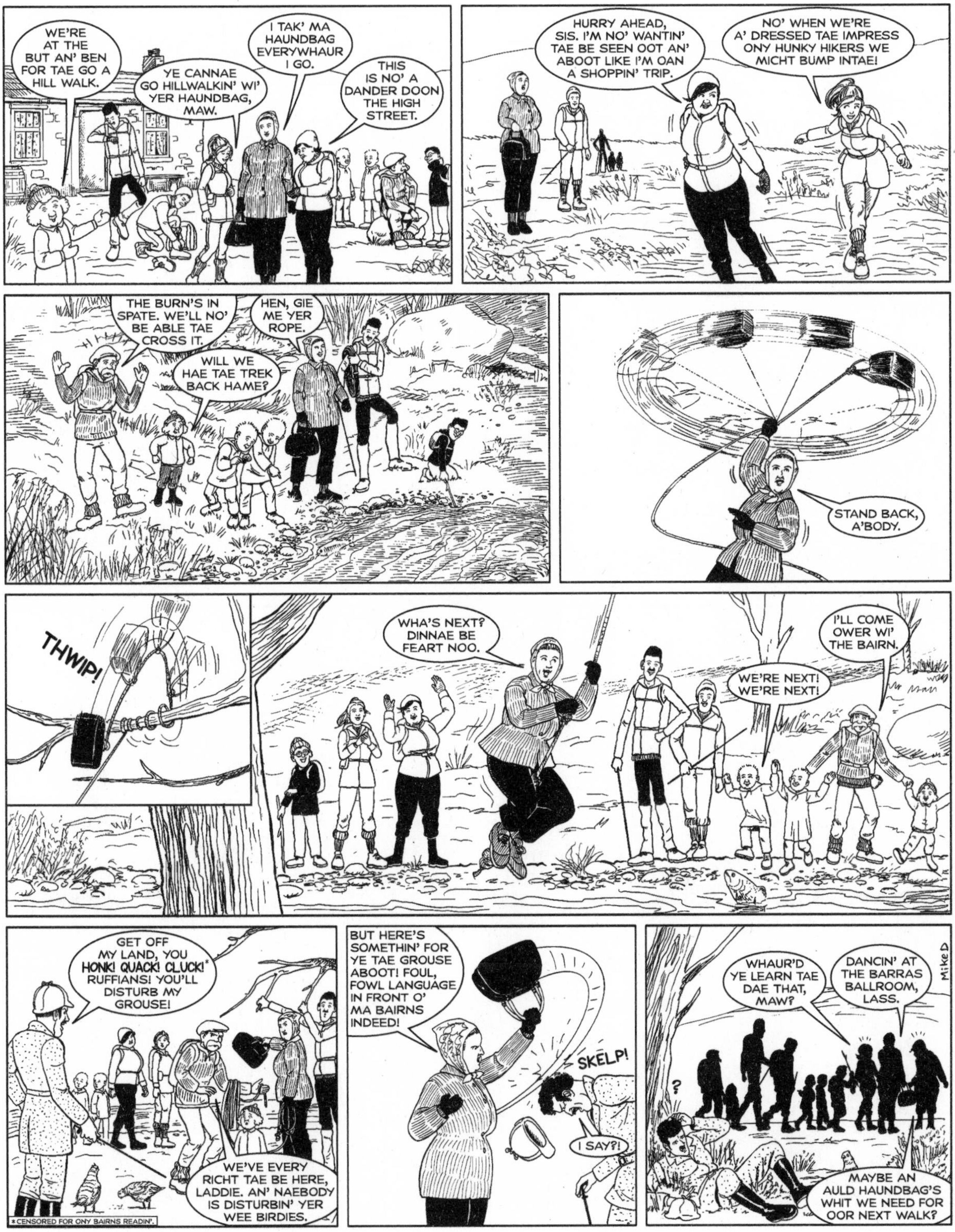

WE'RE AT THE BUT AN' BEN FOR TAE GO A HILL WALK.
YE CANNAE GO HILLWALKIN' WI' YER HAUNDBAG, MAW.
I TAK' MA HAUNDBAG EVERYWHAUR I GO.
THIS IS NO' A DANDER DOON THE HIGH STREET.
HURRY AHEAD, SIS. I'M NO' WANTIN' TAE BE SEEN OOT AN' ABOOT LIKE I'M OAN A SHOPPIN' TRIP.
NO' WHEN WE'RE A' DRESSED TAE IMPRESS ONY HUNKY HIKERS WE MICHT BUMP INTAE!
THE BURN'S IN SPATE. WE'LL NO' BE ABLE TAE CROSS IT.
WILL WE HAE TAE TREK BACK HAME?
HEN, GIE ME YER ROPE.
STAND BACK, A'BODY.
THWIP!
WHA'S NEXT? DINNAE BE FEART NOO.
WE'RE NEXT! WE'RE NEXT!
I'LL COME OWER WI' THE BAIRN.
GET OFF MY LAND, YOU HONK! QUACK! CLUCK!* RUFFIANS! YOU'LL DISTURB MY GROUSE!
WE'VE EVERY RICHT TAE BE HERE, LADDIE. AN' NAEBODY IS DISTURBIN' YER WEE BIRDIES.
*CENSORED FOR ONY BAIRNS READIN'.
BUT HERE'S SOMETHIN' FOR YE TAE GROUSE ABOOT! FOUL, FOWL LANGUAGE IN FRONT O' MA BAIRNS INDEED!
SKELP!
I SAY?!
Mike D
WHAUR'D YE LEARN TAE DAE THAT, MAW?
DANCIN' AT THE BARRAS BALLROOM, LASS.
?
MAYBE AN AULD HAUNDBAG'S WHIT WE NEED FOR OOR NEXT WALK?

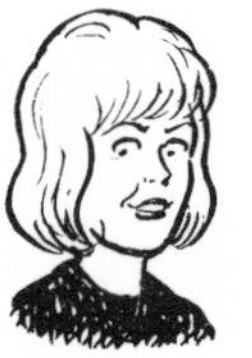

PAW'S PROTESTATIONS ARE TOTALLY WASTED, IT'S ABOOT TIME HIS EYES GOT TESTED!

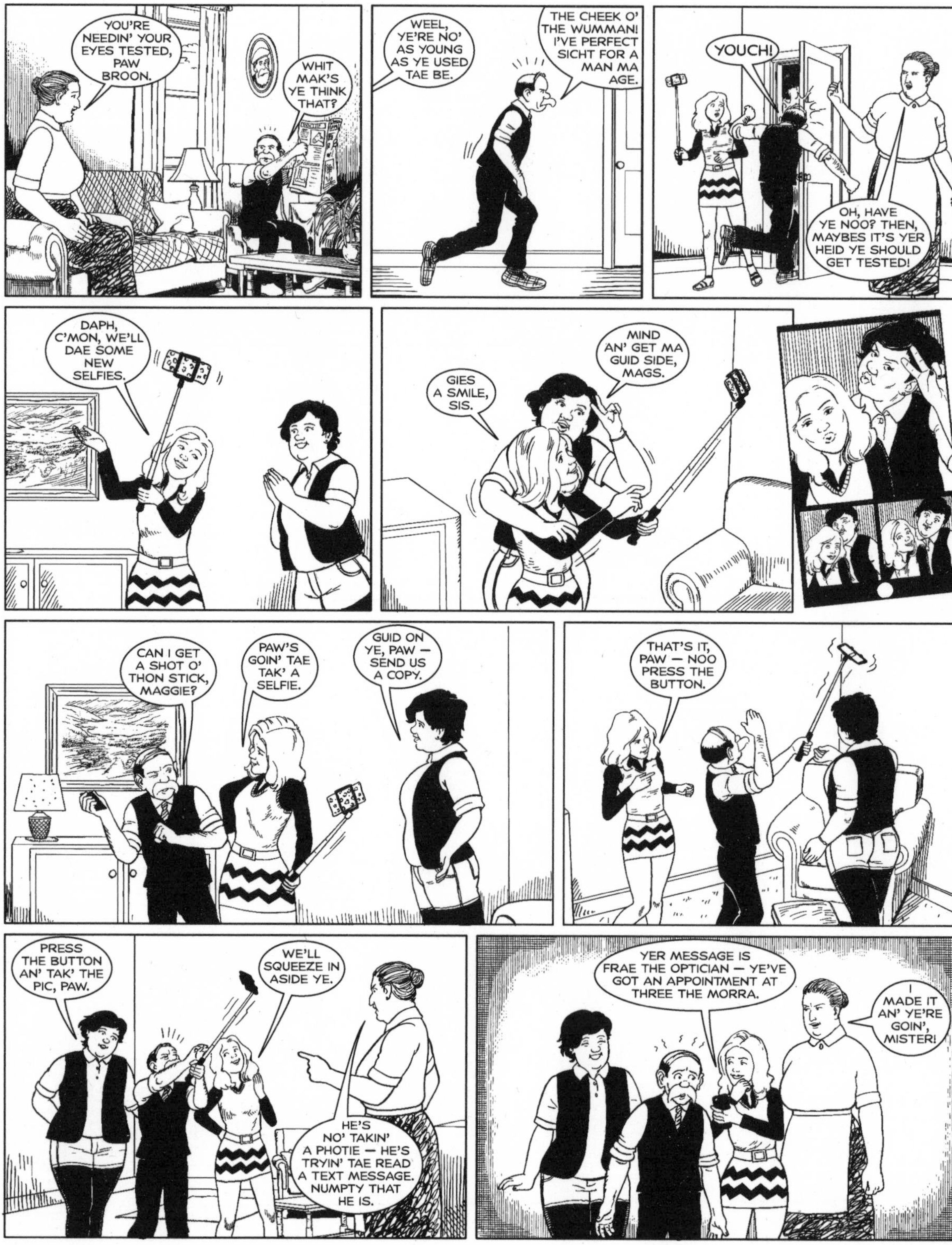

YOU'RE NEEDIN' YOUR EYES TESTED, PAW BROON.
WHIT MAK'S YE THINK THAT?
WEEL, YE'RE NO' AS YOUNG AS YE USED TAE BE.
THE CHEEK O' THE WUMMAN! I'VE PERFECT SICHT FOR A MAN MA AGE.
YOUCH!
OH, HAVE YE NOO? THEN, MAYBES IT'S YER HEID YE SHOULD GET TESTED!
DAPH, C'MON, WE'LL DAE SOME NEW SELFIES.
MIND AN' GET MA GUID SIDE, MAGS.
GIES A SMILE, SIS.
CAN I GET A SHOT O' THON STICK, MAGGIE?
PAW'S GOIN' TAE TAK' A SELFIE.
GUID ON YE, PAW — SEND US A COPY.
THAT'S IT, PAW — NOO PRESS THE BUTTON.
PRESS THE BUTTON AN' TAK' THE PIC, PAW.
WE'LL SQUEEZE IN ASIDE YE.
HE'S NO' TAKIN' A PHOTIE — HE'S TRYIN' TAE READ A TEXT MESSAGE. NUMPTY THAT HE IS.
YER MESSAGE IS FRAE THE OPTICIAN — YE'VE GOT AN APPOINTMENT AT THREE THE MORRA.
I MADE IT AN' YE'RE GOIN', MISTER!

WHAEVER'S TREATED GRANPAW BEST, WI' A SLICE O' CAKE IS BLESSED!

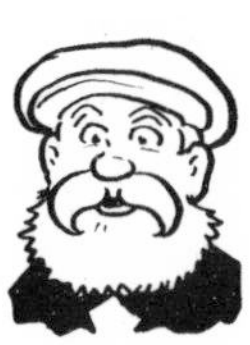

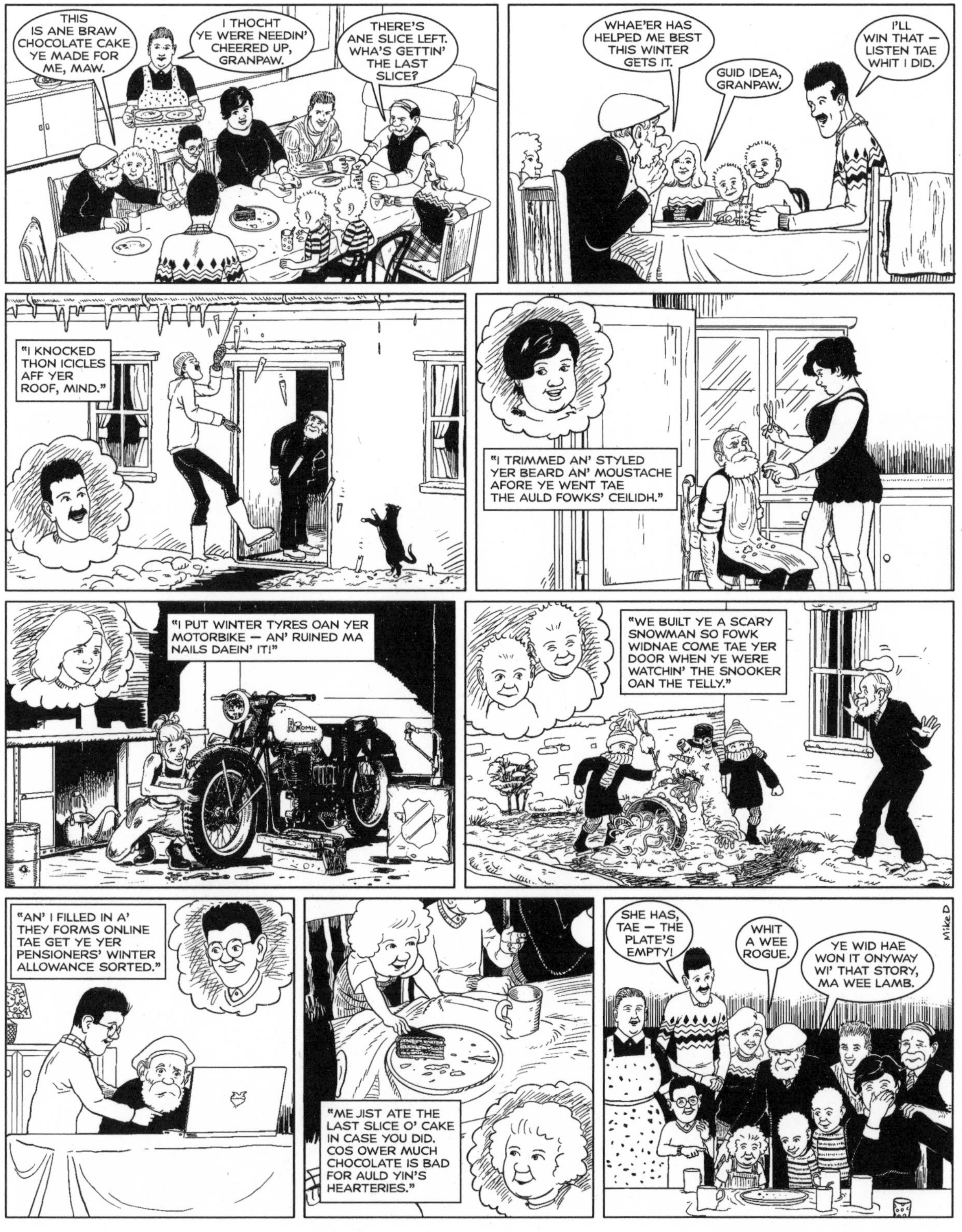

THIS IS ANE BRAW CHOCOLATE CAKE YE MADE FOR ME, MAW.
I THOCHT YE WERE NEEDIN' CHEERED UP, GRANPAW.
THERE'S ANE SLICE LEFT. WHA'S GETTIN' THE LAST SLICE?
WHAE'ER HAS HELPED ME BEST THIS WINTER GETS IT.
GUID IDEA, GRANPAW.
I'LL WIN THAT — LISTEN TAE WHIT I DID.
"I KNOCKED THON ICICLES AFF YER ROOF, MIND."
"I TRIMMED AN' STYLED YER BEARD AN' MOUSTACHE AFORE YE WENT TAE THE AULD FOWKS' CEILIDH."
"I PUT WINTER TYRES OAN YER MOTORBIKE — AN' RUINED MA NAILS DAEIN' IT!"
"WE BUILT YE A SCARY SNOWMAN SO FOWK WIDNAE COME TAE YER DOOR WHEN YE WERE WATCHIN' THE SNOOKER OAN THE TELLY."
"AN' I FILLED IN A' THEY FORMS ONLINE TAE GET YE YER PENSIONERS' WINTER ALLOWANCE SORTED."
"ME JIST ATE THE LAST SLICE O' CAKE IN CASE YOU DID. COS OWER MUCH CHOCOLATE IS BAD FOR AULD YIN'S HEARTERIES."
SHE HAS, TAE — THE PLATE'S EMPTY!
WHIT A WEE ROGUE.
YE WID HAE WON IT ONYWAY WI' THAT STORY, MA WEE LAMB.
Mike D

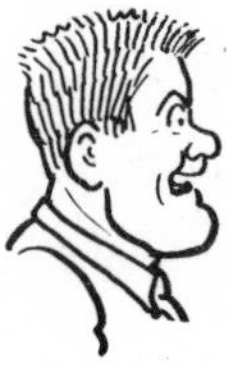

GRANPAW BROON IS NAE FAKER, HE'S AN EXPERT PORRIDGE MAKER!

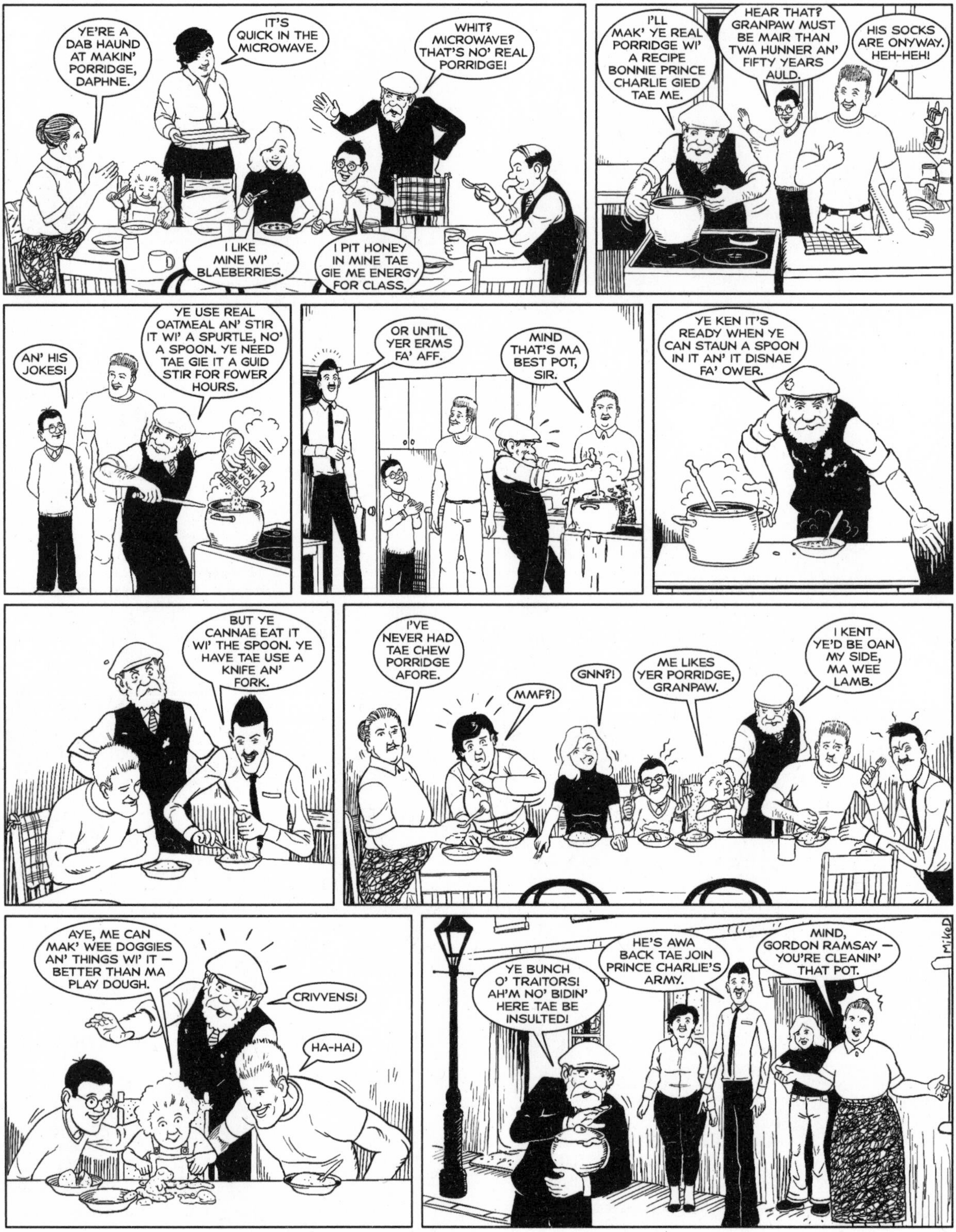

YE'RE A DAB HAUND AT MAKIN' PORRIDGE, DAPHNE.
IT'S QUICK IN THE MICROWAVE.
WHIT? MICROWAVE? THAT'S NO' REAL PORRIDGE!
I LIKE MINE WI' BLAEBERRIES.
I PIT HONEY IN MINE TAE GIE ME ENERGY FOR CLASS.
I'LL MAK' YE REAL PORRIDGE WI' A RECIPE BONNIE PRINCE CHARLIE GIED TAE ME.
HEAR THAT? GRANPAW MUST BE MAIR THAN TWA HUNNER AN' FIFTY YEARS AULD.
HIS SOCKS ARE ONYWAY. HEH-HEH!
AN' HIS JOKES!
YE USE REAL OATMEAL AN' STIR IT WI' A SPURTLE, NO' A SPOON. YE NEED TAE GIE IT A GUID STIR FOR FOWER HOURS.
OR UNTIL YER ERMS FA' AFF.
MIND THAT'S MA BEST POT, SIR.
YE KEN IT'S READY WHEN YE CAN STAUN A SPOON IN IT AN' IT DISNAE FA' OWER.
BUT YE CANNAE EAT IT WI' THE SPOON. YE HAVE TAE USE A KNIFE AN' FORK.
I'VE NEVER HAD TAE CHEW PORRIDGE AFORE.
MMF?!
GNN?!
ME LIKES YER PORRIDGE, GRANPAW.
I KENT YE'D BE OAN MY SIDE, MA WEE LAMB.
AYE, ME CAN MAK' WEE DOGGIES AN' THINGS WI' IT — BETTER THAN MA PLAY DOUGH.
CRIVVENS!
HA-HA!
YE BUNCH O' TRAITORS! AH'M NO' BIDIN' HERE TAE BE INSULTED!
HE'S AWA BACK TAE JOIN PRINCE CHARLIE'S ARMY.
MIND, GORDON RAMSAY — YOU'RE CLEANIN' THAT POT.

WATCH YERSEL' THERE, ITSY BITSY,
YE MICHT END UP A WEE BIT TIPSY!

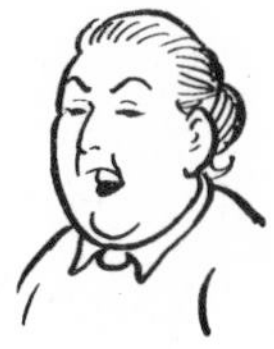

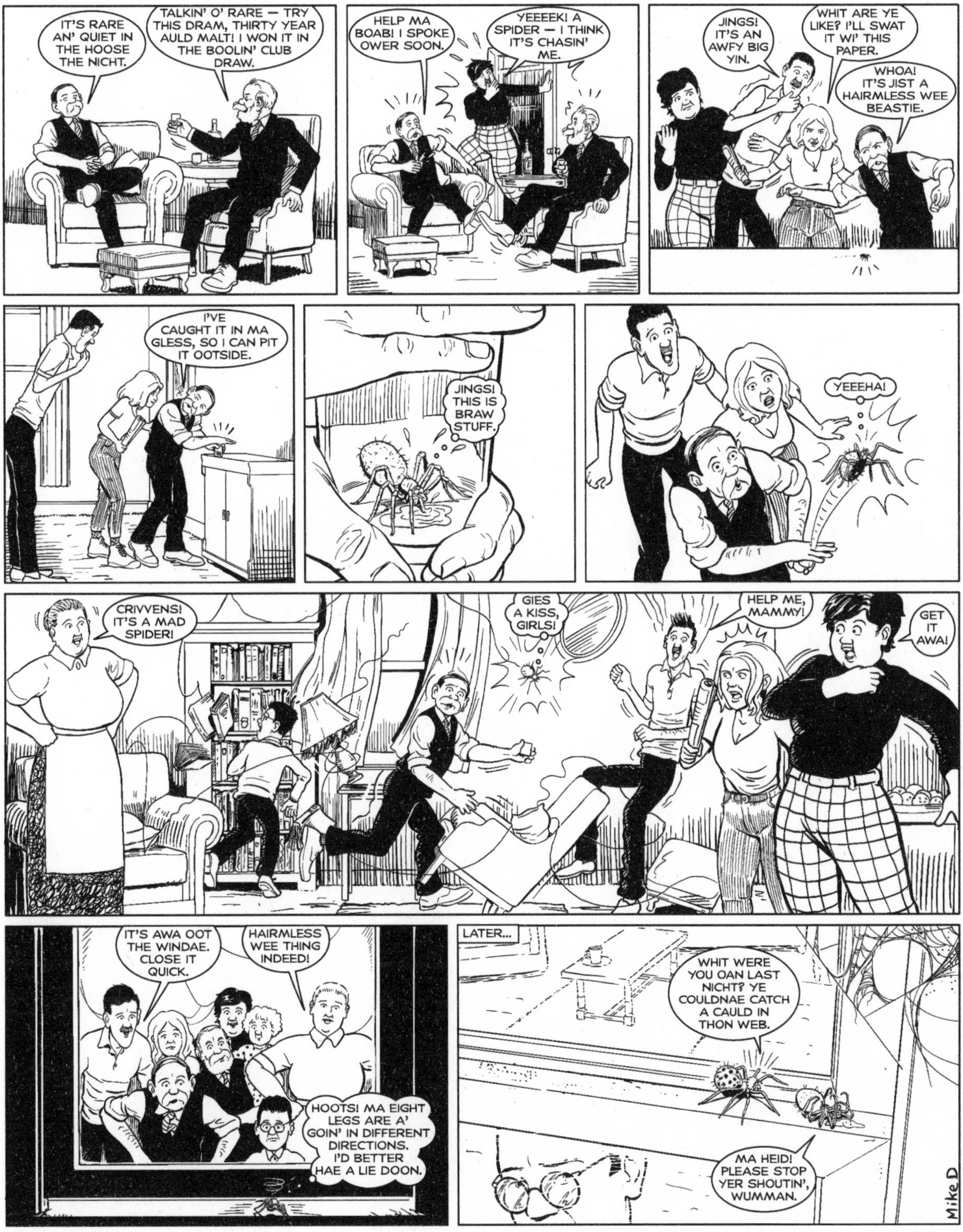
IT'S RARE AN' QUIET IN THE HOOSE THE NICHT.
TALKIN' O' RARE — TRY THIS DRAM, THIRTY YEAR AULD MALT! I WON IT IN THE BOOLIN' CLUB DRAW.
HELP MA BOAB! I SPOKE OWER SOON.
YEEEEK! A SPIDER — I THINK IT'S CHASIN' ME.
JINGS! IT'S AN AWFY BIG YIN.
WHIT ARE YE LIKE? I'LL SWAT IT WI' THIS PAPER.
WHOA! IT'S JIST A HAIRMLESS WEE BEASTIE.
I'VE CAUGHT IT IN MA GLESS, SO I CAN PIT IT OOTSIDE.
JINGS! THIS IS BRAW STUFF.
YEEEHA!
CRIVVENS! IT'S A MAD SPIDER!
GIES A KISS, GIRLS!
HELP ME, MAMMY!
GET IT AWA!
IT'S AWA OOT THE WINDAE. CLOSE IT QUICK.
HAIRMLESS WEE THING INDEED!
HOOTS! MA EIGHT LEGS ARE A' GOIN' IN DIFFERENT DIRECTIONS. I'D BETTER HAE A LIE DOON.
LATER...
WHIT WERE YOU OAN LAST NICHT? YE COULDNAE CATCH A CAULD IN THON WEB.
MA HEID! PLEASE STOP YER SHOUTIN', WUMMAN.
Mike D

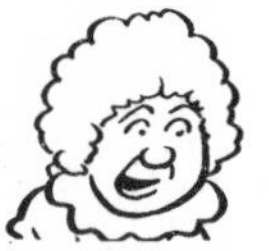

THON BROONS ARE AYE TRYIN' TAE OOTDAE EACH ITHER, WHEN IT COMES TAE TREATIN' THEIR MITHER!!

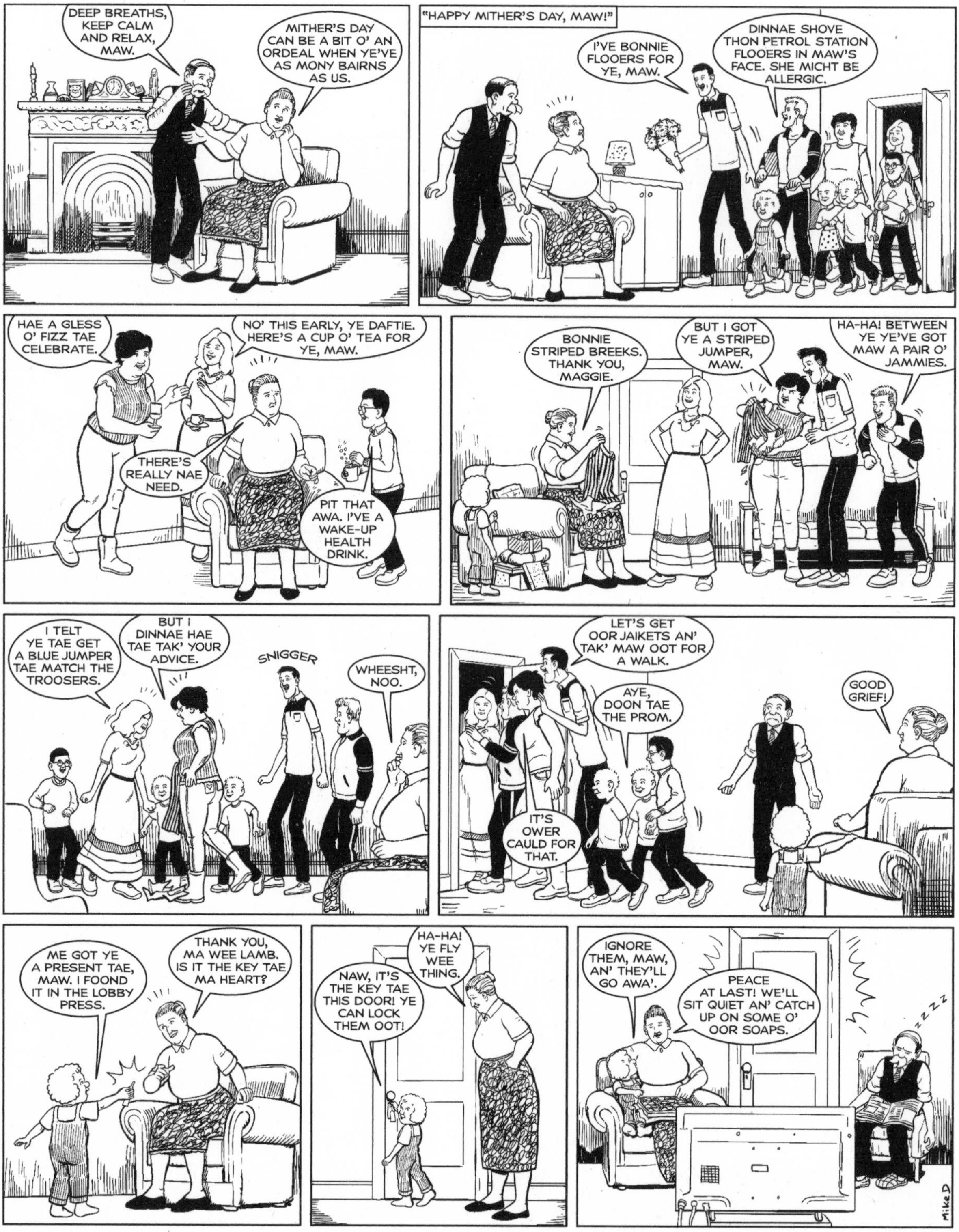

DEEP BREATHS, KEEP CALM AND RELAX, MAW.
MITHER'S DAY CAN BE A BIT O' AN ORDEAL WHEN YE'VE AS MONY BAIRNS AS US.
"HAPPY MITHER'S DAY, MAW!"
I'VE BONNIE FLOOERS FOR YE, MAW.
DINNAE SHOVE THON PETROL STATION FLOOERS IN MAW'S FACE. SHE MICHT BE ALLERGIC.
HAE A GLESS O' FIZZ TAE CELEBRATE.
NO' THIS EARLY, YE DAFTIE. HERE'S A CUP O' TEA FOR YE, MAW.
THERE'S REALLY NAE NEED.
PIT THAT AWA. I'VE A WAKE-UP HEALTH DRINK.
BONNIE STRIPED BREEKS. THANK YOU, MAGGIE.
BUT I GOT YE A STRIPED JUMPER, MAW.
HA-HA! BETWEEN YE YE'VE GOT MAW A PAIR O' JAMMIES.
I TELT YE TAE GET A BLUE JUMPER TAE MATCH THE TROOSERS.
BUT I DINNAE HAE TAE TAK' YOUR ADVICE.
SNIGGER
WHEESHT, NOO.
LET'S GET OOR JAIKETS AN' TAK' MAW OOT FOR A WALK.
AYE, DOON TAE THE PROM.
IT'S OWER CAULD FOR THAT.
GOOD GRIEF!
ME GOT YE A PRESENT TAE, MAW. I FOOND IT IN THE LOBBY PRESS.
THANK YOU, MA WEE LAMB. IS IT THE KEY TAE MA HEART?
NAW, IT'S THE KEY TAE THIS DOOR! YE CAN LOCK THEM OOT!
HA-HA! YE FLY WEE THING.
IGNORE THEM, MAW, AN' THEY'LL GO AWA'.
PEACE AT LAST! WE'LL SIT QUIET AN' CATCH UP ON SOME O' OOR SOAPS.
ZZZZ

FAME BECKONS FOR GRANPAW YET,
HE'S REQUIRED OAN THE SET!

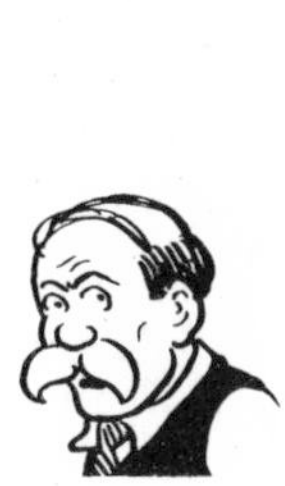

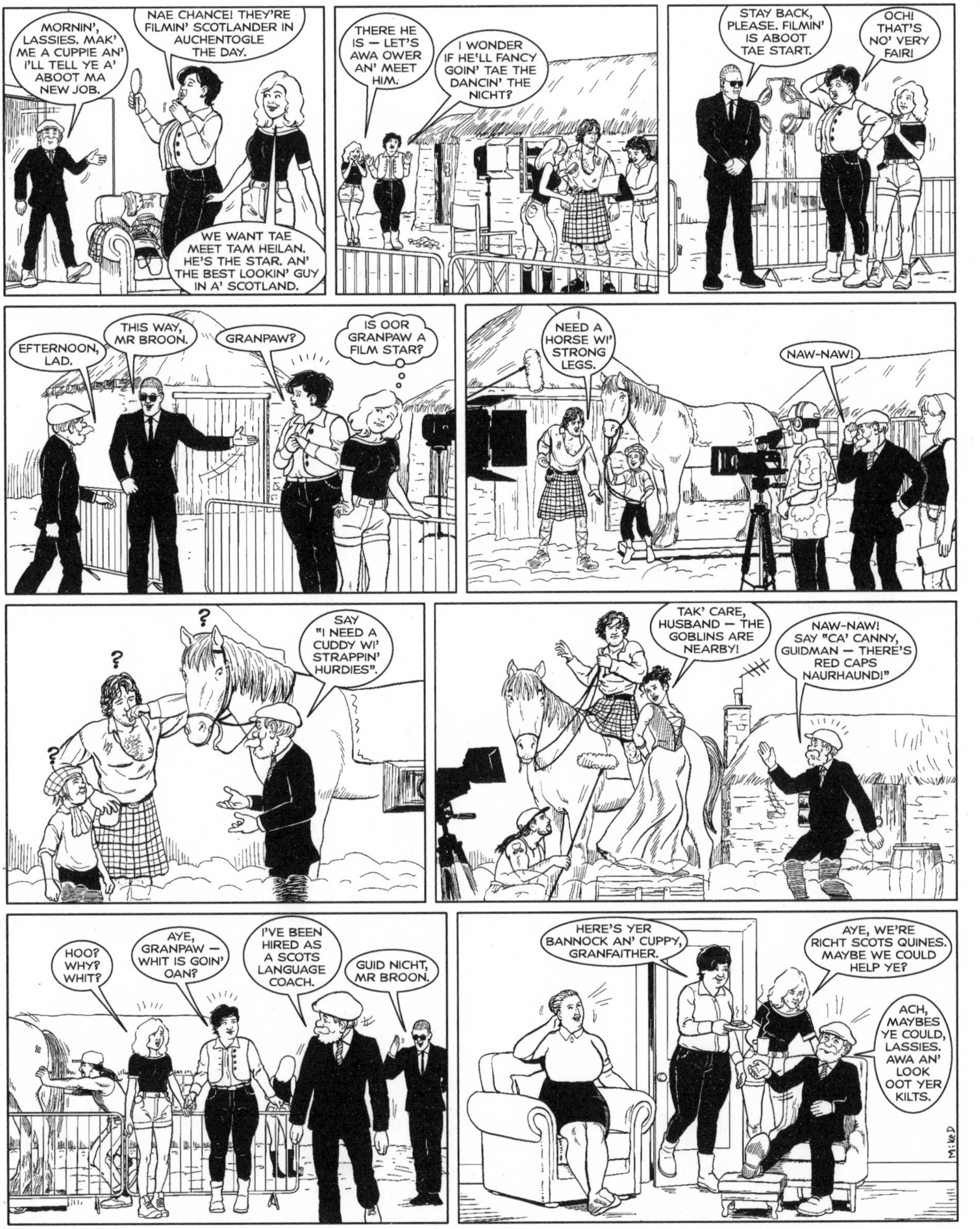
MORNIN', LASSIES. MAK' ME A CUPPIE AN' I'LL TELL YE A' ABOOT MA NEW JOB.
NAE CHANCE! THEY'RE FILMIN' SCOTLANDER IN AUCHENTOGLE THE DAY.
WE WANT TAE MEET TAM HEILAN. HE'S THE STAR. AN' THE BEST LOOKIN' GUY IN A' SCOTLAND.
THERE HE IS — LET'S AWA OWER AN' MEET HIM.
I WONDER IF HE'LL FANCY GOIN' TAE THE DANCIN' THE NICHT?
STAY BACK, PLEASE. FILMIN' IS ABOOT TAE START.
OCH! THAT'S NO' VERY FAIR!
EFTERNOON, LAD.
THIS WAY, MR BROON.
GRANPAW?
IS OOR GRANPAW A FILM STAR?
I NEED A HORSE WI' STRONG LEGS.
NAW-NAW!
SAY "I NEED A CUDDY WI' STRAPPIN' HURDIES".
TAK' CARE, HUSBAND — THE GOBLINS ARE NEARBY!
NAW-NAW! SAY "CA' CANNY, GUIDMAN — THERE'S RED CAPS NAURHAUND!"
HOO? WHY? WHIT?
AYE, GRANPAW — WHIT IS GOIN' OAN?
I'VE BEEN HIRED AS A SCOTS LANGUAGE COACH.
GUID NICHT, MR BROON.
HERE'S YER BANNOCK AN' CUPPY, GRANFAITHER.
AYE, WE'RE RICHT SCOTS QUINES. MAYBE WE COULD HELP YE?
ACH, MAYBES YE COULD, LASSIES. AWA AN' LOOK OOT YER KILTS.

THE LASSIES THINK THINGS ARE NO' THE SAME, KIDS THESE DAYS ARE AWFY TAME!

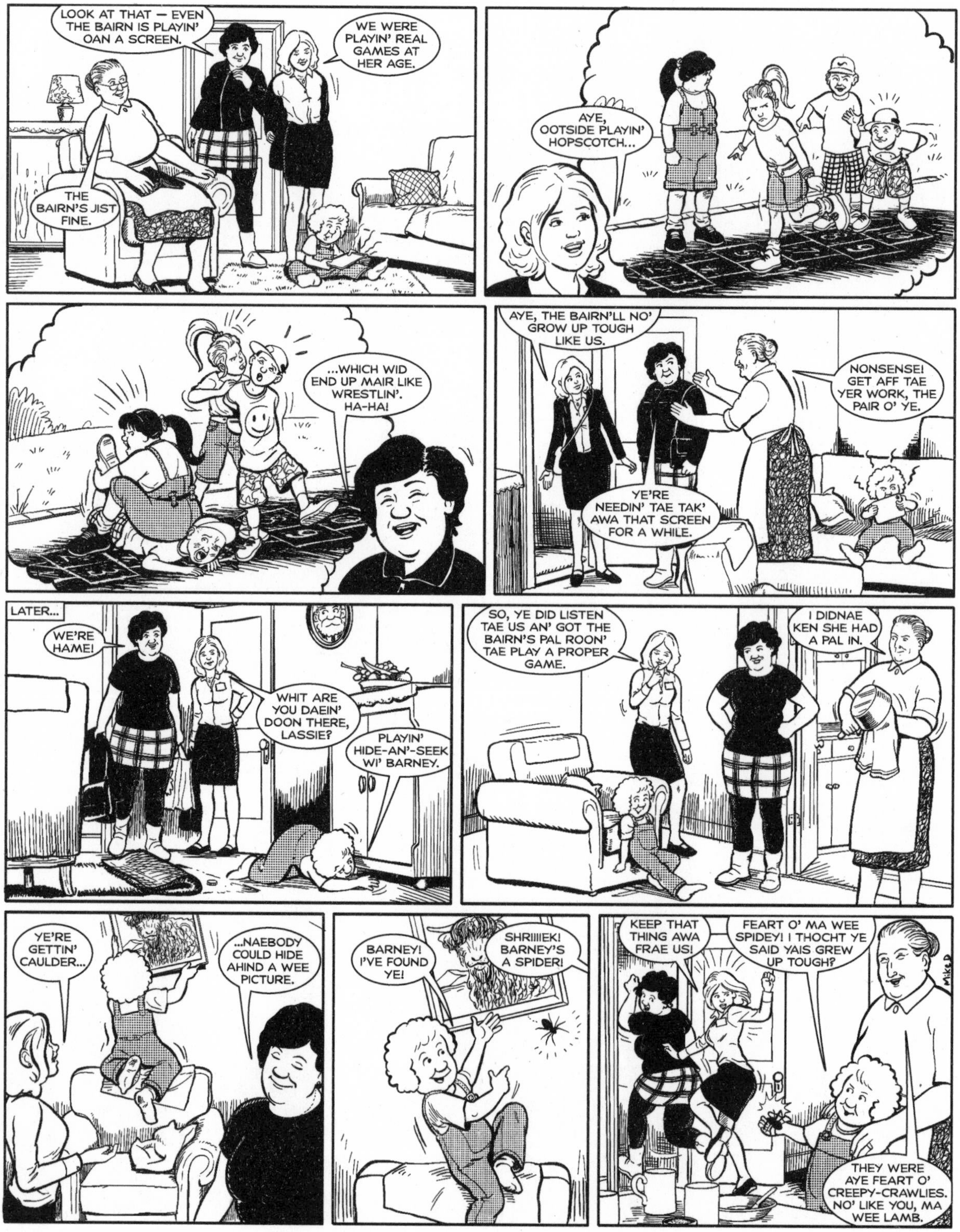
LOOK AT THAT — EVEN THE BAIRN IS PLAYIN' OAN A SCREEN.
WE WERE PLAYIN' REAL GAMES AT HER AGE.
THE BAIRN'S JIST FINE.
AYE, OOTSIDE PLAYIN' HOPSCOTCH...
...WHICH WID END UP MAIR LIKE WRESTLIN'. HA-HA!
AYE, THE BAIRN'LL NO' GROW UP TOUGH LIKE US.
NONSENSE! GET AFF TAE YER WORK, THE PAIR O' YE.
YE'RE NEEDIN' TAE TAK' AWA THAT SCREEN FOR A WHILE.
LATER...
WE'RE HAME!
WHIT ARE YOU DAEIN' DOON THERE, LASSIE?
PLAYIN' HIDE-AN'-SEEK WI' BARNEY.
SO, YE DID LISTEN TAE US AN' GOT THE BAIRN'S PAL ROON' TAE PLAY A PROPER GAME.
I DIDNAE KEN SHE HAD A PAL IN.
YE'RE GETTIN' CAULDER...
...NAEBODY COULD HIDE AHIND A WEE PICTURE.
BARNEY! I'VE FOUND YE!
SHRIIIIEK! BARNEY'S A SPIDER!
KEEP THAT THING AWA FRAE US!
FEART O' MA WEE SPIDEY! I THOCHT YE SAID YAIS GREW UP TOUGH?
THEY WERE AYE FEART O' CREEPY-CRAWLIES. NO' LIKE YOU, MA WEE LAMB.

LOOK AT THON AULDER BROONS GIE CHASE,
JOININ' IN THE WEE YINS' EGG RACE!

THE BAIRNS WILL BE UP TAE HIGH DOH THE DAY WI' A' THAT CHOCOLATE THEY'RE EATIN'.
DINNAE FASH YERSEL', MAW. ME AN' THE LADS WILL MARCH THEM UP BEN LUI TAE ROLL THEIR EGGS. THAT'LL TIRE THEM.
AYE, WE'RE MAKIN' SOME MUCKLE PIECES FOR OORSELS.
I'LL NO' BE COMIN' WI' YAIS. I'VE WRITTEN AN EASTER POEM FOR AMELIA AN' I'M GOIN' TAE READ IT TAE HER.
WHOOOO — HARK AT YOOOO! RABBIE BROONS.
WHIT BRAW! THIS IS RARE EXERCISE.
AYE, AH'M WORKIN' UP ANE MICHTY APPETITE.
ME RACE YE!
WE'RE READY TAE ROLL OOR EGGS.
NAW, WE'LL BIDE HERE AN' GET TORE INTAE OOR PIECES.
ARE YOU THREE COMIN' TAE CHASE THE EGGS DOON THE HILL?
AW! YOUS IS JIST SPOILT THE SPORTS.
HELP MA BOAB! I'VE LIFTED THE WRANG BACKPACK. THIS IS HORACE'S POEM.
WHIT? BUT I'M FAMISHED, MAN.
ME TAE — C'MON!
WHOOPEE! THEY'S CHASIN' OOR EGGS EFTER A'.
AYE — AN' ANE'S GOT MA NAME OAN IT!
C'MERE!
THAT ANE BOUNCED IN SHEEP POO, JOE.
I DINNAE CARE — I'M STARVIN'!
THAT'S NO' ANE O' OOR BILED EGGS, PAW.
IT'S A YEAR AULD GROUSE EGG!
MEANWHILE, BY LOCH LOVIE...
I'VE SOMETHING HERE I MADE JUST FOR YOU, AMELIA.
A POEM, HORACE? I MAY REWARD YOU WITH A KISS.
A BEEF SANDWICH? YOU KEN I'M VEGAN! YOU CAN HAE ANE OAN THE KISSER INSTEAD!
BUT AMELIA ...OUCH!
THWUMP!
Mike D

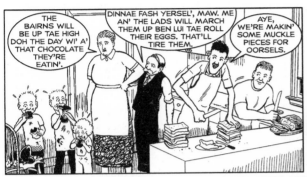

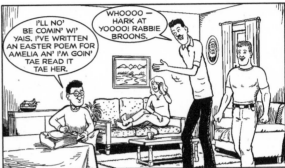

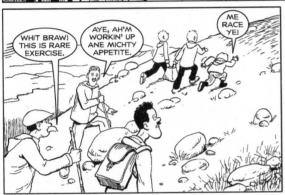

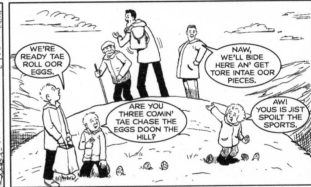

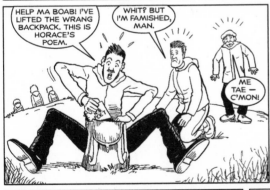

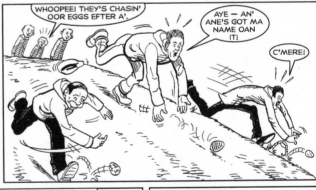

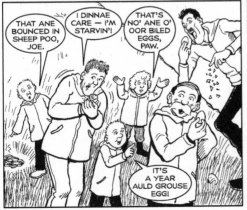

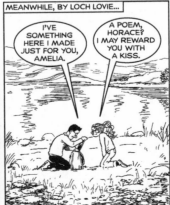

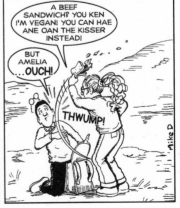

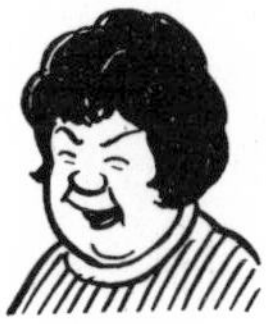

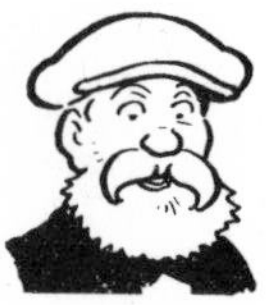

A RARE TREAT FOR ONY SUPERHERO FAN, THE BROON LADS ARE TRAININ' FOR IRONMAN!

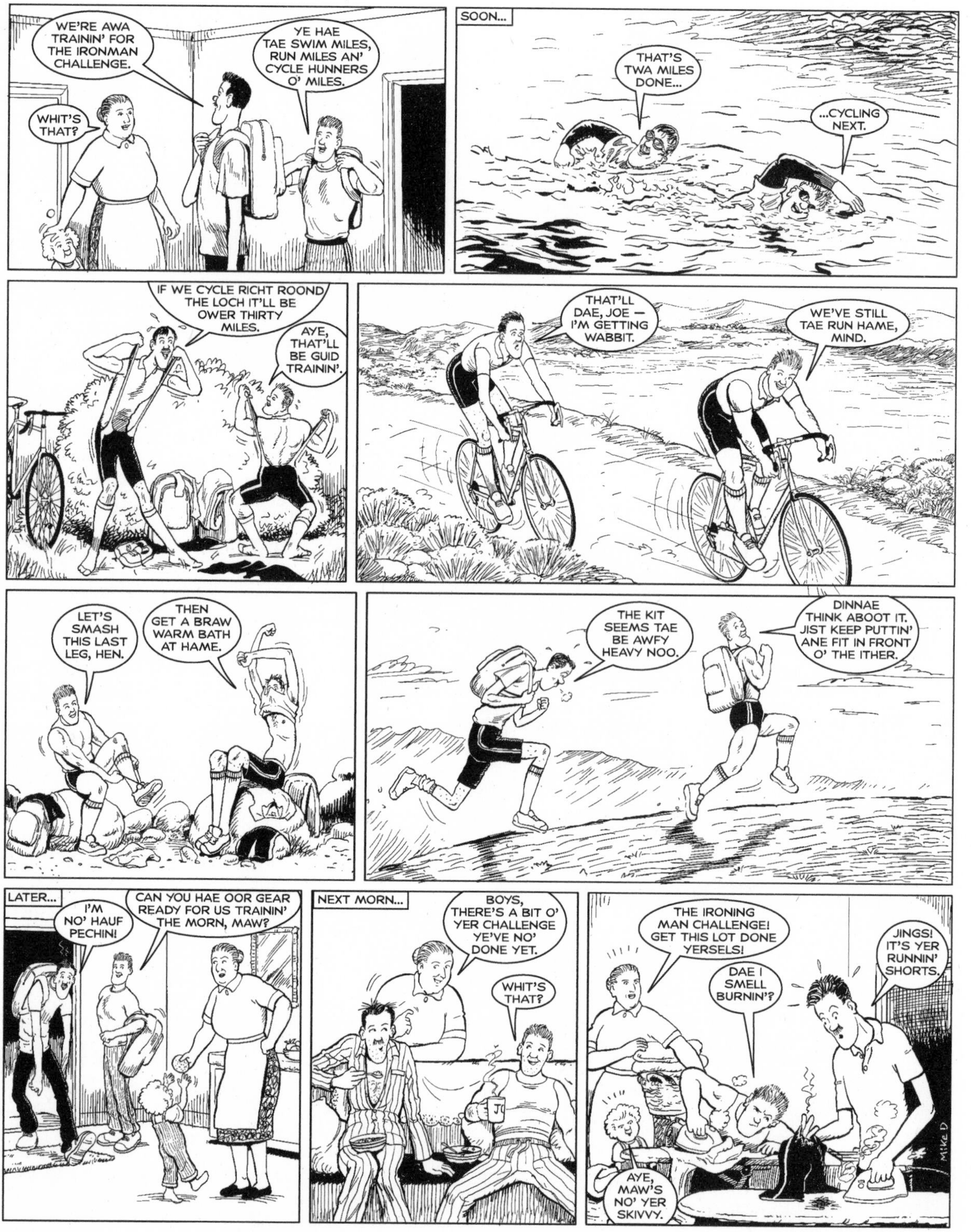
WE'RE AWA TRAININ' FOR THE IRONMAN CHALLENGE.
YE HAE TAE SWIM MILES, RUN MILES AN' CYCLE HUNNERS O' MILES.
WHIT'S THAT?
SOON...
THAT'S TWA MILES DONE...
...CYCLING NEXT.
IF WE CYCLE RICHT ROOND THE LOCH IT'LL BE OWER THIRTY MILES.
AYE, THAT'LL BE GUID TRAININ'.
THAT'LL DAE, JOE — I'M GETTING WABBIT.
WE'VE STILL TAE RUN HAME, MIND.
LET'S SMASH THIS LAST LEG, HEN.
THEN GET A BRAW WARM BATH AT HAME.
THE KIT SEEMS TAE BE AWFY HEAVY NOO.
DINNAE THINK ABOOT IT. JIST KEEP PUTTIN' ANE FIT IN FRONT O' THE ITHER.
LATER...
I'M NO' HAUF PECHIN!
CAN YOU HAE OOR GEAR READY FOR US TRAININ' THE MORN, MAW?
NEXT MORN...
BOYS, THERE'S A BIT O' YER CHALLENGE YE'VE NO' DONE YET.
WHIT'S THAT?
THE IRONING MAN CHALLENGE! GET THIS LOT DONE YERSELS!
DAE I SMELL BURNIN'?
JINGS! IT'S YER RUNNIN' SHORTS.
AYE, MAW'S NO' YER SKIVVY.

PAW'S HAEIN AN ART ATTACK,
THE NAME IS BROON NO' BLACK!

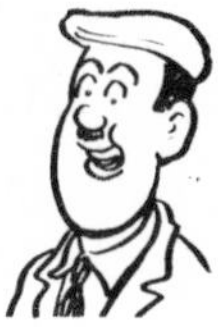

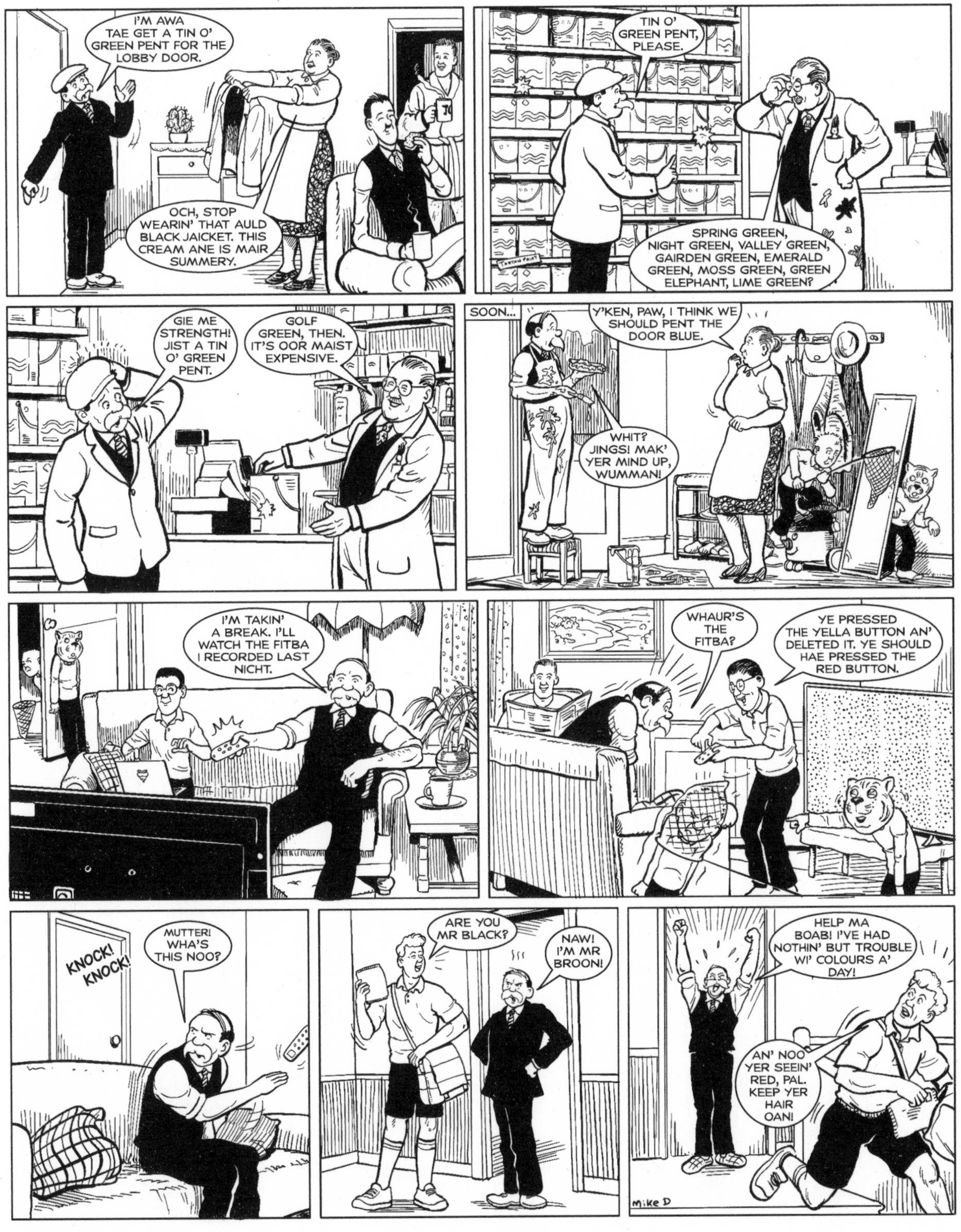
I'M AWA TAE GET A TIN O' GREEN PENT FOR THE LOBBY DOOR.
OCH, STOP WEARIN' THAT AULD BLACK JAICKET. THIS CREAM ANE IS MAIR SUMMERY.
TIN O' GREEN PENT, PLEASE.
SPRING GREEN, NIGHT GREEN, VALLEY GREEN, GAIRDEN GREEN, EMERALD GREEN, MOSS GREEN, GREEN ELEPHANT, LIME GREEN?
GIE ME STRENGTH! JIST A TIN O' GREEN PENT.
GOLF GREEN, THEN. IT'S OOR MAIST EXPENSIVE.
SOON...
Y'KEN, PAW, I THINK WE SHOULD PENT THE DOOR BLUE.
WHIT? JINGS! MAK' YER MIND UP, WUMMAN!
I'M TAKIN' A BREAK. I'LL WATCH THE FITBA I RECORDED LAST NICHT.
WHAUR'S THE FITBA?
YE PRESSED THE YELLA BUTTON AN' DELETED IT. YE SHOULD HAE PRESSED THE RED BUTTON.
KNOCK! KNOCK!
MUTTER! WHA'S THIS NOO?
ARE YOU MR BLACK?
NAW! I'M MR BROON!
HELP MA BOAB! I'VE HAD NOTHIN' BUT TROUBLE WI' COLOURS A' DAY!
AN' NOO YER SEEIN' RED, PAL. KEEP YER HAIR OAN!
Mike D

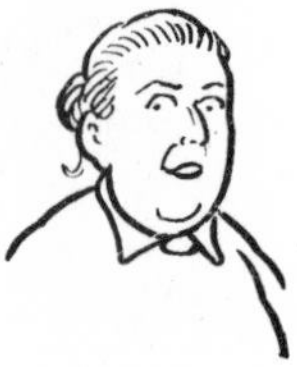

THERE'S NAE NEED TAE FROON, YE CANNA KEEP A GUID BROON DOON!

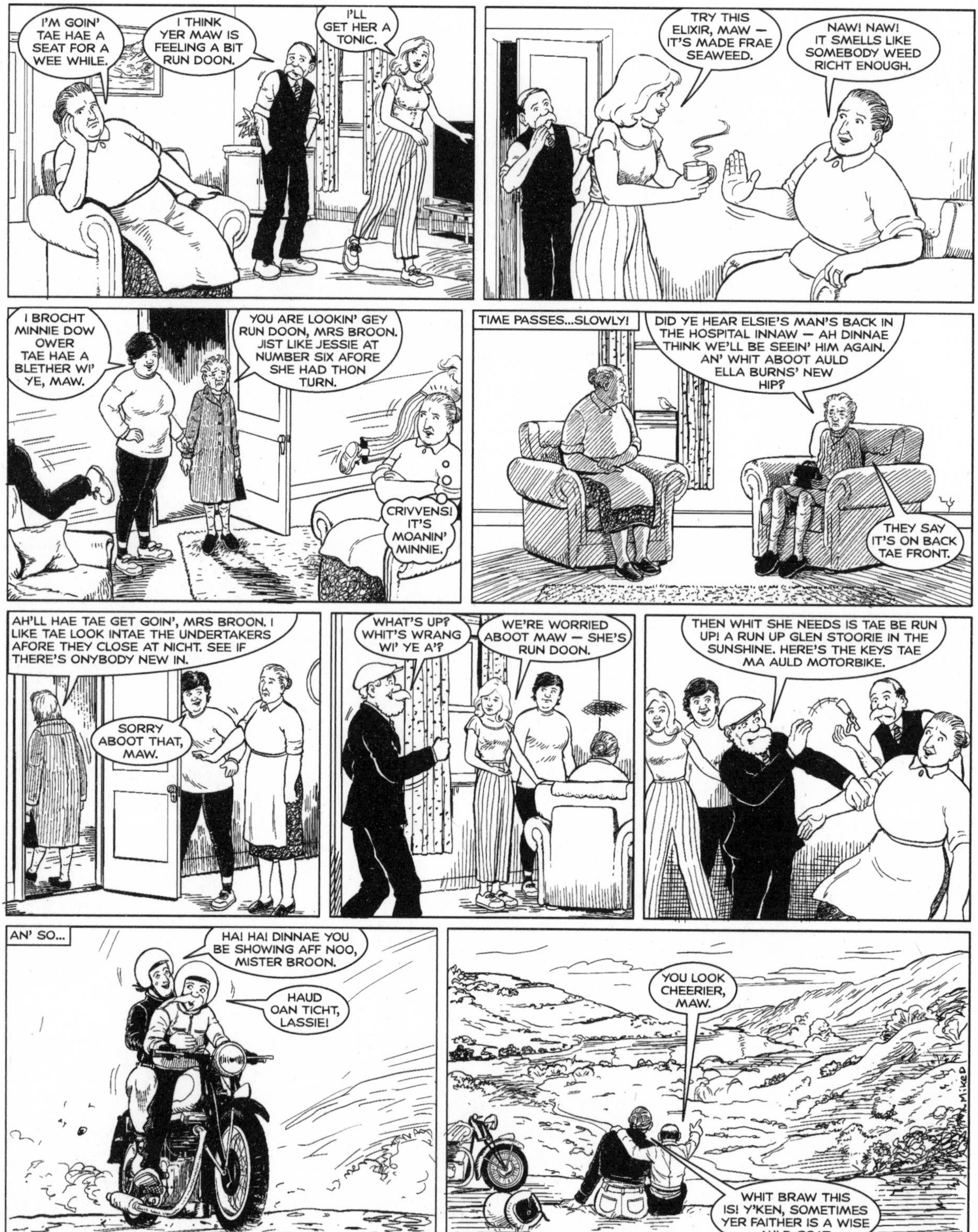
I'M GOIN' TAE HAE A SEAT FOR A WEE WHILE.
I THINK YER MAW IS FEELING A BIT RUN DOON.
I'LL GET HER A TONIC.
TRY THIS ELIXIR, MAW — IT'S MADE FRAE SEAWEED.
NAW! NAW! IT SMELLS LIKE SOMEBODY WEED RICHT ENOUGH.
I BROCHT MINNIE DOW OWER TAE HAE A BLETHER WI' YE, MAW.
YOU ARE LOOKIN' GEY RUN DOON, MRS BROON. JIST LIKE JESSIE AT NUMBER SIX AFORE SHE HAD THON TURN.
CRIVVENS! IT'S MOANIN' MINNIE.
TIME PASSES...SLOWLY!
DID YE HEAR ELSIE'S MAN'S BACK IN THE HOSPITAL INNAW — AH DINNAE THINK WE'LL BE SEEIN' HIM AGAIN. AN' WHIT ABOOT AULD ELLA BURNS' NEW HIP?
THEY SAY IT'S ON BACK TAE FRONT.
AH'LL HAE TAE GET GOIN', MRS BROON. I LIKE TAE LOOK INTAE THE UNDERTAKERS AFORE THEY CLOSE AT NICHT. SEE IF THERE'S ONYBODY NEW IN.
SORRY ABOOT THAT, MAW.
WHAT'S UP? WHIT'S WRANG WI' YE A'?
WE'RE WORRIED ABOOT MAW — SHE'S RUN DOON.
THEN WHIT SHE NEEDS IS TAE BE RUN UP! A RUN UP GLEN STOORIE IN THE SUNSHINE. HERE'S THE KEYS TAE MA AULD MOTORBIKE.
AN' SO...
HA! HA! DINNAE YOU BE SHOWING AFF NOO, MISTER BROON.
HAUD OAN TICHT, LASSIE!
YOU LOOK CHEERIER, MAW.
WHIT BRAW THIS IS! Y'KEN, SOMETIMES YER FAITHER IS A WISE AULD GOAT.

IT'S TIME FOR IMPROVEMENTS IN AUCHENTOGLE TOON,
DAE THE SMAIRT THING AN' VOTE HEN BROON!

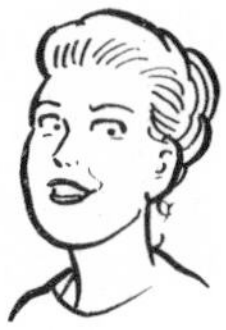

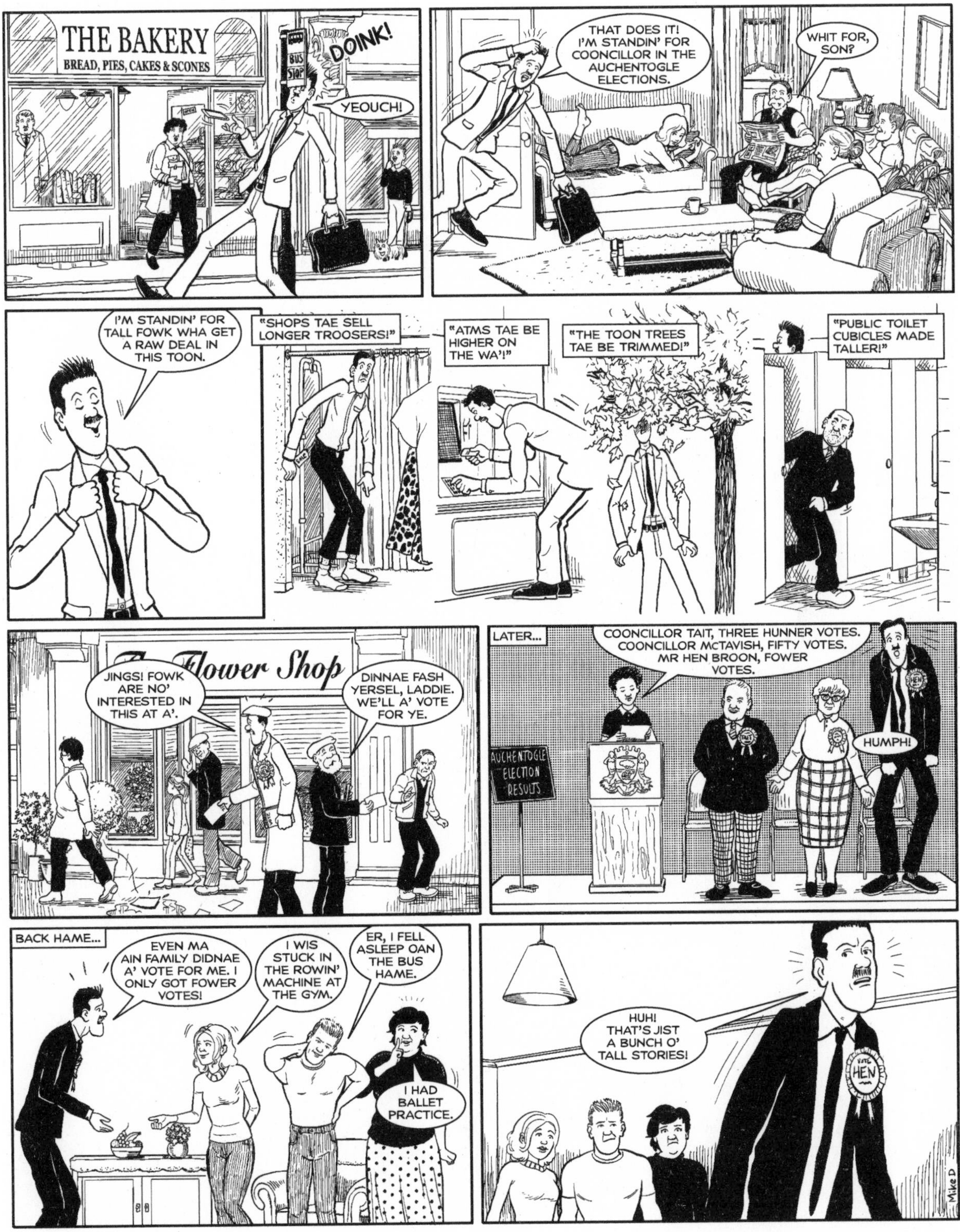
THE BAKERY
BREAD, PIES, CAKES & SCONES
BUS STOP
DOINK!
YEOUCH!
THAT DOES IT! I'M STANDIN' FOR COONCILLOR IN THE AUCHENTOGLE ELECTIONS.
WHIT FOR, SON?
I'M STANDIN' FOR TALL FOWK WHA GET A RAW DEAL IN THIS TOON.
"SHOPS TAE SELL LONGER TROOSERS!"
"ATMS TAE BE HIGHER ON THE WA'!"
"THE TOON TREES TAE BE TRIMMED!"
"PUBLIC TOILET CUBICLES MADE TALLER!"
The Flower Shop
JINGS! FOWK ARE NO' INTERESTED IN THIS AT A'.
DINNAE FASH YERSEL, LADDIE. WE'LL A' VOTE FOR YE.
LATER...
COONCILLOR TAIT, THREE HUNNER VOTES. COONCILLOR McTAVISH, FIFTY VOTES. MR HEN BROON, FOWER VOTES.
AUCHENTOGLE ELECTION RESULTS
HUMPH!
BACK HAME...
EVEN MA AIN FAMILY DIDNAE A' VOTE FOR ME. I ONLY GOT FOWER VOTES!
I WIS STUCK IN THE ROWIN' MACHINE AT THE GYM.
ER, I FELL ASLEEP OAN THE BUS HAME.
I HAD BALLET PRACTICE.
HUH! THAT'S JIST A BUNCH O' TALL STORIES!
VOTE HEN
Mike D

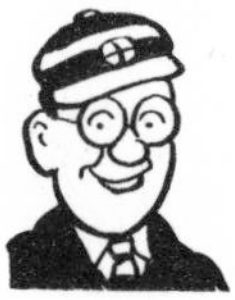

OOR HEARTS AYE SING "RING-A-DING-DING", WHEN THON BROONS ARE HAEIN' A HEILAN FLING!

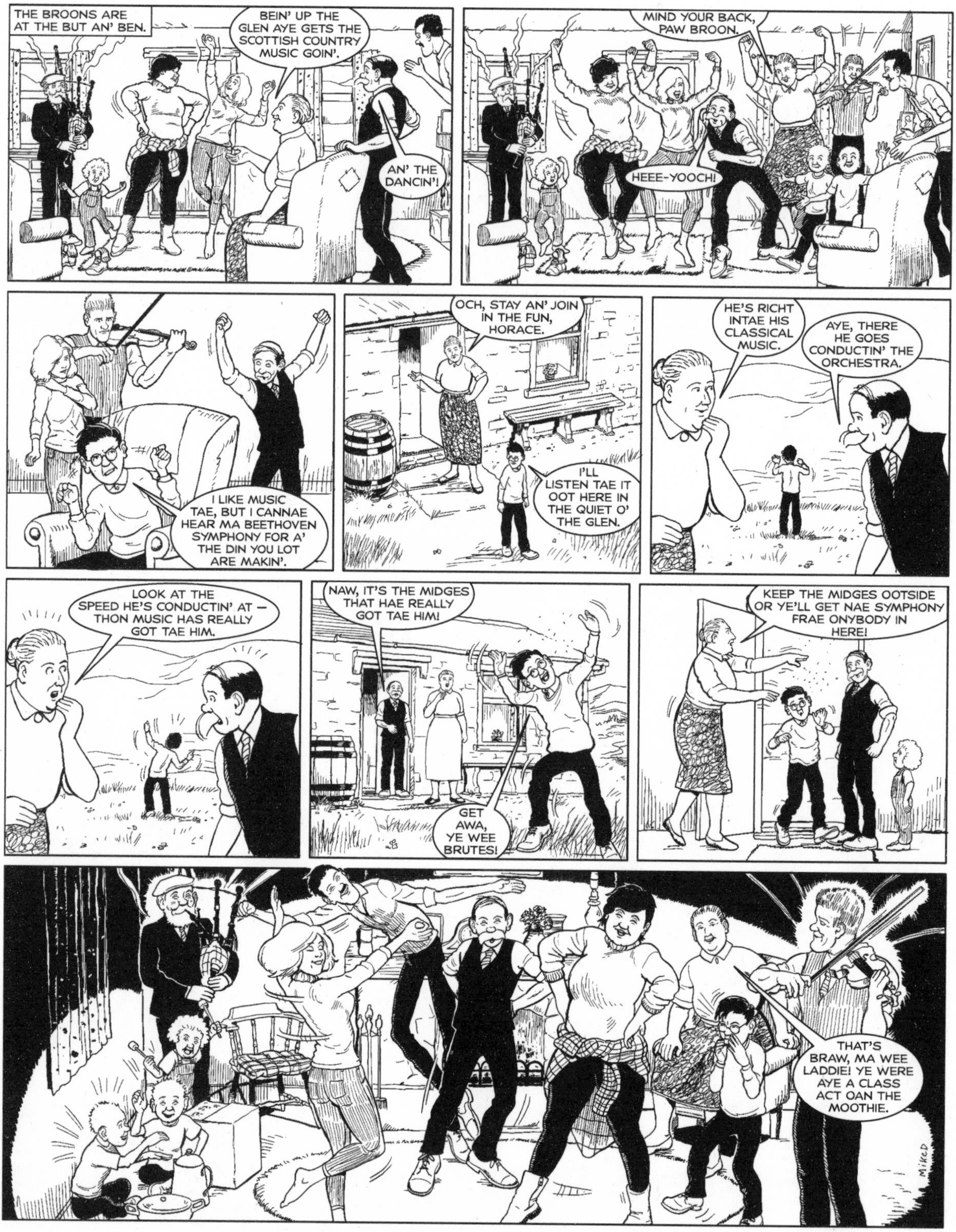

THE BROONS ARE AT THE BUT AN' BEN.
BEIN' UP THE GLEN AYE GETS THE SCOTTISH COUNTRY MUSIC GOIN'.
AN' THE DANCIN'!
MIND YOUR BACK, PAW BROON.
HEEE-YOOCH!
I LIKE MUSIC TAE, BUT I CANNAE HEAR MA BEETHOVEN SYMPHONY FOR A' THE DIN YOU LOT ARE MAKIN'.
OCH, STAY AN' JOIN IN THE FUN, HORACE.
I'LL LISTEN TAE IT OOT HERE IN THE QUIET O' THE GLEN.
HE'S RICHT INTAE HIS CLASSICAL MUSIC.
AYE, THERE HE GOES CONDUCTIN' THE ORCHESTRA.
LOOK AT THE SPEED HE'S CONDUCTIN' AT — THON MUSIC HAS REALLY GOT TAE HIM.
NAW, IT'S THE MIDGES THAT HAE REALLY GOT TAE HIM!
GET AWA, YE WEE BRUTES!
KEEP THE MIDGES OOTSIDE OR YE'LL GET NAE SYMPHONY FRAE ONYBODY IN HERE!
THAT'S BRAW, MA WEE LADDIE! YE WERE AYE A CLASS ACT OAN THE MOOTHIE.

WE'RE IN FOR A TREAT WHEN GRANPAW SHOWS US,
A WONDERFUL THING THAT IS THE DAWN CHORUS!

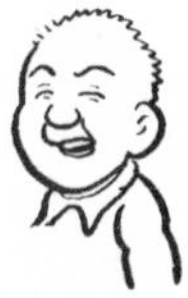

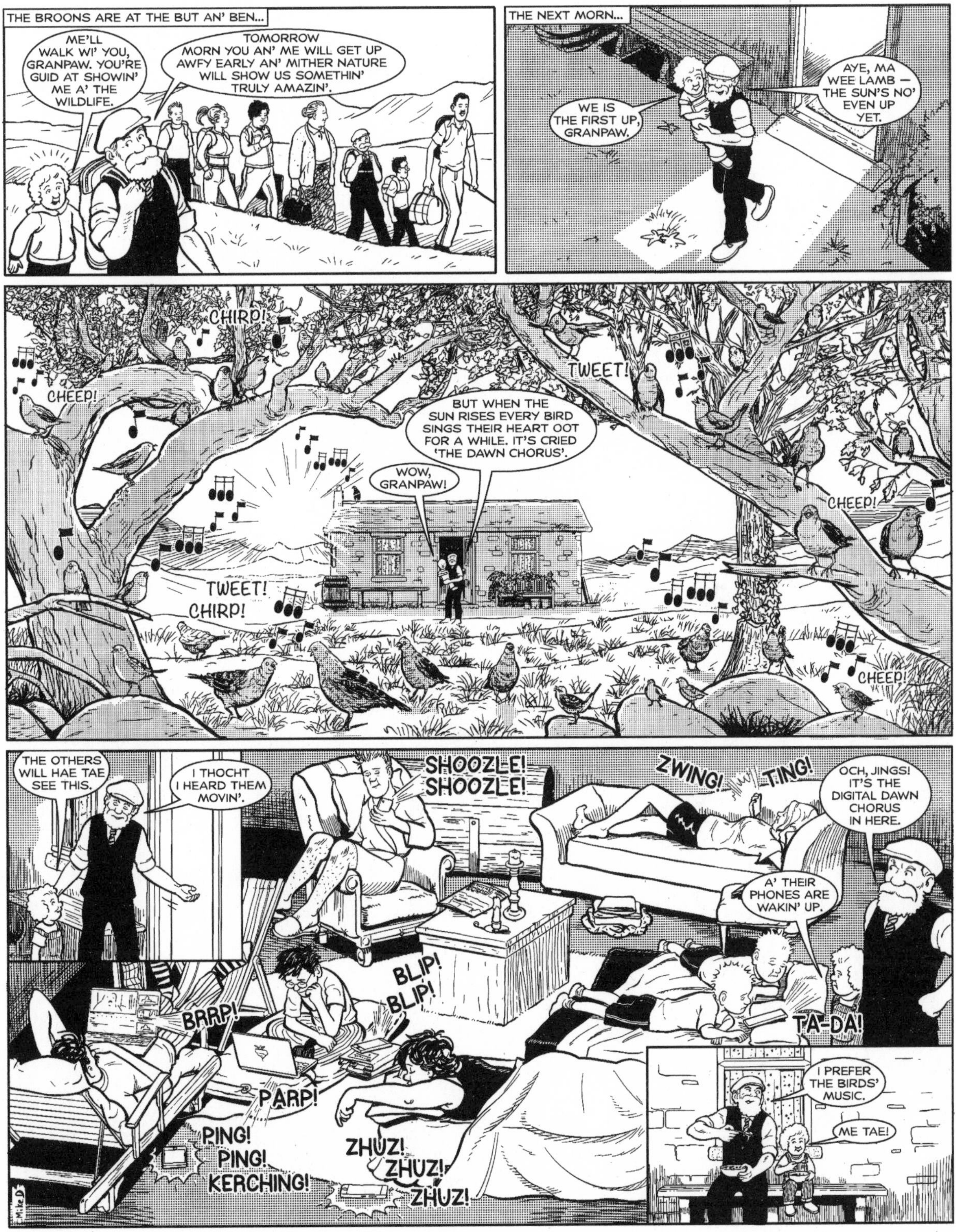

THE BROONS ARE AT THE BUT AN' BEN...
ME'LL WALK WI' YOU, GRANPAW. YOU'RE GUID AT SHOWIN' ME A' THE WILDLIFE.
TOMORROW MORN YOU AN' ME WILL GET UP AWFY EARLY AN' MITHER NATURE WILL SHOW US SOMETHIN' TRULY AMAZIN'.
THE NEXT MORN...
WE IS THE FIRST UP, GRANPAW.
AYE, MA WEE LAMB — THE SUN'S NO' EVEN UP YET.
CHIRP!
CHEEP!
TWEET!
BUT WHEN THE SUN RISES EVERY BIRD SINGS THEIR HEART OOT FOR A WHILE. IT'S CRIED 'THE DAWN CHORUS'.
WOW, GRANPAW!
TWEET!
CHIRP!
CHEEP!
CHEEP!
THE OTHERS WILL HAE TAE SEE THIS.
I THOCHT I HEARD THEM MOVIN'.
SHOOZLE! SHOOZLE!
ZWING!
TING!
OCH, JINGS! IT'S THE DIGITAL DAWN CHORUS IN HERE.
A' THEIR PHONES ARE WAKIN' UP.
BLIP! BLIP!
BRRP!
TA-DA!
PARP!
PING! PING! KERCHING!
ZHUZ! ZHUZ! ZHUZ!
I PREFER THE BIRDS' MUSIC.
ME TAE!

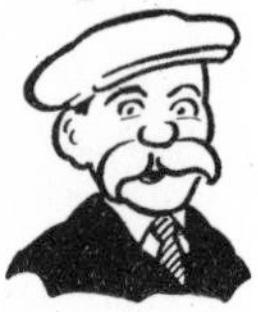

MAGGIE HAS A DEEP SUSPICION, SHE'LL FIND THE BOGLE ON THIS MISSION!

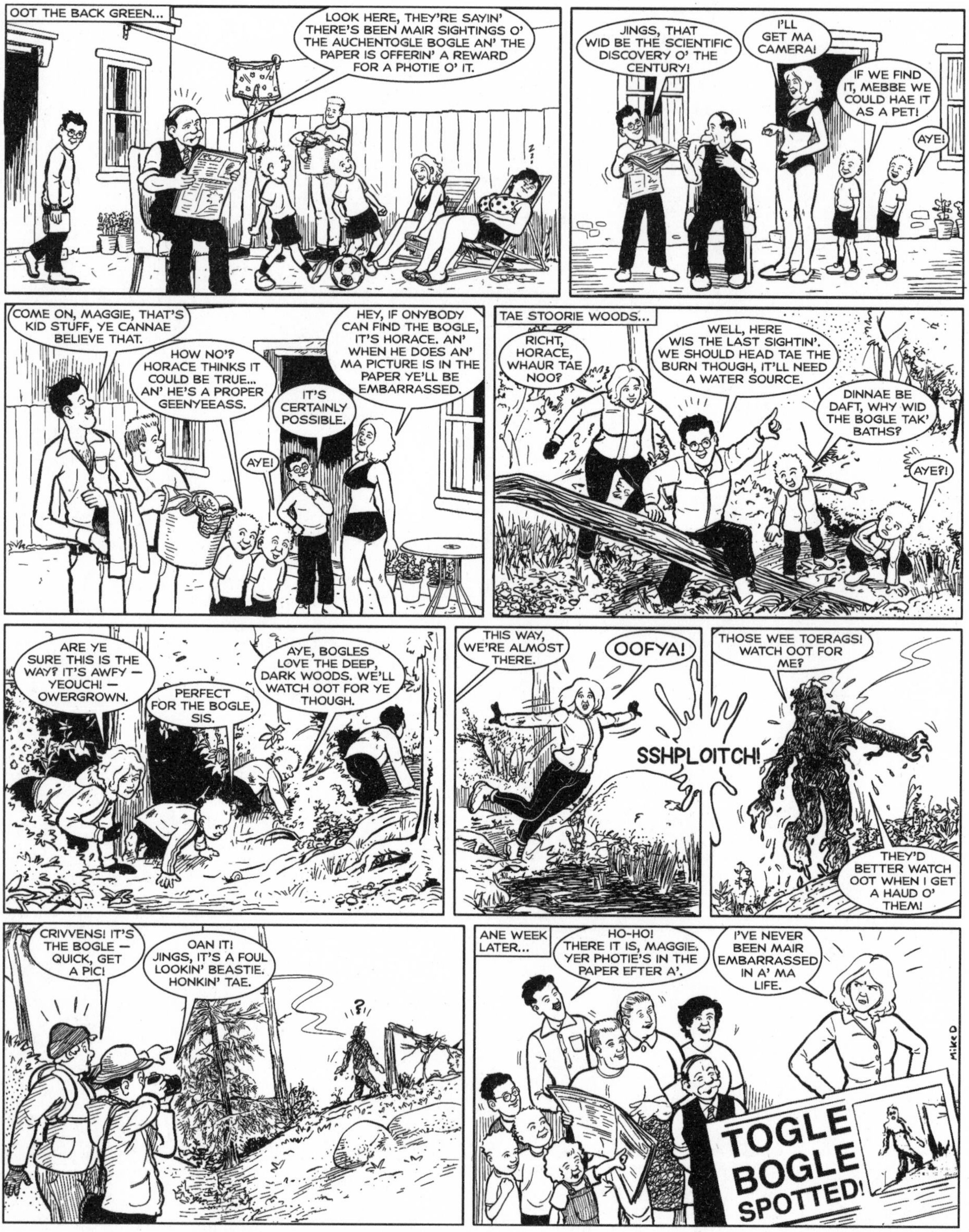
OOT THE BACK GREEN...
LOOK HERE, THEY'RE SAYIN' THERE'S BEEN MAIR SIGHTINGS O' THE AUCHENTOGLE BOGLE AN' THE PAPER IS OFFERIN' A REWARD FOR A PHOTIE O' IT.
JINGS, THAT WID BE THE SCIENTIFIC DISCOVERY O' THE CENTURY!
I'LL GET MA CAMERA!
IF WE FIND IT, MEBBE WE COULD HAE IT AS A PET!
AYE!
COME ON, MAGGIE, THAT'S KID STUFF, YE CANNAE BELIEVE THAT.
HOW NO'? HORACE THINKS IT COULD BE TRUE... AN' HE'S A PROPER GEENYEEASS.
AYE!
IT'S CERTAINLY POSSIBLE.
HEY, IF ONYBODY CAN FIND THE BOGLE, IT'S HORACE. AN' WHEN HE DOES AN' MA PICTURE IS IN THE PAPER YE'LL BE EMBARRASSED.
TAE STOORIE WOODS...
RICHT, HORACE, WHAUR TAE NOO?
WELL, HERE WIS THE LAST SIGHTIN'. WE SHOULD HEAD TAE THE BURN THOUGH, IT'LL NEED A WATER SOURCE.
DINNAE BE DAFT, WHY WID THE BOGLE TAK' BATHS?
AYE?!
ARE YE SURE THIS IS THE WAY? IT'S AWFY — YEOUCH! — OWERGROWN.
PERFECT FOR THE BOGLE, SIS.
AYE, BOGLES LOVE THE DEEP, DARK WOODS. WE'LL WATCH OOT FOR YE THOUGH.
THIS WAY, WE'RE ALMOST THERE.
OOFYA!
SSHPLOITCH!
THOSE WEE TOERAGS! WATCH OOT FOR ME?
THEY'D BETTER WATCH OOT WHEN I GET A HAUD O' THEM!
CRIVVENS! IT'S THE BOGLE — QUICK, GET A PIC!
OAN IT! JINGS, IT'S A FOUL LOOKIN' BEASTIE. HONKIN' TAE.
?
ANE WEEK LATER...
HO-HO! THERE IT IS, MAGGIE. YER PHOTIE'S IN THE PAPER EFTER A'.
I'VE NEVER BEEN MAIR EMBARRASSED IN A' MA LIFE.
TOGLE BOGLE SPOTTED!
MIKE D

MAGGIE'S EMBARRASSMENT CANNOT BE HIDDEN —
GET OOT O' THERE FAST, YE DIRTY MIDDEN!

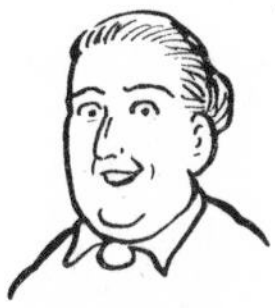

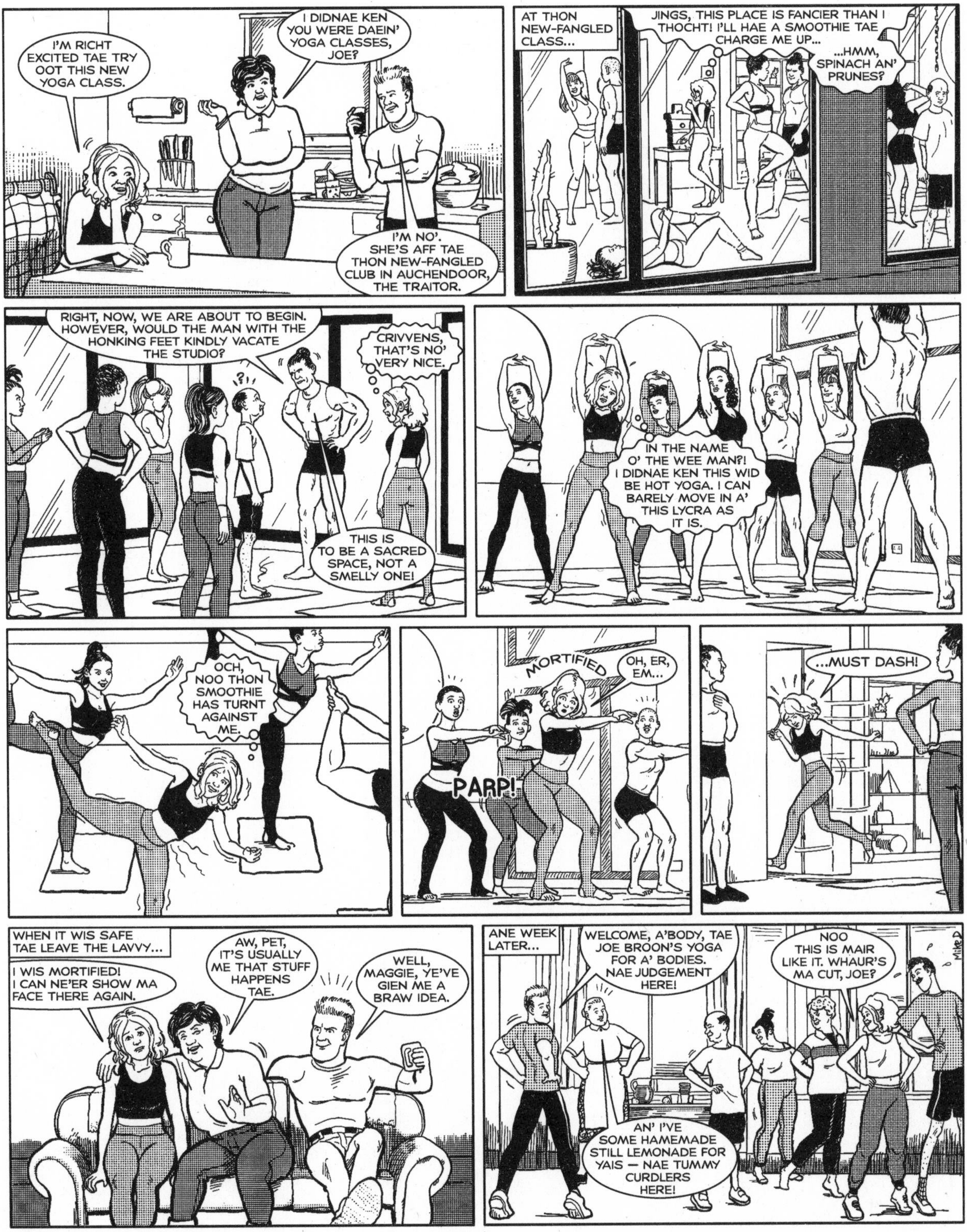

I'M RICHT EXCITED TAE TRY OOT THIS NEW YOGA CLASS.
I DIDNAE KEN YOU WERE DAEIN' YOGA CLASSES, JOE?
I'M NO'. SHE'S AFF TAE THON NEW-FANGLED CLUB IN AUCHENDOOR, THE TRAITOR.
AT THON NEW-FANGLED CLASS...
JINGS, THIS PLACE IS FANCIER THAN I THOCHT! I'LL HAE A SMOOTHIE TAE CHARGE ME UP...
...HMM, SPINACH AN' PRUNES?
RIGHT, NOW, WE ARE ABOUT TO BEGIN. HOWEVER, WOULD THE MAN WITH THE HONKING FEET KINDLY VACATE THE STUDIO?
CRIVVENS, THAT'S NO' VERY NICE.
THIS IS TO BE A SACRED SPACE, NOT A SMELLY ONE!
IN THE NAME O' THE WEE MAN?! I DIDNAE KEN THIS WID BE HOT YOGA. I CAN BARELY MOVE IN A' THIS LYCRA AS IT IS.
OCH, NOO THON SMOOTHIE HAS TURNT AGAINST ME.
MORTIFIED
OH, ER, EM...
PARP!
...MUST DASH!
WHEN IT WIS SAFE TAE LEAVE THE LAVVY...
I WIS MORTIFIED! I CAN NE'ER SHOW MA FACE THERE AGAIN.
AW, PET, IT'S USUALLY ME THAT STUFF HAPPENS TAE.
WELL, MAGGIE, YE'VE GIEN ME A BRAW IDEA.
ANE WEEK LATER...
WELCOME, A'BODY, TAE JOE BROON'S YOGA FOR A' BODIES. NAE JUDGEMENT HERE!
NOO THIS IS MAIR LIKE IT. WHAUR'S MA CUT, JOE?
AN' I'VE SOME HAMEMADE STILL LEMONADE FOR YAIS — NAE TUMMY CURDLERS HERE!

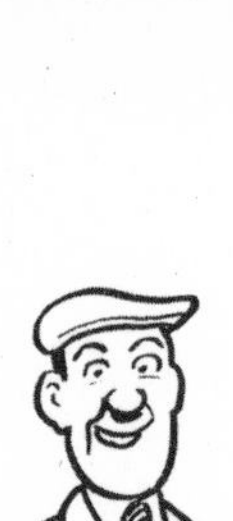

IS PAW THE 'GIFTED' MONEY-SAVIN' EXPERT, OR REALLY JIST A TIGHT-FISTED AULD FAIRT?

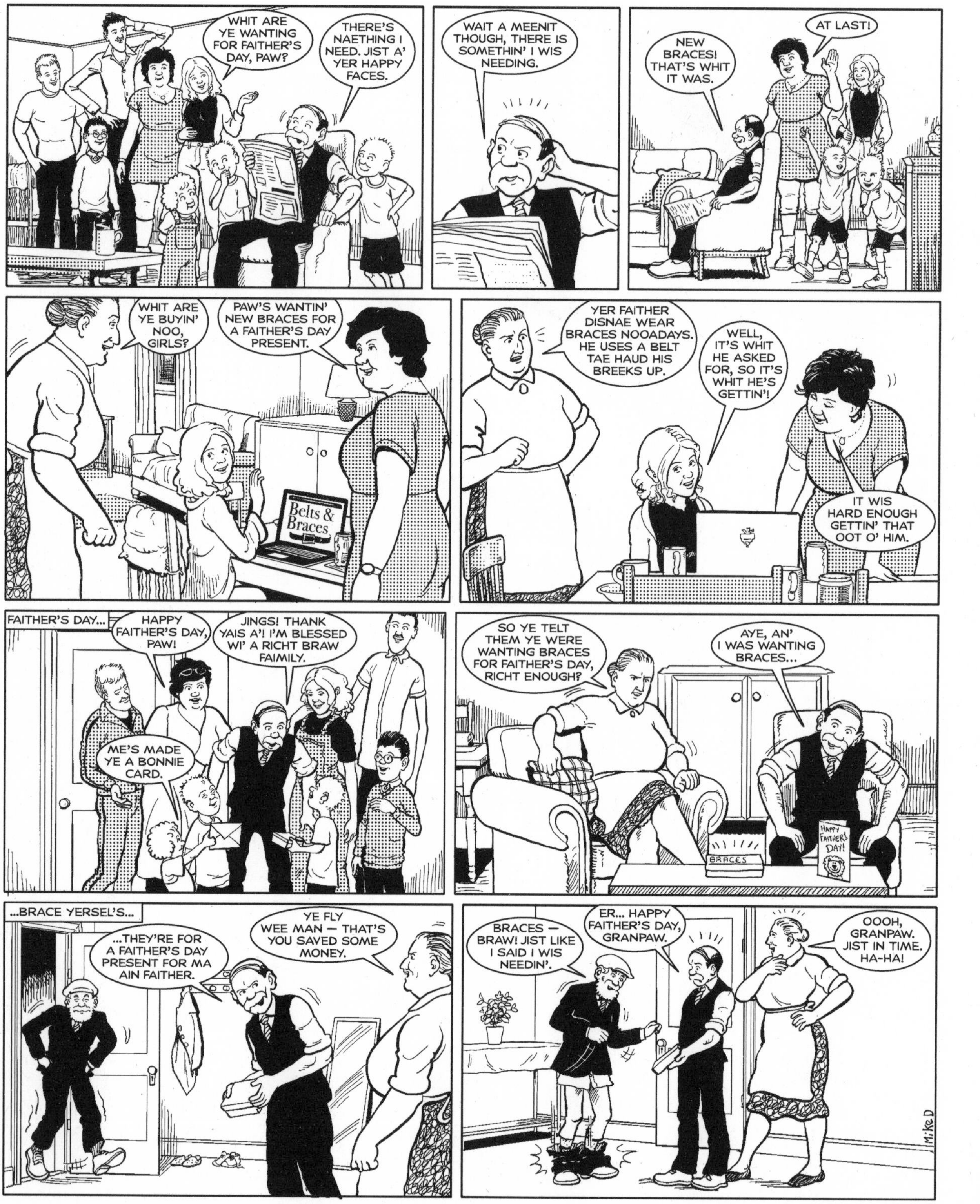

WHIT ARE YE WANTING FOR FAITHER'S DAY, PAW?
THERE'S NAETHING I NEED. JIST A' YER HAPPY FACES.
WAIT A MEENIT THOUGH, THERE IS SOMETHIN' I WIS NEEDING.
NEW BRACES! THAT'S WHIT IT WAS.
AT LAST!
WHIT ARE YE BUYIN' NOO, GIRLS?
PAW'S WANTIN' NEW BRACES FOR A FAITHER'S DAY PRESENT.
Belts & Braces
YER FAITHER DISNAE WEAR BRACES NOOADAYS. HE USES A BELT TAE HAUD HIS BREEKS UP.
WELL, IT'S WHIT HE ASKED FOR, SO IT'S WHIT HE'S GETTIN'!
IT WIS HARD ENOUGH GETTIN' THAT OOT O' HIM.
FAITHER'S DAY...
HAPPY FAITHER'S DAY, PAW!
JINGS! THANK YAIS A'! I'M BLESSED WI' A RICHT BRAW FAIMILY.
ME'S MADE YE A BONNIE CARD.
SO YE TELT THEM YE WERE WANTING BRACES FOR FAITHER'S DAY, RICHT ENOUGH?
AYE, AN' I WAS WANTING BRACES...
BRACES
HAPPY FAITHER'S DAY!
...BRACE YERSEL'S...
...THEY'RE FOR A FAITHER'S DAY PRESENT FOR MA AIN FAITHER.
YE FLY WEE MAN — THAT'S YOU SAVED SOME MONEY.
BRACES — BRAW! JIST LIKE I SAID I WIS NEEDIN'.
ER... HAPPY FAITHER'S DAY, GRANPAW.
OOOH, GRANPAW. JIST IN TIME. HA-HA!
MikeD